张滢 编著

土地增值税风险管理与应对

TUDI ZENGZHISHUI FENGXIAN GUANLI YU YINGDUI

苏州大学出版社
SOOCHOW UNIVERSITY PRESS

图书在版编目(CIP)数据

土地增值税风险管理与应对 / 张滢编著. —苏州：苏州大学出版社，2012. 10(2013. 1 重印)
ISBN 978-7-5672-0296-2

Ⅰ. ①土… Ⅱ. ①张… Ⅲ. ①土地增值税－税收管理－风险管理－研究－常州市 Ⅳ. ①F812. 753. 342. 3

中国版本图书馆 CIP 数据核字(2012)第 229984 号

土地增值税风险管理与应对
张 滢 编著
责任编辑 薛华强

苏州大学出版社出版发行
(地址：苏州市十梓街 1 号 邮编：215006)
常州市武进第三印刷有限公司印装
(地址：常州市武进区湟里镇村前街 邮编：213154)

开本 787 mm×1 092 mm 1/16 印张 18 字数 393 千
2012 年 10 月第 1 版 2013 年 1 月第 2 次印刷
ISBN 978-7-5672-0296-2 定价：56.00 元

苏州大学版图书若有印装错误，本社负责调换
苏州大学出版社营销部 电话：0512-65225020
苏州大学出版社网址 http://www.sudapress.com

序

房地产业对我国经济的发展举足轻重，被喻为国民经济的“支柱”产业。近年来房地产行业出现了囤房、炒房、价格虚高等诸多不良的发展态势，各地房地产价格快速飚升，极大地影响了国民经济的结构调整和社会的和谐与稳定。为此，国家陆续出台了一系列调控措施，旨在打击囤房、炒房和抑制房价过快增长。作为国家房地产业宏观调控的重要手段和地方税收的重要来源，土地增值税在房地产市场调控、保障民生、促进经济社会稳定发展以及筹集地方财政收入等方面具有不可替代的作用。

多年来，国家税务总局为加强全国土地增值税征收管理，规范土地增值税清算业务，先后制定和出台了土地增值税管理条例、细则以及相关规程，各地也做了许多有益的创新和尝试。但在征管实践中，由于房地产行业建设周期较长、运作程序复杂、专业性较强，加上基层税务人员缺乏规划、设计、建安造价等相关专业知识，难以全面掌握房地产项目开发情况，土地增值税征收管理工作难度较大，清算执法风险凸显。同时，一些房地产企业为了自身利益，在土地增值税清算时通过少计收入、多列扣除项目成本等方式偷、逃税款，造成了国家税收的流失。因此，如何堵塞征管漏洞，规避与防范土地增值税管理风险，已经成为财产行为税征管实践中亟需解决的重要课题。

2012 年 7 月召开的全国税务系统深化税收征管改革工作会议，确立了“构建以明晰征纳双方权利和义务为前提，以风险管理为导向，以专业化管理为基础，以重点税源管理为着力点，以信息化为支撑的现代化税收征管体系”的深化税收征管改革的总体思路，对强化土地增值税征收管理，加强土地增值税风险管控，具有重要的指导意义。

江苏省常州地方税务局在土地增值税征管实践中，运用信息化手段采集政府各部门的房地产信息，通过对已完成清算的房地产项目指标分析利用，创建了土地增值税风险管理系统。该系统从项目开始实施到结束全面引入“风险管理”理念，为土地增值税清算向纵深发展，实现科学化精细化管理提供了有力支撑。

张滢同志编著的《土地增值税风险管理与应对》一书,对常州市土地增值税风险管理的实践进行了总结和反思,对土地增值税风险管理系统进行了介绍和梳理,不仅为基层税务人员提供了学习土地增值税风险管理的很好的参考教材,也为各地进一步强化土地增值税征收管理作了有益的探索。希望各地加强沟通和交流,共同研究和探讨,进一步提高土地增值税风险管理水平,提高土地增值税的征管效率。

国家税务总局财产行为税司
2012 年 9 月

目 录

第一章 土地增值税管理概述

第一节 房地产行业简介 …… 1
第二节 土地增值税管理风险 …… 10

第二章 土地增值税风险管理

第一节 风险管理基本原则及管理思路 …… 14
第二节 风险管理的主要步骤 …… 15

第三章 常州土地增值税风险管理系统应用要点

第一节 土地增值税风险管理系统总体概述 …… 20
第二节 房地产项目前期管理 …… 23
第三节 房地产项目清算任务下达 …… 33
第四节 房地产项目纳税人清算申报 …… 37
第五节 房地产项目清算申报管理 …… 45
第六节 房地产项目风险管理 …… 49
第七节 房地产项目风险评估/税务稽查 …… 58
第八节 房地产项目后续管理 …… 65
第九节 房地产项目数据维护管理 …… 72

第四章　土地增值税系统风险应对指南

第一节　前期管理风险指标应对方法及要求 …………………………… 85
第二节　清算条件类风险指标应对方法及要求 ……………………… 90
第三节　清算总体类风险指标应对方法及要求 ……………………… 95
第四节　清算收入类风险指标应对方法及要求 …………………… 101
第五节　土地成本类清算风险指标应对方法及要求 ……………… 107
第六节　前期工程费类清算风险指标应对方法及要求 …………… 120
第七节　建筑安装工程费类清算风险指标应对方法及要求 ……… 146
第八节　基础设施费类清算风险指标应对方法及要求 …………… 173
第九节　公共配套设施费类清算风险指标应对方法及要求 ……… 200
第十节　开发间接费用类清算风险指标应对方法及要求 ………… 206
第十一节　房地产开发费用及其他扣除类清算风险指标应对方法及要求 ……………………………………………………………… 210
第十二节　后续管理风险指标应对方法及要求 …………………… 218

第五章　土地增值税风险管理系统运用案例介绍

案例一　综合分析锁定疑点　内查外核水落石出 …………………… 222
案例二　瞒天过海施“高招”　弄巧成拙一场空 …………………… 235

附录

附录一　土地增值税相关政策 ……………………………………… 248
附录二　常州市房地产开发成本构成指标参考 …………………… 274
附录三　常州市历年基本工程造价标准 …………………………… 278
附录四　不同类型工程分部分项工程量清单费指标(2011 版) ……… 279
附录五　不同类型工程主要人、材、机消耗指标(2011 版) ………… 280

参考文献 ……………………………………………………………… 281

后记 …………………………………………………………………… 282

第一章

土地增值税管理概述

转让国有土地使用权、地上的建筑物及其附着物（以下简称转让房地产）并取得收入的单位和个人，为土地增值税的纳税义务人（以下简称纳税人），应当缴纳土地增值税。土地增值税是政府对土地收益的分配关系进行合理调整以及对土地资源进行调控的一项重要措施，因此，土地增值税成为房地产企业负担的重要税种之一。

从2010年开始，随着国家对房地产市场宏观调控的进一步加强，税务机关不断加强土地增值税征管力度，从科学调整预征率到落实清算管理办法，不断完善土地增值税科学管理水平。

第一节　房地产行业简介

一、房地产开发经营特点

房地产主要有以下行业特点：

一是房地产具有不可移动、稀缺的自然特性。房地产产品必须在固定的位置生产、经营和消费，其所占用的土地既不能再生，又无法替代，而且数量有限。由于房地产位置的固定性，一个地区土地的短缺不能由土地富余的地区来补偿，这造成了不同城市，甚至同一城市的不同区域，房地产商品价格相差很大。

二是体积庞大，消耗材料多。房屋建筑体积庞大，消耗材料数量多、品种广。据统计，房地产开发建设中所需要的材料共计23大类、1 558个品种，涉及建材、冶金、机械、化工、纺织、轻工、电子、交通、环卫、电力、供水等50多个产业部门。房屋建筑过程中，物料消耗一般占到建筑产品成本的60%至70%。据统计，就房屋建筑工程而言，我国建筑业的主要材料消耗占国内总消耗的比例分别为：水泥70%，钢材20%～30%，木材40%，玻璃70%，油漆涂料50%，塑料制品25%，运输8%。

三是建设周期长，投资规模大，投资回收期长。房地产开发与经营业为资金密集型行业，投资量大，除分散建设的单项工程外，多数企业进行成片开发，一般采用分期分批、滚动开发方式，从立项、规划、征地、开工审批、建设、竣工交付使用、租售，直到实现投资回收和回报，要跨过几个年头，经营运转周期长，收益集中在中后期。

四是牵涉面广，运作程序复杂。一个房地产开发项目的顺利实施，离不开政府相关管理部门的支持和监督管理。开发商从取得土地使用权开始，就不断地和政府的土地管理、城市规划、建设管理、市政管理、房地产管理等部门打交道，以获取土地使用权证、规划许可证、投资许可证、开工许可证、市政设施和配套设施使用许可证、销售许可证和房地产产权证等。

二、房地产行业相关名词解释

1. 建设项目、单项工程、分部工程、分项工程如何区分?

这些概念的实质是关于建设工程产品的分类问题。根据工作分解法，将建设项目划分为若干个单项工程，每个单项工程又可划分为若干个分部工程、分项工程。

建设项目是指按照一个总体设计或初步设计建设的全部工程。

单项工程是指具有独立的设计文件、竣工后可独立发挥功能和效益的建设工程。

分部工程是单位工程的组成要素。

分项工程是基本结构要素。

2. 什么是项目总投资? 它包含哪些内容?

项目总投资是指项目建设投资、流动资金投资和建设期利息之和，也叫投资总额，主要在项目可行性报告中使用。

房地产项目的总投资包括土地费用、前期工程费用、建设配置费、建筑安装工程费、室外工程费、建设监理费、建设单位管理费、预备费以及建设期贷款利息等项目。

3. 确定开发产品面积如何进行涉税审核?

总建筑面积可以通过审核项目的立项批文和建筑规划许可证获得。由于批文和许可证均是在工程建设前取得的，因此相对于实际的建筑面积应该有一定的误差，需要与最终的实测报告相核对。

可售面积与不可售面积应通过建筑规划许可证和房屋土地测绘技术报告

书获得。

已售面积和未售面积应主要通过销售部门的销售明细表获得。

4. 容积率、建筑系数如何计算?

容积率是指项目用地范围内总建筑面积与项目总用地面积的比值。它能反映单位面积土地上的建筑物密度。

容积率 = 总建筑面积 ÷ 总用地面积

建筑系数也叫建筑密度,是指项目用地范围内各种建、构筑物面积总和占总用地面积的比例。

建筑系数 =(建筑物占地面积 + 构筑物占地面积 + 堆场用地面积) ÷ 项目总用地面积 × 100%

5. 土地使用权的出让、转让和划拨有何区别?

(1) 土地使用权出让。根据《中华人民共和国城镇国有土地使用权出让和转让暂行条例》第八条规定:土地使用权出让是指国家以土地所有者的身份将土地使用权在一定年限内让与土地使用者,并由土地使用者向国家支付土地使用权出让金的行为。根据第十二条规定,土地使用权出让最高年限按下列用途确定:居住用地七十年;工业用地五十年;教育、科技、文化、卫生、体育用地五十年;商业、旅游、娱乐用地四十年;综合或者其他用地五十年。根据第十三条规定,土地使用权出让可以采取下列方式:协议、招标、拍卖。依照前款规定方式出让土地使用权的具体程序和步骤,由省、自治区、直辖市人民政府规定。

(2) 土地使用权出让。根据《中华人民共和国城镇国有土地使用权出让和转让暂行条例》第十九条规定:土地使用权转让是指土地使用者将土地使用权再转让的行为,包括出售、交换和赠与。未按土地使用权出让合同规定的期限和条件投资开发、利用土地的,土地使用权不得转让。根据第二十二条规定:土地使用者通过转让方式取得的土地使用权,其使用年限为土地使用权出让合同规定的使用年限减去原土地使用者已使用年限后的剩余年限。

(3) 土地使用权划拨。根据《中华人民共和国城镇国有土地使用权出让和转让暂行条例》第四十三条规定:划拨土地使用权是指土地使用者通过各种方式依法无偿取得的土地使用权。前款土地使用者应当依照《中华人民共和国城镇土地使用税暂行条例》的规定缴纳土地使用税。根据《土地管理法》第五十四条规定,下列建设用地,经县级以上人民政府依法批准,可以以划拨方式取得:国家机关用地和军事用地;城市基础设施用地和公益事业用地;国家重点扶持的能源、交通、水利等基础设施用地;法律、行政法规规定的其他用地。根据《中华人民共和国城镇国有土地使用权出让和转让暂行条例》第四十七条规定:无偿取得划拨土地使用权的土地使用者,因迁移、解散、撤销、破产或者其他原因而停止使用土地的，市、县人民政府应当无偿收回其划拨土地使用权，并可依照本条例的规定予以出让。对于划拨土地使用权，市、县人民政府根据城市建设发展需要和城市规划的要求，可以无偿收回，并可依照本条例的规定予以出让。无偿收回划拨土地使用权时，对其地上建筑物、其他附着物，市、县人民政府应当根据实际情况给予适当补偿。

6. 房地产开发项目规划程序是怎样的?

项目规划程序，就是开发商取得建设用地规划许可证和建设工程规划许可证的过程。项目规划申报的基本程序如下：

（1）在项目建设书报批或可行性研究报告编制之前，开发商要向规划局申报规划要点。

（2）在项目建设书批复后，开发商应向规划局申报项目选址地点，由规划部门向申请单位下发选址规划意见通知书，对项目用地的位置、面积、范围等进行详细的规定，并须同时下达规划设计条件。

（3）根据规划设计条件，由建设单位委托设计机构进行规划方案设计，取得总平面图、定位图、竖向设计图、管线综合图、说明书等。

（4）开发商在完成方案设计后，须向规划部门提出审定申请。通过审定的设计方案，是编制初步设计或施工图的依据，也是取得建设用地规划许可证的必备条件。

（5）开发商依据审定的设计方案通知书和可行性研究报告批复，并在规划主管部门征询土地及拆迁部门有关用地及拆迁安置的意见后，应向规划局申领建设用地规划许可证。

（6）申领建设工程规划许可证，是在项目列入年度正式计划之后、申请办理开工手续之前，须进行的验证工程建设符合规划要求的最后法定程序。

7. 房屋建设项目的一般竣工验收标准是如何规定的?

（1）工程项目按设计图纸建成，所有装修全部施工完毕。

（2）所有设备均按设计规定安装完毕，并能正常使用。

（3）上下水道架设完毕，无渗透现象；照明及动力用电工作回路及控制回路结构清晰，操作正常；室内外道路均建成；卫生装备、煤气设施均能正常运转、工作。

（4）整个工程质量经有关部门按施工技术经验规范进行评定，达到合格以上标准。核实建筑安装工程的完工进度，列出已交工的工程和未完工程一览表；提出财务决算分析；对工程质量作出评价。

（5）要求建筑物四周两米以内的场地平整，由本项施工所造成的障碍物已清除。

8. 竣工备案的含义是什么?

(1)根据《城市房地产开发经营管理条例》第十七条规定:房地产开发项目竣工,经验收合格后,方可交付使用;未经验收或者验收不合格的,不得交付使用。房地产开发项目竣工后,房地产开发企业应当向项目所在地的县级以上地方人民政府房地产开发主管部门提出竣工验收申请。房地产开发主管部门应当自收到竣工验收申请之日起30日内,对涉及公共安全的内容,组织工程质量监督、规划、消防、人防等有关部门或者单位进行验收。

(2)根据《房屋建筑工程和市政基础设施工程竣工验收备案管理暂行办法》规定:在中华人民共和国境内新建、扩建、改建各类房屋建筑工程和市政基础设施工程的竣工验收备案,适用本办法。国务院建设行政主管部门负责全国房屋建筑工程和市政基础设施工程(以下统称工程)的竣工验收备案管理工作。县级以上地方人民政府建设行政主管部门负责本行政区域内工程的竣工验收备案管理工作。

建设单位应当自工程竣工验收合格之日起15日内,依照本办法规定,向工程所在地的县级以上地方人民政府建设行政主管部门(以下简称备案机关)备案。

建设单位办理工程竣工验收备案应当提交下列文件:一是工程竣工验收备案表。二是工程竣工验收报告。竣工验收报告应当包括工程报建日期,施工许可证号,施工图设计文件审查意见,勘察、设计、施工、工程监理等单位分别签署的质量合格文件及验收人员签署的竣工验收原始文件,市政基础设施的有关质量检测和功能性试验资料以及备案机关认为需要提供的有关资料。三是法律、行政法规规定应当由规划、公安、消防、环保等部门出具的认可文件或者准许使用文件。四是施工单位签署的工程质量保修书。五是法规、规章规定必须提供的其他文件。商品住宅还应当提交《住宅质量保证书》和《住宅使用说明书》。

9. 交付使用的含义是什么?

根据《商品房销售管理办法》第三十条规定:房地产开发企业应当按照合同约定,将符合交付使用条件的商品房按期交付给买受人。未能按期交付的,房地产开发企业应当承担违约责任。因不可抗力或者当事人在合同中约定的其他原因,需延期交付的,房地产开发企业应当及时告知买受人。

10. 房地产开发企业开发产品的成本项目有哪些?

(1)土地受让金、征用及拆迁补偿费。包括土地征用费、耕地占用税、劳动力安置费、安置动迁用房支出、附着物拆迁补偿支出等。

(2)前期工程费。包括规划、设计、项目可行性研究及水文、地质、勘察、测绘、“三通一平”等支出。

(3) 建筑安装工程费。包括以出包方式支付给承包单位的建筑安装工程费,以自营方式发生的建筑安装工程费。

(4) 基础设施费。包括开发小区内道路、供水、供电、供气、排污、排洪、通信、照明、环卫、绿化等工程发生的支出。

(5) 公共配套设施费。包括小区内的消防、锅炉房、水塔、车棚及其他不能有偿转让的开发小区内公共配套设施发生的支出。

(6) 开发间接费用。即房地产开发企业内部独立核算单位在开发现场组织管理开发产品而发生的各项费用。这些费用虽也属于直接为房地产开发而发生的费用,但它不能确定为某项开发产品所应负担,因而无法将它直接记入各项开发产品成本。包括工资、职工福利费、折旧费、修理费、办公费、水电费、劳动保护费、周转房摊销等。

(7) 其他开发费用。

11. 建设工程项目一般要经过哪些阶段?

一个建设工程项目一般要经过策划决策、勘察设计、建设准备、工程施工、竣工验收和考核评价等阶段。

12. 房地产开发企业预售商品房应具备哪些条件? 如何办理预售房登记?

根据《城市房地产开发经营管理条例》第二十三条规定,房地产开发企业预售商品房,应当符合下列条件:已交付全部土地使用权出让金,取得土地使用权证书;持有建设工程规划许可证和施工许可证;按提供的预售商品房计算,投入开发建设的资金达到工程建设总投资的25%以上,并已确定施工进度和竣工交付日期;已办理预售登记,取得商品房预售许可证明。

第二十四条规定,房地产开发企业申请办理商品房预售登记,应当提交下列文件:本条例第二十三条第(一)项至第(三)项规定的证明材料;营业执照和资质等级证书;工程施工合同;预售商品房分层平面图;商品房预售方案。

房地产开发主管部门应当在收到商品房预售申请之日起10日内,作出同意或者不同意预售的答复。同意预售的,应核发商品房预售证明;不同意的,应说明理由。

三、房地产行业涉及的相关税收

1. 房地产开发企业取得的预售收入应缴纳哪些税金?

根据《营业税暂行条例实施细则》和《土地增值税暂行条例实施细则》等规定,房地产开发企业的预售收入应按规定缴纳营业税和企业所得税,预缴土地增值税。

2. 开发商发生房屋回迁业务应缴纳哪些税？

（1）契税。《中华人民共和国契税暂行条例》规定：在中华人民共和国境内转移土地、房屋权属，承受的单位和个人为契税的纳税人，应当依照本条例的规定缴纳契税。契税的纳税义务发生时间，为纳税人签订土地、房屋权属转移合同的当天，或者纳税人取得其他具有土地、房屋权属转移合同性质凭证的当天。因此，开发商在取得土地等不动产时，须按全额计算契税，不得扣除回迁业务中相当于拆迁补偿的部分。

（2）营业税。根据国家税务总局《关于个人销售拆迁补偿住房征收营业税问题的批复》（国税函〔2007〕768 号）规定：房地产开发公司对被拆迁户实行房屋产权调换时，其实质是以不动产所有权为表现形式的经济利益的交换，房地产开发公司将所拥有的不动产所有权转移给了被拆迁户，并获得了相应的经济利益，根据现行营业税有关规定，应按"销售不动产"税目缴纳营业税。

开发商发生房屋回迁业务，应在交付回迁房屋或被拆迁户全部支付差价的时候缴纳营业税。如不需支付差价的，以成本价格作为计税依据；存在差价的，按差价部分实际计税。

（3）印花税。根据《中华人民共和国印花税暂行条例》第五条规定：条例所说的产权转移书据，是指单位和个人产权的买卖、继承、赠与、交换、分割等所立的书据。房屋回迁合同的实质是以不动产所有权为表现形式的经济利益的交换，属于一种交换式的产权转移数据。因此，房屋回迁合同应缴纳印花税。

（4）土地增值税。根据《中华人民共和国土地增值税暂行条例》第八条规定，有下列情形之一的，免征土地增值税：纳税人建造普通标准住宅出售，增值额未超过扣除项目金额 20% 的；因国家建设需要依法征用、收回的房地产。实施细则第十一条规定：条例第八条（二）项所称的因国家建设需要依法征用、收回的房地产，是指因城市实施规划、国家建设的需要而被政府批准征用的房产或收回的土地使用权。因城市实施规划、国家建设的需要而搬迁，由纳税人自行转让原房地产的，比照本规定免征土地增值税。可见，开发商发生房屋回迁业务不属于免征土地增值税的情形。

（5）企业所得税。国家税务总局根据《关于确认企业所得税收入若干问题的通知》（国税函〔2008〕875 号）规定：销售商品以旧换新的，销售商品应当按照销售商品收入确认条件确认收入，回收的商品作为购进商品处理。鉴于房屋回迁业务的特殊性，等面积回迁部分既要按收入确认条件确认收入，又要按规定归集开发成本。

3. 房地产业各环节涉及税种有哪些？

房地产业各涉税环节涉及的税种有：营业税、城市维护建设税及教育费附加、企业所得税、个人所得税、土地增值税、城镇土地使用税、房产税、印花税、耕地占用税、契税。

房地产行业各环节涉税表

序号	环节	权利许可证、其他有效证明	涉及主要税费、税率
1	土地使用	土地使用权证	1. 耕地占用税:应按应税土地面积和规定的定额税率缴纳耕地占用税
			2. 契税:按土地计税价格计算
			3. 城镇土地使用税:按实际占用的土地面积和定额税率计算缴纳
			4. 个人所得税:企业职工工资薪金所得,按超额累进税率计算缴纳
2	建设环节	1. 项目立项备案 2. 建设许可证 3. 施工许可证 4. 规划许可证 5. 招投标书	1. 营业税:按工程结算收入的3%缴纳
			2. 城镇维护建设税:按建筑营业税税额的7%(5%、1%)缴纳
			3. 教育费附加:按建筑营业税税额的3%缴纳
			4. 印花税:按工程合同金额的万分之三缴纳
			5. 企业所得税:按应纳税所得额乘以适用税率缴纳
			6. 个人所得税:企业职工工资薪金所得,按5% ~45%的超额累进税率计算缴纳
3	销售转让	1. 商品房销售面积明细表 2. 商品房销售许可证 3. 国有土地使用权变更登记转让证明书 4. 房屋所有权	1. 营业税:按销售收入及预收账款金额的5%缴纳
			2. 城市维护建设税:按销售不动产营业税税额的7%(5%、1%)缴纳
			3. 教育费附加:按销售不动产营业税税额的3%缴纳
			4. 企业所得税:以预售方式销售的,按当期所得额及预计毛利率计算出预计营业利润额,乘以税率计算企业所得税,待开发产品结算计税成本后再调整
			5. 土地增值税:按1% ~3%分类预征
			6. 个人所得税:企业职工工资薪金所得,按超额累进税率计算缴纳
			7. 印花税:按商品房购销合同金额的万分之三缴纳
			8. 契税:按房屋计税价格的4%(普通住宅2%)缴纳
	销售转让(二级市场)	1. 国有土地使用权证书 2. 房屋所有权	1. 营业税:按5%缴纳。〔从2011年1月28日起,个人对外销售购买不足5年的住房全额征收营业税。个人将购买超过5年(含5年)的普通住房对外销售的,免征营业税。个人将购买超过5年(含5年)的非普通住房对外销售的,按照其销售收入减去购买房屋的价款后的差额征收营业税〕
			2. 城市维护建设税:按营业税税额的7%(5%、1%)缴纳
			3. 教育费附加:按销售不动产营业税税额的3%缴纳

续表

序号	环节	权利许可证、其他有效证明	涉及主要税费、税率
3	销售转让（二级市场）	1. 国有土地使用权证书 2. 房屋所有权	4. 土地增值税：对纳税人转让旧房按转让收入的50%～80%作为扣除项目计征
			5. 个人所得税：财产转让所得，按20%的税率缴纳（对个人转让自用5年以上，并且是家庭唯一生活用房取得的所得，免征个人所得税）
			6. 印花税：按商品房购销合同金额的万分之三缴纳
			7. 契税：据实缴纳
4	装饰装潢	装饰装潢工程招投标合同	1. 营业税：按工程结算收入的3%缴纳
			2. 城市维护建设税：按建筑营业税税额的7%（5%、1%）缴纳
			3. 教育费附加：按建筑营业税税额的3%缴纳
			4. 印花税：按工程合同金额的万分之三缴纳
			5. 企业所得税：按应纳税所得额计算缴纳
			6. 个人所得税：企业职工工资薪金所得，按超额累进税率计算缴纳
5	使用	房产土地信息	1. 房产税：按房产（自建自用）计税余值的1.2%缴纳，按房屋（自建出租）出租租金收入的12%缴纳。（房产原值应包含地价）
			2. 营业税：按房屋租金收入的5%缴纳
			3. 土地使用税：按使用房产实际占用面积和定额税率计算缴纳
			4. 印花税：按房屋出租合同租金金额的千分之一缴纳
			5. 企业所得税：按应纳税所得额计算缴纳
			6. 个人所得税：企业职工工资薪金所得，按超额累进税率计算缴纳
6	物业管理		1. 营业税：按物业管理服务费收入的5%缴纳
			2. 城市维护建设税：按建筑营业税税额的7%（5%、1%）缴纳
			3. 教育费附加：按建筑营业税税额的3%缴纳
			4. 企业所得税：按应纳税所得额计算缴纳
			5. 个人所得税：企业职工工资薪金所得，按超额累进税率计算缴纳

第二节　土地增值税管理风险

房地产行业专业性较强，运作程序也较为复杂，建设周期长，如规划、设计、建安造价等需要很强的专业知识，税务人员普遍缺少这类专业知识；由于建设周期长，如果税务人员没有对房地产开发项目进行跟踪，就很难全面掌握房地产开发项目的情况，这给税务部门对土地增值税的管理带来了较大的困难。同时，由于土地增值税税负较高，企业为了其利益最大化，偷逃土地增值税的现象较为普遍，尤其在土地增值税清算环节，发现通过少计收入、提高扣除项目成本来规避土地增值税的情况时有发生。按土地增值税征管环节，可将其管理风险分为房地产前期管理风险、土地增值税申报管理风险和土地增值税清算管理风险三个部分。

一、房地产项目前期管理风险

房地产项目从立项、取得土地使用权、项目建设、预销售、竣工验收，再到符合清算条件开展土地增值税清算，发生了大量的有关清算条件、清算单位、扣除项目和转让收入事项，这些事项形成了土地增值税管理风险，而且房地产项目从立项到最终土地增值税清算的期间很长，进一步增加了税收管理风险。如果没有房地产项目前期管理，在执行土地增值税清算政策时，可能会因为缺少信息依据，而难以实现高质量的税收清算。前期管理中的征纳双方税收风险，既包括前期管理本身的税收风险，也包括由于前期管理的缺失，给项目土地增值税清算带来的税收风险。前期管理风险概括起来，主要有以下几类：

（一）管理机会错失风险

税务机关不及时掌握房地产项目的开发信息，如立项、规划、设计、勘察、各类工程的施工、竣工验收、销售、关联交易、企业改组等，就不能对上述事项中的定价情况、工程状况、销售进度等情况进行及时鉴定、纠正、调整、记录和清算条件评估，错失最佳管理机会。房地产项目的许多开发成本事项和收入事项，一旦当时没有参与或进行现场核实，事后就难以准确判断，或者需要花费更多的精力获取证据资料。

（二）清算时依据错误信息执法风险

土地增值税税负相对较高，纳税人投机风险可能性较大，如接收虚假发票风险、工程结算作假风险、甲供材重复记账风险、不属于本开发项目的成本列支风险等。

（三）税收管理信息流失风险

纳税人有意无意地丢失或消除相关资料，熟悉情况的人员调离工作岗位，使税收管理资料和信息流失，税务机关对房地产开发收入和扣除项目事项无从稽核。比如：账簿丢失，找不到合同，相关的批文丢失，等等。

（四）财务人员对税收政策不了解或理解错误带来的风险

由于财务人员素质参差不齐，对税收政策的理解程度也不同，在实际工作中，由于财务人员对税收政策不理解而出现风险也比较常见。

二、土地增值税申报管理风险

土地增值税申报管理风险主要表现在以下几个方面：

（1）预售环节，未按预收款全额申报土地增值税，预收款申报税款不及时，以及由于适用预征率不准确，造成少预缴土地增值税。

（2）清算环节，存在不能准确判断项目是否达到可清算条件或应清算条件，清算报表申报不及时，清算资料申报不齐全等风险。

（3）清算后继续销售的，不申报土地增值税或仍按预征率申报土地增值税，造成少缴土地增值税，或者申报税款不及时。

三、土地增值税清算风险管理

土地增值税清算风险主要表现为：

（一）收入方面

1. 销售收入明显偏低且无正当理由

开发企业往往以一房一价为名，调节房价，可以对企业每平方米均价水平进行比对，低于每平方米均价水平5%以上的，可能存在销售价格明显偏低的问题或者存在捐赠、赞助、广告、样品、职工福利、抵偿债务、对外投资、换取非现金资产等视同销售的行为。这一方面可能减少土地增值税的增值率，另一方面可能会涉及其他税种，更有甚者会通过低价虚假销售调节增值率。

2. 利用特殊的销售方式少记收入

“售后返租”少记收入。在房地产企业进行商业用房（专业市场、酒店式公寓）开发中，采用售后返租的形式进行促销较为普遍。所谓售后返租，就是开发商在销售商品房时，约定以购房合同的折让优惠后的价款为成交价，同时与购房者签订该房的租赁合同，要求购房者在一定期限内必须将购买的房屋无偿或低价交给开发公司或其投资的物业公司，由开发公司或物业公司统一经营，由此少记收入。

利用特殊销售形式少记收入。特别要注意通过视同买断方式销售开发产品的、通过包销方式委托销售开发产品的、采取基价（保底价）并实行超基价双方分成方式委托销售开发产品的，可能会少记收入。由于企业清算人员可能不是管理房地产企业的人员或者因工作调动等原因，不是很熟悉房地产企业的销售方式，因此可能会有风险。

3. 视同销售的各种形式可能会少记漏计销售收入

视同销售的各种形式可能会以成本价或低于售价进行视同销售，可能会少记漏计销售收入。比如开发产品用于职工福利、奖励、对外投资、分配给股东或投资人、抵偿债务、换取其他单位和个人的非货币性资产等情况，此时应在开发产品所有权转移时视同销售作收入。

4. 少记商业用房收入，低价记入车库、菜市场收入

企业往往用少记商业用房收入，低价记入车库、菜市场收入来调节增值率，低价将车库、菜市场销售给关联企业或自然人，由于车库、菜市场没有参照价格，造成税务机关难以核定。

5. 收到购房人违约等原因支付的违约金、滞纳金不计入清算收入

（二）成本方面

（1）虚列绿化费、拆迁成本和劳动力安置成本。土地增值税税负较高，特别是土地增值税清算政策会导致企业收入减少，有的企业就会通过提高扣除项目成本来规避土地增值税，如虚列绿化费。由于国家对种植业实行税收优惠，苗木交易税费很低，这为房地产企业虚列绿化费带来方便，从而减少土地增值税。这让税务部门很难掌控。从虚列绿化费可以引申到虚列拆迁成本、虚列劳动力安置成本等，“税往低处流”的现象普遍存在，从而降低了以票控税的作用。

（2）纳税人成片受让土地使用权后，分期分批开发、转让房地产的，其扣除项目金额的确定，未按转让土地使用权的面积占总面积的比例计算分摊，或按未建筑面积计算分摊，或按未经税务机关确认的其他方式计算分摊。

（3）销售费用与前期工程费混淆。企业销售过程中的设计费、模型费，售楼处的装饰费用等往往会与前期工程费混淆。

（4）土建工程超标准，多列扣除项目。由于现行政策对地上建筑物土建成本控制较多，企业往往会以地下水文复杂等理由虚高地下建筑成本，提高地下室的造价从而多列扣除项目。

（5）公共配套、基础设施费分摊不准确带来的涉税风险。

（6）开发间接费用中多列项目人员工资。项目现场管理人员与其他人员很难分清，企业往往通过多列人数、多计工资进入开发间接费用，达到虚增开发间接费用的目的。可以要求企业提供人员工种等情况进行分析或对比其他房地产企业的情况进行判断。

（7）成本未按规定进行归集，导致多列成本。

（三）其他方面

（1）多列加计扣除。政府性规费种类很多，很难分清什么是代收费用、什么是已含在房价中的收费，因此，加计扣除存在政策风险。

（2）已缴税款归集不准确，不能按项目核算已缴纳的流转税以及预缴的土地增值税，清算时因已纳税款不准确造成少缴土地增值税。

第二章

土地增值税风险管理

近年来,随着市场经济的进一步发展,土地增值税清算面临的环境越来越复杂,工作任务也越来越艰巨,面临的风险也呈现多样化、复杂化的趋势,税务机关原有的管理、服务理念与手段已不能满足现实的要求,为防范、控制和化解税务机关在土地增值税税收管理中的风险,规范土地增值税管理行为,进一步提升土地增值税税种管理质量,应积极探索加强土地增值税风险管理,以提高清算质量和效率。

第一节　风险管理基本原则及管理思路

一、风险管理基本原则

(一) 求实创新的原则

从实际出发,因地制宜,学习借鉴国际税收风险管理先进理念和经验,勇于创新风险管理的方式、方法和手段,积极探索风险管理规律。

(二) 积极稳妥的原则

土地增值税风险管理是一项长期性、复杂性、艰巨性的工作,涉及面广,工作难度大,须统筹兼顾,精心组织,在充分调研和广泛征求意见的基础上,制订科学细致的工作计划和方案,积极稳妥地组织工作,保持各项清算工作的有序开展。

(三) 注重结合的原则

根据税收征管战略目标,合理确定税收风险管理目标;要按照逐步实施税收风险管理的总要求，积极探索税收风险管理措施；要坚持原则性与灵活性相结合。

二、风险管理的总体思路

风险管理的主要思想是将风险管理理念贯穿于税源管理全过程，把有限的征管资源优先用于风险大的纳税人，实现管理资源的优化配置；制定税收风险管理战略规划，按照分析识别、等级排序、应对处理、绩效评估等设计税收风险管理流程；建立风险预警指标体系和评估模型及风险特征库；根据不同类型纳税人的不同风险，采取纳税辅导、风险提示、纳税评估、税务稽查等风险应对措施，促进纳税遵从度提高。土地增值税风险管理具体包括风险评估、风险应对以及反馈评价三个步骤。

第二节 风险管理的主要步骤

一、风险评估

风险评估是税务机关运用风险管理的理论，应用先进的管理和技术手段，采取计算机和人工相结合的方法，分析识别纳税人履行纳税义务过程中存在的风险点，依纳税人风险高低排序，确定其风险等级，明确相应应对措施的过程。土地增值税风险评估一般包括模型管理、风险识别、风险排序和推送三个方面。

模型管理是风险识别的前置性日常工作事项。土地增值税模型管理实行全盘统筹、分级负责的工作机制。统筹部门负责风险识别模型建设计划的制订工作，各级分项负责部门配合当地风险监控机构完成风险识别模型的建设、确认、解释、应用工作。

土地增值税风险管理模型应涵盖土地增值税管理的全过程。

构建土地增值税风险管理模型指标体系，是根据指标的特性采取适当的方式进行初次比较、分析和判断，可以据此判断纳税人的综合风险程度。一个纳税人所拥有的税收风险指标值越高，就意味着它的税收风险程度越大。

在前期管理中，应加强对房地产项目进展、开发进度、销售状况、预征申报和清算条件的风险管理，建立相应的风险指标和风险识别模型。

在清算管理中，应加强对纳税人土地增值税清算申报结果的风险管理，详细建立适应土地增值税清算管理的风险指标和风险识别模型。

在后续管理中,应加强对房地产项目清算后继续销售以及对应的税款缴纳情况的风险管理,建立相应的风险指标和风险识别模型。

土地增值税风险管理模型建立了以下风险识别指标:

(1) 土地增值税税收负担率指标。包括地区间税收负担率指标、当地同时期同类别项目的税收负担率指标和其他合理的税收负担率指标。

(2) 房地产转让收入指标。包括单位售价与周边地块的均价水平比较分析指标、单位售价和开发成本比较分析指标以及单户房屋与同时期同类型小区均价比较分析指标等。

(3) 各类型成本扣除分析指标。包括:

① 取得土地使用权所支付的金额、土地征用及拆迁补偿费、前期工程费、建筑安装工程费、基础设施费、公共配套设施费和开发间接费用等成本扣除及其明细分类扣除的单位面积与当地同时期同类别房地产项目的单位面积成本分析指标。

② 取得土地使用权所支付的金额、土地征用及拆迁补偿费、前期工程费、建筑安装工程费、基础设施费、公共配套实施费和开发间接费用等成本扣除及其明细分类扣除的权数与当地同时期同类别房地产项目的权数分析指标。

在土地增值税税收风险管理指标体系确立后,要给每一项税收风险指标赋予分值,以利于对按不同方式归集后的税收风险进行量化的判断,分值越高的纳税人税收风险程度就越高。赋予分值可以采取理性加经验的方式进行,一般来说对税收影响较为严重的指标应当被赋予较高的分值,如与收入和扣除关系密切的指标等;分值的计算可以采取百分制,用以形成税收风险指标预警体系。给每一项税收风险指标赋予基本分值后,可以在本项指标范围内,根据本项指标的基本分值和本项指标的风险分布状况,划分风险等级。如行业税负率指标,可以计算出本区域内本行业的税负率平均值,平均值以下的可以作为预警对象,并可以根据与平均值的偏离程度划分等级,赋予不同的分值。

模型指标和预警值建立后,关键在于如何识别税收管理风险。风险识别是指税务机关从税收经济运行结果入手,运用科学合理的方法、模型以及指标体系,通过信息化手段对涉税数据进行加工处理,寻找、发现纳税人可能存在的税收风险点的过程。

利用上述模型管理提供的数据模型对涉税信息(含第三方涉税数据信息)进行分析、审核、确认,按照相关评估模板、指南和数据模型进行分析识别,并将分析识别出的税收风险点进行风险推送。

在数据模型特征库不能满足风险分析识别的需求时,风险识别要运用政策分析、税收分析、案例分析和经验分析等风险分析方法,从不同角度寻找税收风险领域，提取和确定用以识别这些风险领域的风险特征。通过完整性、逻辑性、波动性、配比性、类比性、基准性等方法识别税收风险点。

各级税务机关税政管理部门须强化对土地增值税申报数据质量的监督考核管理，有效采集土地增值税申报数据。

各级税务机关风险监督机构负责土地增值税风险数据整备，运用系统采集的项目信息，与风险识别模型或指标中已清算项目合理均值（权数）范围、行业参考值进行自动比对分析，产生偏离的表明存在风险。根据偏离程度的大小，赋予一定的风险值，而风险评估机构根据税收风险点的风险类型、关键指标风险数量和风险指标权重等情况进行综合分析，判断项目的总体风险程度。

风险的排序及推送是指风险监督机构对识别出的风险点按项目进行归集、筛选、排序，根据规则确定风险等级（高、中、低），形成不同的风险应对任务，按照风险应对机构的应对能力，将风险应对任务推送给相应的风险应对机构。

二、风险应对

风险应对机构根据风险应对任务中的项目税收风险点、风险等级和税收风险形成的具体原因，按照差别化应对的原则，分别采取相应的应对策略和措施。按照应对方式的不同，风险应对分为服务应对、管理应对和稽查应对。

（1）服务应对。主要是通过纳税辅导、集中培训、风险提示或通知自查等方式来实施的应对。

（2）管理应对。主要是通过案头审核、实地核查以及纳税评估等手段来督促纳税人履行义务，消除风险。

案头审核是指税务工作人员在其办公场所，对经风险评估确定的需要实施案头审核的纳税人，选择运用相应的审核分析方法，采取通讯调查或者约谈等方式予以核实处理的过程。

实地核查是指税务机关针对纳税人存在的风险点，采取税务检查的手段进行核实的过程。

纳税评估是指税务机关针对纳税人存在的风险点，采取税务评估的手段进行核实的过程。

（3）稽查应对。它是指税务局稽查局依法对纳税人、扣缴义务人和其他涉税当事人履行纳税义务、扣缴义务情况及涉税事项进行的检查处理，以及围绕检查处理开展的其他相关工作。

风险推送部门根据纳税人的风险等级，明确相应的应对措施：

（1）对具有普遍性的低度遵从风险的纳税人，确定为服务应对的对象，推送到管理部门，由管理部门采取纳税辅导、风险提示等方式督促其遵从税法。

（2）对税收风险等级为“中”，存在较明显的纳税不遵从风险但尚未达到稽查立案标准的纳税人，确定为管理应对的对象，推送到评估部门，由评估部门采取案头审核、实地核查等方式督促其遵从税法。

（3）对税收风险等级为“高”，涉嫌偷、逃、骗、抗或存在其他需要立案查处的高风险事项的纳税人，确定为稽查应对的对象，推送到稽查局进行检查处理。

各级风险应对部门应逐个排查推送的风险疑点，对未消除的风险应详细说明原因。土地增值税清算风险应对时，除对风险管理部门推送的风险积极应对外，还应对照清算审核要点，全面审核土地增值税各项清算申报指标。

为切实提高评估质量，税务机关可引入税务、工程造价等中介机构协助。

每个风险指标的具体应对方法参见第四章的“风险应对方法”部分。

三、反馈评价

在已经形成的土地增值税风险管理指标预警体系中，每个组成风险指标的分值、预警等级分值都是以通常的理性判断和经验值确定的。在具体使用时可根据实际情况进行相应的修改、调整。

风险监控机构在加工识别过程中对风险评估模型进行检验评价，将发现的模型架构等问题及时反馈给模型管理部门。

风险推送部门接收风险应对部门反馈的应对结果并进行评价，将发现的模型应用效果及时反馈给模型管理部门。

风险应对部门在风险应对过程中通过分析比对异常指标，根据处理情况，及时对所采用的风险识别模型、风险特征、风险指标、风险积分规则进行总结归纳，并提出新的风险指标或修正业务指标的需求。

模型管理部门，应建立快捷有效的跟踪反馈机制，以便不断改进和完善，提高税收风险识别的准确率。应根据风险应对后的风险管理评价与反馈，组织专业人员对风险模型进行评价，作出修改、维持、补充等决定，并根据具体决定对风险模型进行维护，动态管理土地增值税风险管理指标，经常对指标的实际应用效果进行评价，对经常出现的税收风险指标进行预警，通过预警处置产生较好的管理效果，实施经常性监控；对不经常出现，或者即使出现影响面、影响程度也不大的税收风险指标，实施定期监控；有些税收风险指标虽然经常出现，但通过预警处置未能产生较好的管理效果，针对这些误差税收风险指标，要进行重新论证并进行修正。

在实际工作中，可能会遇到新发现的土地增值税风险管理指标，可以自行定义税收风险管理指标并制订税收风险管理指标分析方案，可以根据信息系统提供的空间，根据需要随时将不同的数据项按照不同维度进行分析判断、集成并自定义出一个新的税收风险管理指标分析方案，同时对税收风险分析方案中风险指标的分值、预警等级分值进行设置，按照选定的纳税人、行业、税种或者区域进行风险分析，产生新的风险预警排序。

总之，通过全面风险管理理念在土地增值税清算管理实践中的运用，加强对税收风险的识别、排序，对高风险点集中力量进行处置，最大化运用有限征管资源，不断降低纳税遵从风险、减少税收流失，是促进土地增值税清算科学化、精细化、专业化、信息化的重要举措。

第三章

常州土地增值税风险管理系统应用要点

2011 年，江苏省开始实施税源专业化管理试点，“以风险管理为导向，以信息管税为依托，以分级分类为基础”的税源管理新理念为解决土地增值税管理风险带来了契机。为进一步加强土地增值税管理，促进税法遵从，应积极贯彻这一税源管理新理念，开发风险系统，实施风险监控，全力打造过程全控制的风险管理平台。

第一节　土地增值税风险管理系统总体概述

一、系统的指导思想和原则

1. 指导思想

从满足土地增值税管理需要出发，以征管信息系统为核心，根据土地增值税项目管理流程(前期管理—清算管理—后续管理)，重点围绕加强土地增值税清算管理(下达清算—中介鉴证—清算申报—评估稽查—反馈评价)，强化数据的有效采集和综合利用，突出风险的全程监控和有效评价，力求开发一套实用高效的土地增值税管理系统。

2. 基本原则

——法制性原则。系统开发在法律法规规定的框架内进行。

——可行性原则。系统功能的实现须符合当前工作实际，具有可操作性。

——全面性原则。全面涵盖土地增值税管理的各个环节。

——效率性原则。提高系统自动化处理的程度。

——衔接性原则。系统功能和江苏省局大集中系统、风险决策系统有效衔接，产生协同效益。

二、系统的整体框架

按照土地增值税项目管理流程，项目管理分为前期管理、清算管理、后续管理三大步骤；按照系统面对的对象，分为纳税人申报平台和税务机关管理平台两大平台。

前期管理需要掌握房地产项目从立项登记、项目进展、开发进度、销售状况到预征申报的全部信息。按照前期管理的需求，系统开发设计了《房地产开发项目情况表》，用来采集项目开发的动态信息；管理平台主要是对该表的报送质量进行管理，开发了申报管理、风险推送、查询统计功能。

清算管理是对满足清算条件的项目实施税务清算，包括清算下达、清算申报以及随后的清算结果后续管理。因此，系统设计了《土地增值税清算套表》，聘请中介鉴证的还需附报工作底稿，统一规范清算申报格式；管理平台则按照清算流程对应开发了清算任务下达、清算申报管理、清算结果风险管理、清算推送评估稽查等模块。

后续管理主要是跟踪项目清算后销售以及对应的税款缴纳情况，因此系统设计了《已清算项目继续销售土地增值税申报表》，方便纳税人对项目清算后实现的销售进行申报。管理平台则主要是对《已清算项目继续销售土地增值税申报表》报送质量进行管理，对未申报的进行催报。

另外增加了辅助管理功能：主要是为实施税务管理提供参考依据和政策支持，包括系统预警值设置、方便清算应对的第三方指标参考以及政策查询等。

通过开发全过程管理系统，可以动态掌握项目进展、开发进度、销售状况、预征申报、清算条件、清算申报、评估稽查和清算后申报情况，变事后审核为过程控制，做到税务管理和项目开发同步。

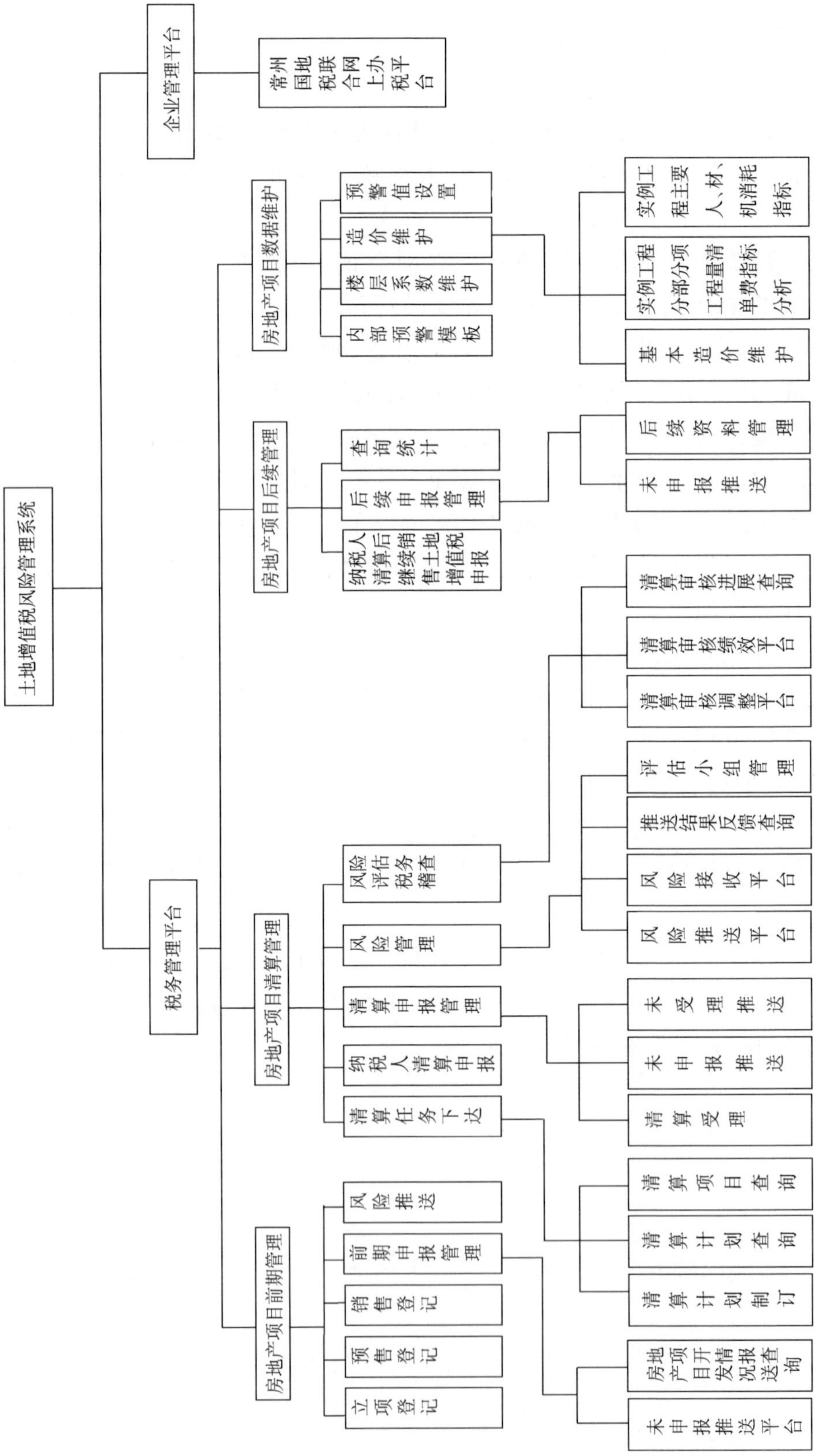

常州市土地增值税风险管理系统

第二节　房地产项目前期管理

一、立项登记

1. 功能概述

从事房地产开发的纳税人网上办理房地产项目信息登记(自取得房地产项目立项批文之日起次月15日内)。

2. 业务前提

房地产开发项目已立项,取得立项批文。

3. 界面说明

(1) 功能按钮说明。

【新增】　新增一条信息。

【删除】　删除所在行信息。

(2) 选择条件标签与选择栏说明。

【报表选择】　选择需要填写的报表类别。

【板块区域】　选择唯一的县区,并选择“城区”或“周边”。

【项目所在地税务机关】　选择唯一的所属税务机关。

【项目编号】　里面包含企业已进行房地产项目登记的所有项目,供选择。

【项目名称】　根据“项目编号”自动带出。

4. 操作步骤

进入“常州国地税联合网上办税服务平台”,点击进入“地税专区”。在“土地增值税采集”模块,点击“房地产项目开发情况表”后的“填写”按钮,进入新建项目申报界面。

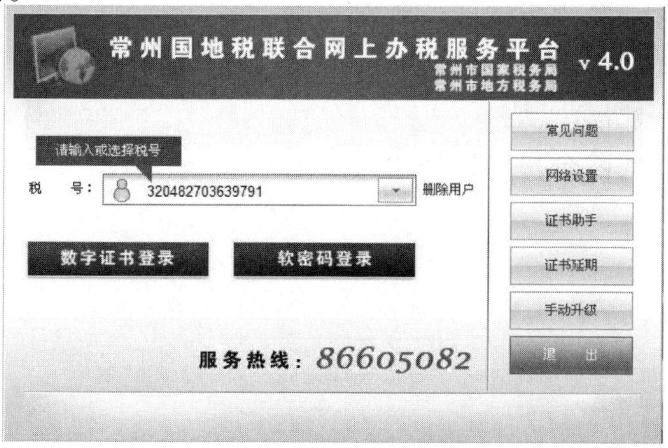

（1）填写“立项和预售情况表”，建设单位税务管理码和单位名称由系统自动带出。立项批文号、立项名称、坐落地址、建筑面积、占地面积等基本信息根据发改委《项目立项批复》填写。进行项目信息选择，项目信息选项卡中包含已到主管税务机关进行房地产项目登记的项目名称，有多个项目的可通过“新增项目”按钮进行添加。填写完整后点击“报表保存”。确认后点击“网上申报”。项目区域规定如下：

- 常州市
  - 武进区
    - 市区
      - 城区（除乡镇外的所有土地）
      - 周边（乡镇范围内土地）
    - 经济开发区
      - 城区（湖塘镇、武进高新技术产业开发区和武进经济开发区范围内的所有土地）
      - 周边（除武进城区外所有土地）
  - 溧阳市
    - 城区（溧城镇、天目湖镇、溧阳经济开发区及天目湖经济开发区范围内的所有土地）
    - 周边（除溧阳城区外所有土地）
  - 金坛市
    - 城区（金城镇、经济开发区范围内除原白龙荡、后阳两乡辖区的所有土地）
    - 周边（除金坛城区外所有土地）

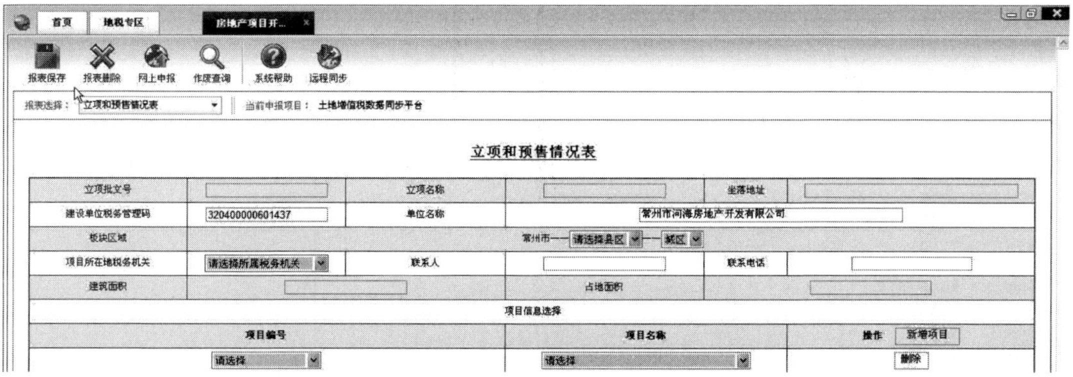

（2）填写《项目相关权证、报告统计表》。选择权证种类，填写份数、发证日期、权证报告等主要信息，点击“增加”按钮可添加权证信息，点击“删除”按钮删除该行信息。完成后点击“报表保存”，确认后点击“网上申报”。

（3）已签订项目施工或相关合同的需要填写《项目合同统计表》，系统自动调用纳税人的项目登记信息，选择合同类别，依次修改填写施工单位、签订日期、合同面积、合同金额等一系列数据。完成后点击“报表保存”，确认后点击“网上申报”。

5. 注意事项

（1）立项批文号、立项名称、坐落地址、板块区域、项目所在地税务机关必填或必选。

（2）至少填写一条项目编码和项目名称。

二、预售登记

1. 功能概述

纳税人网上办理预售信息登记（应当自取得预售证次月起，在每季后15日前向主管税务机关申报）。

2. 业务前提

（1）取得（预）销售许可证。

（2）已完成建筑业项目登记及项目鉴定。

（3）开具第一张预售发票。

3. 界面说明

（1）功能按钮说明。

【新增】 新增预售证信息。

【删除】 删除所在行预售证信息。

（2）选择条件标签与选择栏说明。

【最后一张预售证】 根据实际情况选择“是”或“否”。

4. 操作步骤

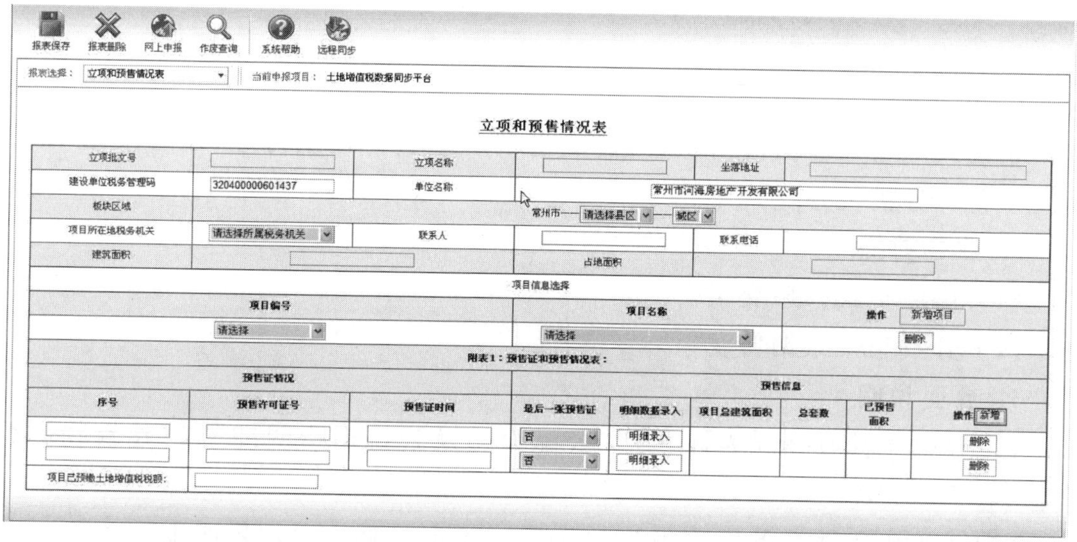

进入“立项和预售情况表”申报界面，点击“新增”，增加预售证登记信息。根据房产管理部门颁发的《销售（预售）许可证》填写预售许可证号、预售证时间，选择“是否最后一张预售证”，然后点击“明细录入”进入“预售证明细”。按房屋类型分别填写建筑面积、套数、已预售面积、已预售收入信息，点击“保存”则数据存入表格，返回上图主界面，自动累加生成项目总建筑面积、总套数、已预售面积。点击“取消”则取消明细数据录入。填写完整后点击“报表保存”，确认后点击“网上申报”。

5. 注意事项

点击“明细录入”前，必须先填写完整“预售许可证号”。

三、销售登记

1. 功能概述

纳税人网上办理销售信息登记（应当自房屋交付之次月起，在每季后15日前向主管税务机关办理）。

2. 业务前提

（1）房屋正式办理交付。

（2）开具第一张销售发票。

3. 界面说明

（1）《竣工验收情况表》，包括“公配设施及公益捐赠明细”和“建筑物测绘信息”。

（2）《销售和清算条件申报表》，按房屋类型分别填写销售明细。

4. 操作步骤

（1）填写《竣工验收情况表》，依次录入公配设施、公益性捐赠明细和建筑物测绘信息。根据建设局《公建配套完成情况通知单》，按公配类型、建筑物结构分类，分别填写规划建筑面积、实际验收面积。有公益性捐赠的可通过“新增”按钮另起一行填写。建筑物测绘信息中，工程名称应根据《建筑工程施工许可证》上的名称正确填写，然后根据测绘报告，填写各结构房屋面积。系统自动计算出合计数，得出建筑总面积。根据《建设工程规划许可证》和《测绘报告》中的房屋性质、用途，填写不可销售的公配面积和无产权建筑面积。总面积减去不可销售的公配面积和无产权建筑面积，得出可销售建筑面积。填写完整后点击“报表保存”，确认后点击“网上申报”。

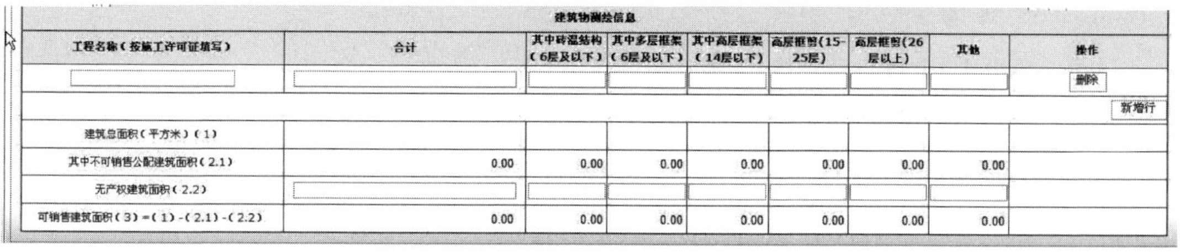

建筑物测绘信息								
工程名称（按施工许可证填写）	合计	其中砖混结构（6层及以下）	其中多层框架（6层及以下）	其中高层框架（14层以下）	高层框剪(15-25层)	高层框剪(26层以上)	其他	操作
								删除
								新增行
建筑总面积（平方米）（1）								
其中不可销售公配建筑面积（2.1）	0.00	0.00	0.00	0.00	0.00	0.00	0.00	
无产权建筑面积（2.2）								
可销售建筑面积（3）=（1）-（2.1）-（2.2）	0.00	0.00	0.00	0.00	0.00	0.00	0.00	

（2）填写《销售和清算条件申报表》，此处只需填写销售情况部分。其中"累计已售合计"的销售面积、销售收入、销售比例由填写的各种房屋类型的销售面积和销售收入自动计算。"未售建筑面积"是根据《竣工验收表》中的"可销售建筑面积"与上面填写的"已销售合计"自动计算得出。填写完整后点击"报表保存"，确认后点击"网上申报"。

首页　地税专区　房地产项目开...

报表保存　报表删除　网上申报

报表选择：销售和清算条件申报表　当前申报项目：土地增值税数据同步平台

立项批文号		立项名称		坐落地址	
建设单位税务管理码	320400000601437	单位名称	常州市河海房地产开发有限公司		
板块区域					
项目所在地税务机关		联系人		联系电话	

销售情况表：

类别	销售面积	销售收入	销售比例（已售/可售）	填表说明
已销售普通标准住宅				（说明：本表黄色部分由纳税人手工录入，绿色部分由系统自动计算。本表的已销售面积（收入）（4）=已销售合计（5），由于老项目未全在网开发票系统中开票，过渡阶段采取企业自报和系统自动取数结合的方法，对于全部在"网开系统"开票的新项目纳税人则不要填写使用"其中使用3.0网上开票系统前开票数据"，系统的销售面积和收入应取网开系统"不动产项目编号"字段前16位与本项目编号一致且款项属性为3购房款的"面积"和"金额"累计数据。
已销售普通住宅				
已销售非普通住宅				
已售营业用房面积				
已售车库或车位面积				
已售其它可售面积	0.00			
累计已售合计（4）	0.00	0.00	NaN	
其中：非3.0网开票系统已开票销售				
其中：3.0网上开票系统已开票数据				
已销售合计（5）	0.00	0.00	NaN	

未售建筑面积合计（6）=（3）-（5）	0.00	未售面积中已自用建筑面积（7）		未售面积中已出租面积（8）		未售可售面积9=（6）-（7）-（8）	0.00

5. 注意事项

无。

四、前期申报管理

（一）未申报推送平台

1. 功能概述

对于开票系统中已有预售信息或销售信息，但纳税人未进行立项登记的，进行查询。

2. **业务前提**

开票系统中已有预售信息或销售信息。

3. **界面说明**

(1) 功能按钮说明。

【查询】 根据输入条件查询未申报的纳税人信息。

(2) 选择条件标签与选择栏说明。

【项目所属税务机关】【税务管理码】【立项名称】 选择和输入正确的对象即可。

4. **操作步骤**

上图为未申报查询页面,可以根据项目所属税务机关、税务管理码、立项名称这些条件进行相关的查询。当选择好查询条件时点击“查询”就可以查询出符合查询条件的纳税人信息。

(二) 房地产项目开发情况报送查询

1. **功能概述**

根据税务管理码或立项名称或立项批文号进行精确查询,也可以根据项目所属税务机关进行模糊查询。可以查看纳税人在外网申报的预售信息及明细信息。

2. **业务前提**

纳税人已上报《房地产项目开发情况表》。

3. **界面说明**

(1) 功能按钮说明。

【查询】 根据输入条件查询已申报开发情况表的纳税人信息。

(2) 选择条件标签与选择栏说明。

【项目所属税务机关】【税务管理码】【立项名称】【立项批文号】 选择和输入正确的对象即可。

4．**操作步骤**

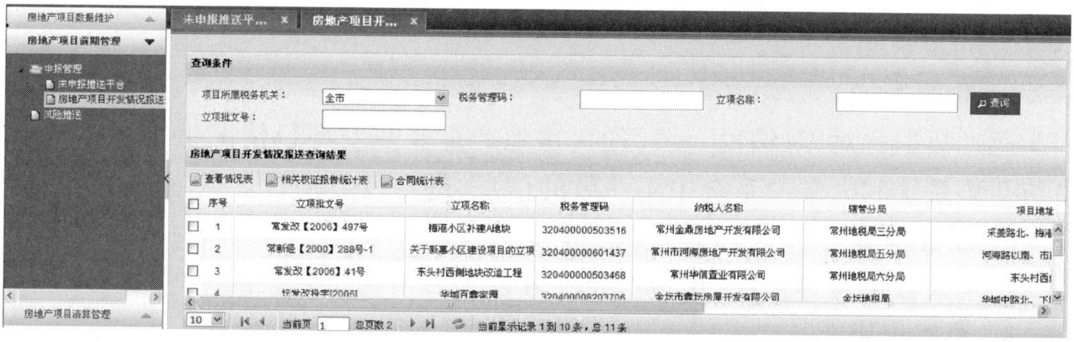

上图为申报查询页面，可以根据项目所属税务机关、税务管理码、立项名称、立项批文号进行相关的查询。当选择好查询条件时点击“查询”就可以查询出符合查询条件的纳税人信息。

选择一条企业信息，分别点击“查看情况表”、“相关权证报告统计表”、“合同统计表”按钮查看相应报表。

五、风险推送

1. **功能概述**

通过数据比对,对纳税人填写的《房地产企业开发项目情况报告表》中的信息与开票系统和大集中系统中不一致的信息,进行风险推送。

2. **业务前提**

纳税人已填写并上传《房地产企业开发项目情况报告表》。

3. **界面说明**

(1)功能按钮说明。

【查询】 根据输入条件查询未申报的纳税人信息。

(2)选择条件标签与选择栏说明。

【项目所属税务机关】【立项批文号】【立项名称】【类型】 选择和输入正确的对象即可。

【类型】 选项卡中:

“预售面积与3.0预售面积不一致”,是指纳税人填写的《房地产企业开发项目情况报告表》中的预售面积与3.0网开票系统中的预售面积不一致。

“预售收入与3.0预售收入不一致”,是指纳税人填写的《房地产企业开发项目情况报告表》中的预售收入与3.0网开票系统中的预售收入不一致。

“预售税金与3.0预售税金不一致”,是指纳税人填写的《房地产企业开发项目情况报告表》中的预售收入与3.0大集中系统中的预缴税金的计征依据不一致。

“销售面积与3.0销售面积不一致”,是指纳税人填写的《房地产企业开发项目情况报告表》中的销售面积与3.0网开票系统中的销售面积不一致。

“销售收入与3.0销售收入不一致”,是指纳税人填写的《房地产企业开发项目情况报告表》中的销售收入与3.0网开票系统中的销售收入不一致。

4. **操作步骤**

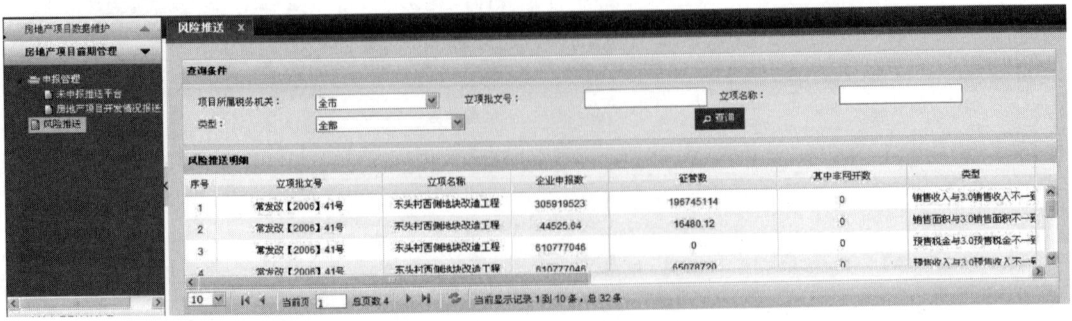

上图为风险查询页面，可以根据项目所属税务机关、立项批文号、立项名称、风险类型进行相关的查询。当选择好查询条件时点击“查询”就可以查询出符合查询条件的项目信息。

第三节　房地产项目清算任务下达

一、清算计划制订

1. 功能概述

选择符合清算条件的项目，制订清算计划。

2. 业务前提

(1) 纳税人符合下列条件之一的，应进行土地增值税的清算：

① 房地产开发项目全部竣工、完成销售的；

② 整体转让未竣工决算房地产开发项目的；

③ 直接转让土地使用权的。

(2) 对符合下列条件之一的，主管税务机关可要求纳税人进行土地增值税清算：

① 已竣工验收的房地产开发项目，已转让的房地产建筑面积占整个项目可售建筑面积的比例在85%以上，或该比例虽未超过85%，但剩余的可售建筑面积已经出租或自用的；

② 取得销售（预售）许可证满三年仍未销售完毕的；

③ 纳税人申请注销税务登记但未办理土地增值税清算手续的；

④ 省（自治区、直辖市、计划单列市）税务机关规定的其他情况。

3．**界面说明**

【查询】　根据输入条件查询所有的房地产项目，点击选择列入清算计划的项目。

4．**操作步骤**

（1）点击左边菜单栏，房地产清算管理—清算任务下达—清算计划制订。

（2）选择所属税务机关，点击“查询”后，显示所有房地产项目。

（3）找到应列入清算的项目，在项目前的方框内点钩，点击列入清算计划。可以同时选择一个或多个项目。

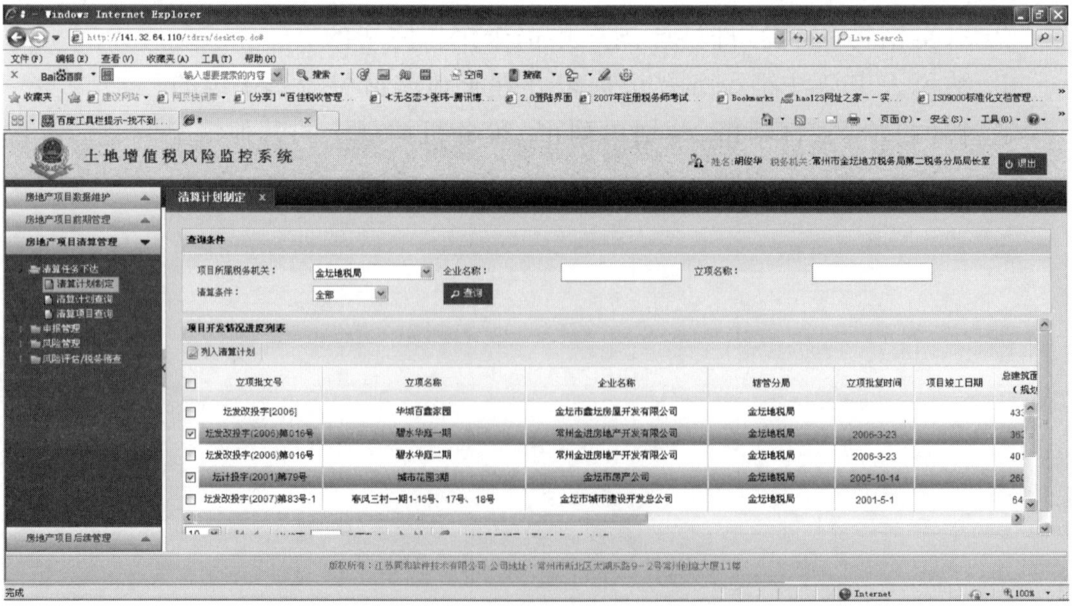

(4) 点击列入清算计划后，会自动跳出下面的方框，可以选择清算类型以及清算通知书送达的时间。同时可以打印出清算通知书。

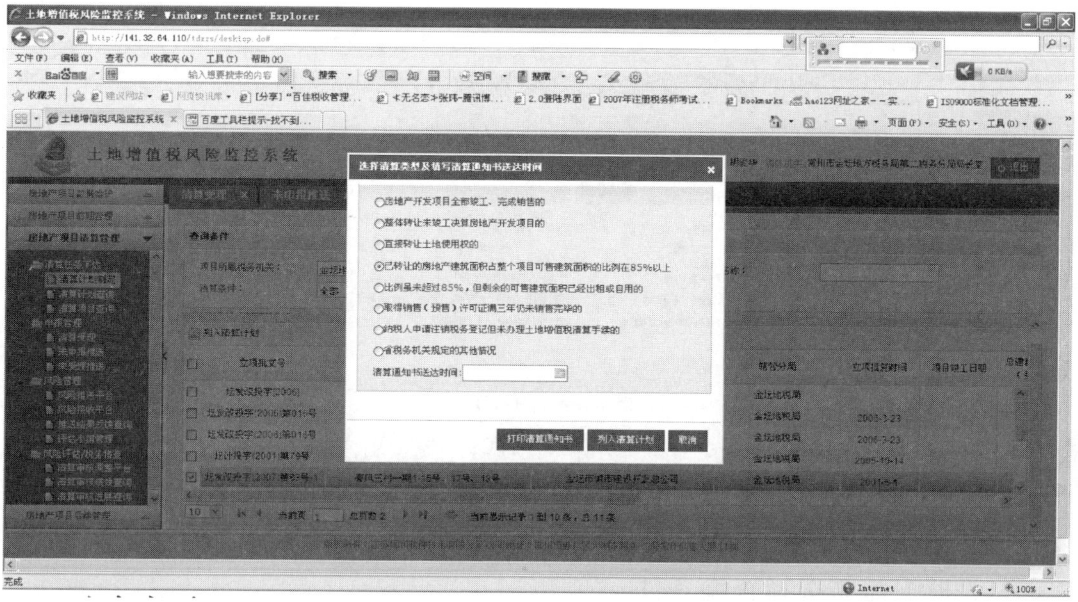

5. 注意事项

无。

二、清算计划查询

1. 功能概述

按清算类型查询出已列入清算计划的纳税人名单。

2. 业务前提

对符合条件的应清算、可清算土地增值税项目已制订清算计划。

3. 界面说明

【查询】　根据输入条件查询已列入清算计划的项目名单。

4．操作步骤

（1）根据需要选择查询条件。

（2）点击“查询”。

5．注意事项

无。

三、清算项目查询

1．功能概述

按分局、清算类型、清算时间查询清算的总体情况。

2．业务前提

对符合条件的应清算、可清算土地增值税项目已制订清算计划。

3．界面说明

【查询】 根据输入条件查询已列入项目清算的总体情况。

4. **操作步骤**

（1）根据需要选择查询条件。

（2）点击“查询”。

第四节　房地产项目纳税人清算申报

一、功能概述

纳税人被列入清算计划名单之后，在外网纳税人申报界面，会自动跳出土地增值税清算套表，纳税人收到清算通知书后，自行登录外围进行清算套表填写和清算申报。

二、业务前提

纳税人已经收到清算通知书。

三、界面说明

纳税人在外网以软密码或者 CA 证书登录系统，对需要清算项目填写套表信息，并进行申报。

四、操作步骤

(1) 登录常州国地税联合网上办税服务平台,使用软密码或数字证书登陆。

(2) 登录后点击地税专区,在土地增值税采集框,找到需要申报的项目,点击"填写"。

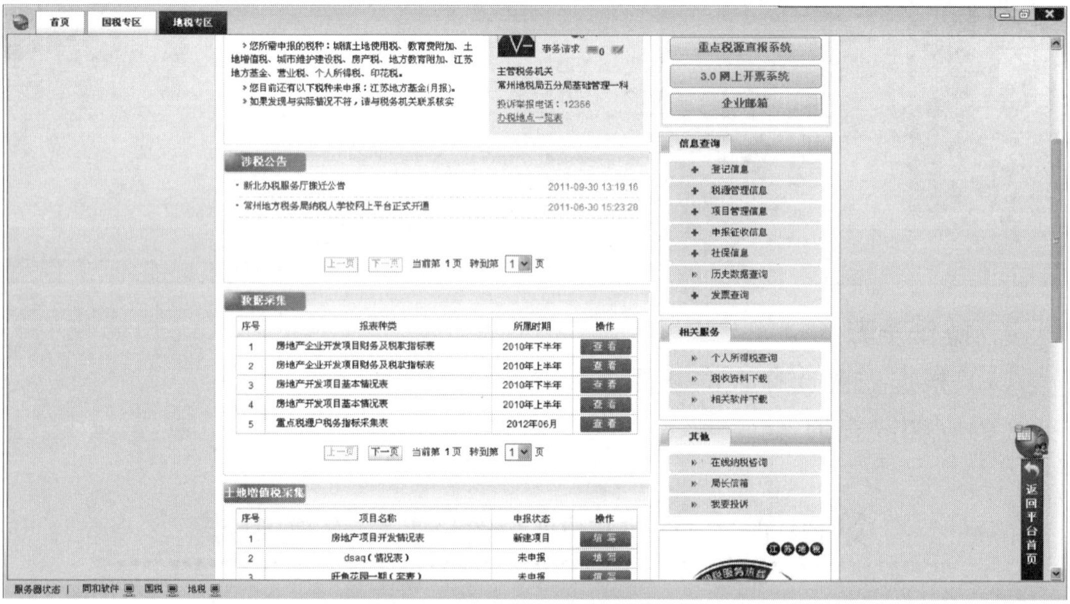

(3) 根据系统提示的要求,对申报表及附表按实进行填写。

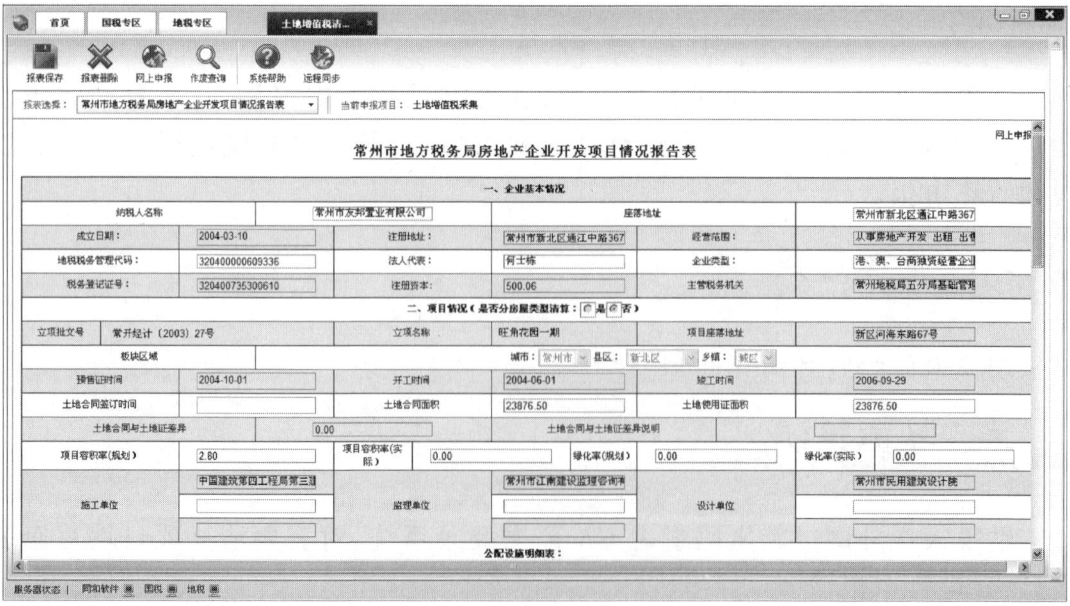

土 地 增 值 税 清 算 申 报 表

（从事房地产开发的纳税人适用）

税款清算期：2002-12-01 至 2011-09-30 金额单位：元

纳税人名称(公章)：常州市友邦置业有限公司　立项名称：旺角花园一期

项目		行次	合计
一、转让房地产收入总额 1=2+3		1	233114630.50
其中	货币收入	2	233114630.50
	实物收入及其他收入	3	0.00
二、扣除项目金额合计 4=5+6+13+19+24		4	175194217.16
1、取得土地使用权所支付的金额		5	13720523.81
2、房地产开发成本 6=7+8+9+10+11+12		6	112682428.28
其中	土地征用及拆迁补偿费	7	965732.93
	前期工程费	8	7953728.13
	建筑安装工程费	9	81688930.85
	基础设施费	10	18805779.53
	公共配套设施费	11	275131.20
	开发间接费用	12	2993125.64
3、房地产开发费用 13=14+18		13	12640295.20
其中	实际扣除利息	14	6320147.6
	其中：　金融机构借款利息支出	15	0.00
	其中：5%限额	17	6320147.60
	其他房地产开发费用	18	6320147.60
4、与转让房地产有关的税金19=20+21+22+23		19	10895945.04
其中	营业税	20	10788064.40
	城市维护建设税	21	0.00
	教育费附加	22	0.00
	地方教育附加	23	107880.64
5、财政部规定的其他扣除项目		24	25255024.83
其中：不可加计扣除		25	127827.96
三、增值额 26=1-4		26	57920413.34
四、增值额与扣除项目金额之比 27=26÷4		27	0.33
五、适用税率（%）		28	0.30
六、速算扣除系数		29	0.00
七、应纳税额30=26×28-4×29		30	17376124.00
税负率		31	7.45
八、已缴税额（含预缴）		32	7245762.54
九、减免税额		33	0.00
十、应补退税额 34=30-32-33		34	10130361.46
纳税人声明：			
财务负责人（签章）： 申报经办人（签章）：	代理中介机构（公章）： 年 月 日 经办人（签章）： 年 月 日 经办人执业证件号码：	主管税务机关：	

注：1、本表用于房地产企业土地增值税清算，一式四份，按规定向主管税务机关申报，由主管税务机关受理后，二份主管税务机关留存，二份退还纳税人。 2、纳税人在报送本表时应按规定附报各类明细表和相关资料。3、申报时请先填报各附表及附表列表，本表有颜色部分由附表自动计算生成，第27-28行需手工录入。

房地产转让收入表

纳税人名称(公章)：常州市友邦置业有限公司　立项名称：旺角花园一期　金额单位：元

房屋类别		收入合计数	其中		调整说明
			货币收入	实物及其他收入	
精装修房屋	普通标准住宅	0.00	0.00	0.00	
	普通住宅	0.00	0.00	0.00	
	非普通住宅	0.00	0.00	0.00	
	营业用房	0.00	0.00	0.00	
	车库车位	0.00	0.00	0.00	
	其他	0.00	0.00	0.00	
	合计	0.00	0.00	0.00	
毛坯房屋	普通标准住宅	0.00	0.00	0.00	
	普通住宅	202761194.50	202761194.50	0.00	
	非普通住宅	0.00	0.00	0.00	
	营业用房	24714486.00	24714486.00	0.00	
	车库车位	5638950.00	5638950.00	0.00	
	其他	0.00	0.00	0.00	
	合计	233114630.50	233114630.50	0.00	
					新增列　删除列
合计		233114630.50	233114630.50	0.00	

注:本表转让收入,已全额开具商品房销售发票的，按照发票所载金额确认收入，未开具发票或未全额开具发票的，以交易双方签订的销售合同所载的售房金额及其他收益确认收入。销售合同所载商品房面积与有关部门实际测量面积不一致，在清算前已发生补、退房款的，应在计算土地增值税时予以调整。各表有图案单元格由公式自动计算。

取得土地使用权所支付的金额明细表

纳税人名称(公章)：常州市友邦置业有限公司　立项名称：旺角花园一期　金额单位：元

支付项目	申报合计数	备注
支付的土地出让金	13231519.00	
支付地价款金额	0.00	
交纳的有关税费	599654.20	
其中：土地登记费	0.00	
土地交易费	0.00	
土地分割费	0.00	
土地契税	0.00	
		新增行　新增列　删除行　删除列
合计	13831173.20	
经过折算后数值	13720523.81	

土地征用及拆迁补偿费明细表

纳税人名称(公章)：常州市友邦置业有限公司　立项名称：旺角花园一期　金额单位：元

支付项目	申报合计数	备注
土地征用费用	0.00	
耕地占用税	0.00	
劳动力安置费	0.00	
安置动迁用房支出	0.00	
拆迁补偿款	973521.10	
		新增行　新增列　删除行　删除列
合计	973521.10	
经过折算后数值	965732.93	

前期工程费明细表

纳税人名称(公章)：常州市友邦置业有限公司　　立项名称：旺角花园一期　　金额单位：元

项目	申报合计数	备注
规划费用	0.00	
设计费用	1597600.00	
项目可行性研究费用	0.00	
水文费用	0.00	
地质费用	0.00	
勘探费用	93022.00	
测绘费用	129572.50	
七通一平支出	0.00	
其他	739435.10	
白蚁防治	134953.50	
规费	5323288.00	
		新增行　新增列　删除行　删除列
合计	8017871.10	
经过折算后数值	7953728.13	

建筑安装工程费明细表

纳税人名称(公章)：常州市友邦置业有限公司　　立项名称：旺角花园一期　　金额单位：元

项目	申报合计数	备注
一、基本工程造价合计	73343125.66	
其中：甲供材合计	0.00	
土建	73000384.66	
水电	200000.00	
初装饰	142741.00	
		新增行　新增列　删除行　删除列
其他调整	0.00	
与建安工程造价比较超标准调整	0.00	
二、其他建筑安装工程费合计	9004586.89	
桩基工程	980495.67	
高档门窗	3101147.51	
消防工程	0.00	
精装饰工程	4341091.48	
其他	581852.23	
		新增行　新增列　删除行　删除列
其他	0.00	
其他调整	0.00	
合计	82347712.55	
经过折算后数值	81688930.85	

基础设施费明细表

纳税人名称(公章)：常州市友邦置业有限公司　立项名称：旺角花园一期　　金额单位：元

费用项目	申报合计数	备注
开发小区内道路	0.00	
供水工程支出	3087924.32	
供电工程支出	8135862.22	
供气工程支出	471995.91	
排污工程支出	1181394.32	
排洪工程支出	0.00	
通讯工程支出	57790.00	
照明工程支出	660388.72	
环卫工程支出	0.00	
绿化费用	2054150.75	
其他设施工程发生的支出	1855772.80	
有线电视	196160.00	
消防	1256000.00	
		新增行 新增列 删除行 删除列
合计	18957439.04	
经过折算后数值	18805779.53	

公共配套设施费明细表

纳税人名称(公章)：常州市友邦置业有限公司　立项名称：旺角花园一期　　金额单位：元

费用项目	申报合计数	备注
物业管理用房费用	0.00	
变电站费用	0.00	
热力站费用	0.00	
水厂费用	0.00	
居委会用房费用	0.00	
派出所用房费用	0.00	
幼儿园用房费用	0.00	
人防工程支出	0.00	
车库、车位费用	0.00	
其他非营利性公共设施	277350.00	
		新增行 新增列 删除行 删除列
合计	277350.00	
经过折算后数值	275131.20	

开发间接费明细表

纳税人名称(公章)：常州市友邦置业有限公司　立项名称：旺角花园一期　　金额单位：元

费用项目	申报合计数	备注
管理人员工资	0.00	
职工福利费	0.00	
折旧费	0.00	
修理费	0.00	
办公费	0.00	
水电费	132899.54	
劳动保护费	0.00	
周转房摊销费	0.00	
其他发生的间接费用	1305529.24	
利息	394050.25	
规费	1184784.72	
		新增行 新增列 删除行 删除列
合计	3017263.75	
经过折算后数值	2993125.64	

利息支出明细表（适用按实扣除）

纳税人名称(公章)：**常州市友邦置业有限公司**　立项名称：**旺角花园一期**　金额单位：元

项目	申报合计数	经过折算后数值
金融机构利息支出	0.00	0.00
非金融机构利息支出	0.00	0.00
		新增列 删除列
合计	0.00	0.00

与转让房地产有关税金缴纳情况明细表

纳税人名称(公章)：**常州市友邦置业有限公司**　立项名称：**旺角花园一期**　金额单位：元

项目	应缴纳税款金额	实际入库合计	备注
营业税	10788064.40	10788064.40	
城建税	0.00	0.00	
教育费附加	0.00	0.00	
地方教育费附加	107880.64	107880.64	
合 计	10895945.04	10895945.04	
土地增值税	7245762.54	7245762.54	
总计	18141707.58	18141707.58	
			新增列 删除列

竣工验收情况表

立项批文号	常新经[2000]288号	立项名称	新惠小区	坐落地址	河海路以南、市政府以北
建设单位税务管理码	320400000601437	单位名称	常州市河海房地产开发有限仑	板块区域	常州市－请选择县区－请选择乡镇
主管税务机关	常州市地税六分局	联系人		联系电话	

附表1：公配设施及公益捐赠明细表：

配（公益捐赠）名称	其中砖混结构（6层及以下）		其中多层框架（6层及以下）		其中高层框架（14层以下）		高层框剪(15-25层)		高层框剪(26层以上)		其他	
	规划建筑面积	实际验收面积	规划建筑面积	实际验收面积	规划建筑面积	实际验收面积	规划建筑面积	实际验收面积	规划建筑面积	实际验收面积	规划建筑面积	实际验收面
物业用房												
社区服务中心												
公共车库						0.00	950	967.71				
配电房												

增加行 删除行

建筑物测绘信息

工程名称（按施工许可证填写）	合计	其中砖混结构（6层及以下）	其中多层框架（6层及以下）	其中高层框架（14层以下）	高层框剪(15-25层)	高层框剪(26层以上)	其他	操作
新惠小区3#	15323.01		0.00		15323.01			删除
新惠小区联体住宅D、C、商品C	6125.22		6125.22					删除
								新增行
建筑总面积（平方米）（1）	21448.23	0	6125.22	0	15323.01	0	0	
其中不可销售公配建筑面积（2.1）	967.71	0	0	0	967.71	0	0	
无产权建筑面积（2.2）								
售建筑面积（3）=（1）-（2.1）-（2.2）	20480.52	0	6125.22	0	14355.3	-967.71	0	

扣除项目汇总鉴证表

单位名称：常州市友邦置业有限公司

已售总面积（平方米）	0.00	普通住宅已售面积（平方米）	0.00
转让商品房收入总额	0.00	转让普通商品房收入总额	0.00

项目		审核确认额				清算成本分摊比例					
		普通标准住宅	普通住宅	非普通住宅	其他类型房屋	普通标准住宅	普通住宅	非普通住宅	其他类型房屋	普通标准住宅	
1、取得土地使用权所支付的金额		0.00	11587286.65	0.00	2133375.48	0.00	0.00	0.00	0.00	0.00	
2、房地产开发成本		0.00	95162809.69	0.00	17520754.50	0.00	0.00	0.00	0.00	0.00	
其中	土地征用及拆迁补偿费	0.00	815582.88	0.00	150159.79	0.00	0.00	0.00	0.00	0.00	
	前期工程费	0.00	6717099.80	0.00	1236708.51	0.00	0.00	0.00	0.00	0.00	
	建筑安装工程费	0.00	68988113.75	0.00	12701640.57	0.00	0.00	0.00	0.00	0.00	
	基础设施费	0.00	15881897.87	0.00	2924071.23	0.00	0.00	0.00	0.00	0.00	
	公共配套设施费	0.00	232354.40	0.00	42779.57	0.00	0.00	0.00	0.00	0.00	
	开发间接费	0.00	2527760.98	0.00	465394.83	0.00	0.00	0.00	0.00	0.00	
按四项成本核定数扣除		0.00	0.00	0.00	0.00	0.00	0.00	0.00	0.00	0.00	
3、房地产开发费用		0.00	10675009.64	0.00	1965413.00	0.00	0.00	0.00	0.00	0.00	
其中	利息支出	0.00	5337504.82	0.00	982706.50	0.00	0.00	0.00	0.00	0.00	
	其他房地产开发费用	0.00	5337504.82	0.00	982706.50	0.00	0.00	0.00	0.00	0.00	
4、与转让房地产有关的税金		0.00	9128252.29	0.00	1680634.15	*	*	*	*	0.00	9
其中	营业税	0.00	9037873.56	0.00	1663994.21	*	*	*	*	0.00	9
	城市维护建设税	0.00	0.00	0.00	0.00	*	*	*	*	0.00	
	教育费附加	0.00	0.00	0.00	0.00	*	*	*	*	0.00	
	地方教育费附加	0.00	90378.73	0.00	16639.94	*	*	*	*	0.00	
5、财政部规定的加计20%扣除数		0.00	21350019.27	0.00	3930826.00	*	*	*	*	0.00	
6、财政部规定的其他扣除项目金额		0.00	0.00	0.00	0.00	*	*	*	*	0.00	
合计		0.00	0.00	0.00	0.00	*	*	*	*	0.00	
项目单位建筑面积成本费用		0.00								*	
审核项目说明：											

扣除项目汇总鉴证表

金额单位：元

面积（平方米）	0.00	其他商品房已售面积（平方米）	0.00
品房收入总额	0.00	转让其他商品房收入总额	0.00

清算成本分摊比例			本次扣除金额				本次未扣除金额				备注
通住宅	非普通住宅	其他类型房屋	普通标准住宅	普通住宅	非普通住宅	其他类型房屋	普通标准住宅	普通住宅	非普通住宅	其他类型房屋	
	0.00	0.00	0.00	0.00	0.00	0.00	0.00	0.00	0.00	0.00	
	0.00	0.00	0.00	0.00	0.00	0.00	0.00	0.00	0.00	0.00	
	0.00	0.00	0.00	0.00	0.00	0.00	0.00	0.00	0.00	0.00	
	0.00	0.00	0.00	0.00	0.00	0.00	0.00	0.00	0.00	0.00	
	0.00	0.00	0.00	0.00	0.00	0.00	0.00	0.00	0.00	0.00	
	0.00	0.00	0.00	0.00	0.00	0.00	0.00	0.00	0.00	0.00	
	0.00	0.00	0.00	0.00	0.00	0.00	0.00	0.00	0.00	0.00	
	0.00	0.00	0.00	0.00	0.00	0.00	0.00	0.00	0.00	0.00	
	0.00	0.00	0.00	0.00	0.00	0.00	0.00	0.00	0.00	0.00	
	0.00	0.00	0.00	0.00	0.00	0.00	0.00	0.00	0.00	0.00	
	0.00	0.00	0.00	0.00	0.00	0.00	0.00	0.00	0.00	0.00	
	0.00	0.00	0.00	0.00	0.00	0.00	0.00	0.00	0.00	0.00	
*	*	*	0.00	9128252.29	0.00	1680634.15	0.00	0.00	0.00	0.00	
*	*	*	0.00	9037873.56	0.00	1663994.21	0.00	0.00	0.00	0.00	
*	*	*	0.00	0.00	0.00	0.00	0.00	0.00	0.00	0.00	
*	*	*	0.00	0.00	0.00	0.00	0.00	0.00	0.00	0.00	
*	*	*	0.00	90378.73	0.00	16639.94	0.00	0.00	0.00	0.00	
*	*	*	0.00	0.00	0.00	0.00	0.00	0.00	0.00	0.00	
*	*	*	0.00	0.00	0.00	0.00	0.00	0.00	0.00	0.00	
*	*	*	0.00	0.00	0.00	0.00	0.00	0.00	0.00	0.00	
			*	*	*	*	*	*	*	*	*

（4）完成各项表格的填写后，点击“网上申报”。

第五节　房地产项目清算申报管理

一、清算受理

1．功能概述

受理纳税人申报资料，齐全的受理，不齐全的要求补正资料或退回重新申报。

2．业务前提

纳税人已经申报土地增值税清算套表及相关资料。

3. **界面说明**

【查询】 根据选择项查出符合条件的项目。

根据资料审核情况选择还原、受理、不予受理、补正资料。

4. **操作步骤**

(1) 根据需要选择相关条件,点击查询。

(2) 对查询出的相关项目进行审核,根据审核情况点击“还原”,可以看到土地增值税项目情况表。

(3) 选择一个项目,点击“受理”,在跳出的页面中,填写申请时间、受理时间、资料清单,点击“打印”,可以打印受理通知书。

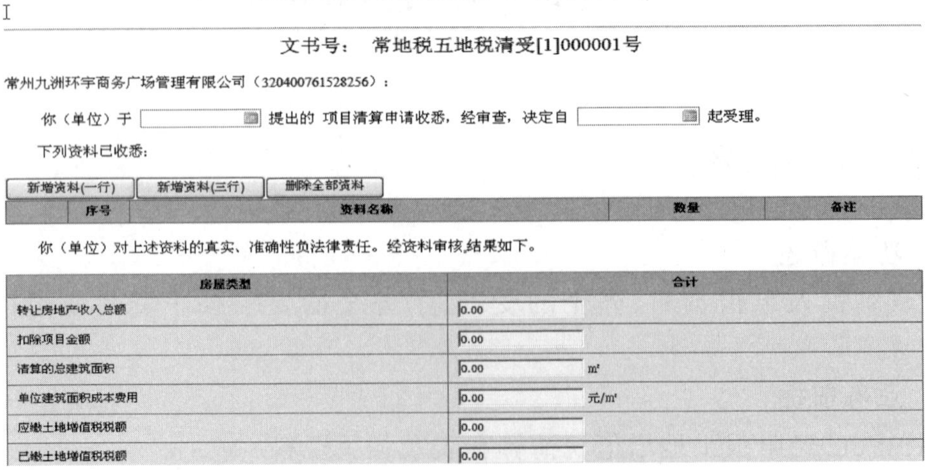

土地增值税税务事项告知书

文书号： 常地税五地税清受[1]000001号

常州九洲环宇商务广场管理有限公司（320400761528256）：

你（单位）于 ＿＿＿ 提出的 项目清算申请收悉，经审查，决定自 ＿＿＿ 起受理。

下列资料已收悉：

新增资料(一行)　新增资料(三行)　删除全部资料

	序号	资料名称	数量	备注

你（单位）对上述资料的真实、准确性负法律责任。经资料审核结果如下。

房屋类型	合计
转让房地产收入总额	0.00
扣除项目金额	0.00
清算的总建筑面积	0.00 m²
单位建筑面积成本费用	0.00 元/m²
应缴土地增值税税额	0.00
已缴土地增值税税额	0.00

(4) 选择一个项目,点击“不予受理”,填写时间、不予受理原因等内容,点

击“保存”，之后可以打印不予受理决定书。

税务事项不予受理决定书

常州九洲环宇商务广场管理有限公司（320400761528256）：

你（单位）于 ______ 提出的 ______ 申请收悉，经审查，因 ______ ，决定不予受理。

你（单位）如对本决定不服，可以在收到本决定书之日起六十日内向 ______ 申请复议；也可以在收到本决定书之日起三个月内依法向人民法院起诉。

税务机关（签章）

年　月　日

保存

（5）选择一个项目，点击“补充资料”，填写需要补充的资料详细清单，点击“保存”，之后可以打印材料补正通知书。

土地增值税清算项目材料补正通知书

常地税五税土增税补字（1）第000001号

常州九洲环宇商务广场管理有限公司（320400761528256）：

经审核，在对你单位申请清算的 项目受理过程中， 发现你单位还需对下列事项进行材料补正或补充说明，具体事项如下：

请对上述事项进行补正，并在接到本通知书30日内将补正材料报送主管税务机关， 补正材料时间不计入你单位该项目的土地增值税清算审核时限。

特此通知

主管税务机关（公章）

年　月　日

5. **注意事项**

无。

二、未申报推送

1. **功能概述**

自纳税人收到土地增值税项目清算通知书之日起 90 日内未进行土地增值

税清算申报表套表及附列资料的报送，产生未申报清单，由税务人员提醒纳税人报送相关资料。

2．**业务前提**

纳税人未按照规定的期限报送土地增值税清算申报表套表及附列资料。

3．**界面说明**

【查询】 根据输入条件查询未申报名单。

4．**操作步骤**

（1）根据需要选择查询条件。

（2）点击“查询”，显示未申报信息。

（3）税务人员对未申报单位进行催报。

5．**注意事项**

无。

三、未受理推送

1．**功能概述**

纳税人已经报送土地增值税清算申报套表，但未受理的，要求税务人员进行受理。

2．**业务前提**

纳税人已按规定报送土地增值税清算申报套表，但税务人员未进行受理。

3．**界面说明**

4．**操作步骤**

（1）输入条件，点击“查询”，显示未受理清单。

（2）税务人员进行受理。

5．**注意事项**

无。

第六节 房地产项目风险管理

一、风险推送平台

1．**功能概述**

在该模块，可以查询到全部的已申报清算项目，或者根据设定的条件进行查询。可以选中项目查看明细风险，查看套表数据，将风险项目推送给评估小组人员。

2．**业务前提**

已有申报清算的项目。

3．**界面说明**

【查询】 如果不输入任何查询条件，输出内容为全部的已申报清算项目；可以根据准确的企业微机代码、立项批文号、立项名称、企业名称进行单项目查询；同时，也可以在查询条件中对已处理、未处理状态或者风险值区间进行设定，以分状态或者分风险大小进行查询。

【查看风险】 可以查看该项目的明细风险，查看企业 72 项指标的指标公式、数据来源、指标值、预警值、风险值、风险等级等信息。

【查看】 可以查看到企业的套表信息、套表数据。

【推送】 可以将选中的一项风险项目，推送给相应的风险评估小组进行审核评估、风险应对。

4. **操作步骤**

（1）首先登录土地增值税风险监控系统，在“房地产项目清算管理”下列目录中，找到“风险管理”子目录，该子目录下包括“风险推送管理”、“风险接收平台”、“推送结果反馈查询”、“评估小组管理”四个功能模块。

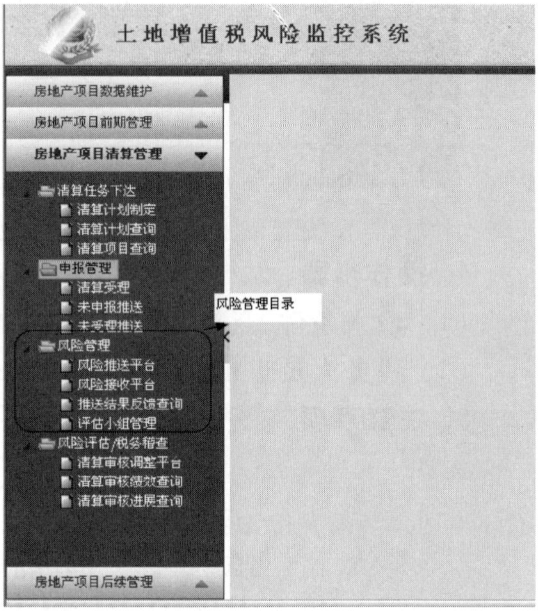

（2）点击“风险推送平台”，不输入任何查询条件，查询所有已申报清算项目，或者输入准确的企业微机代码、立项批文号、立项名称、企业名称进行单户信息查询。也可以在查询条件中对已处理、未处理状态或者风险值区间进行设定，以分状态或者分风险大小进行查询。

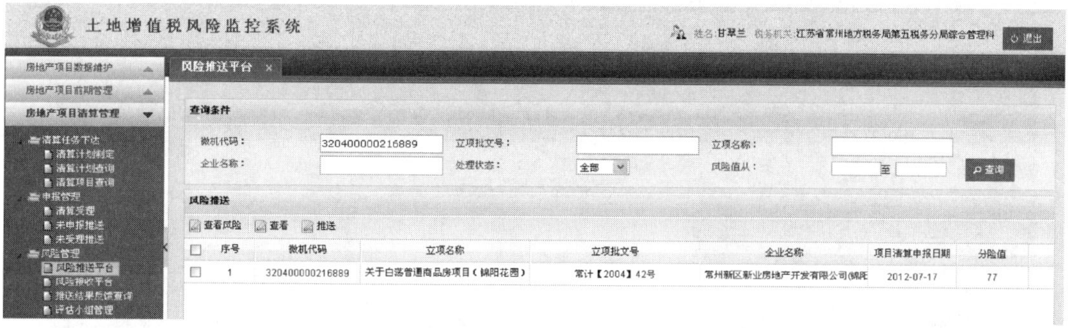

（3）选中一个项目，点击“查看风险”，查看企业 72 项指标公式、数据来源、指标值、预警值、风险值、风险等级等信息。

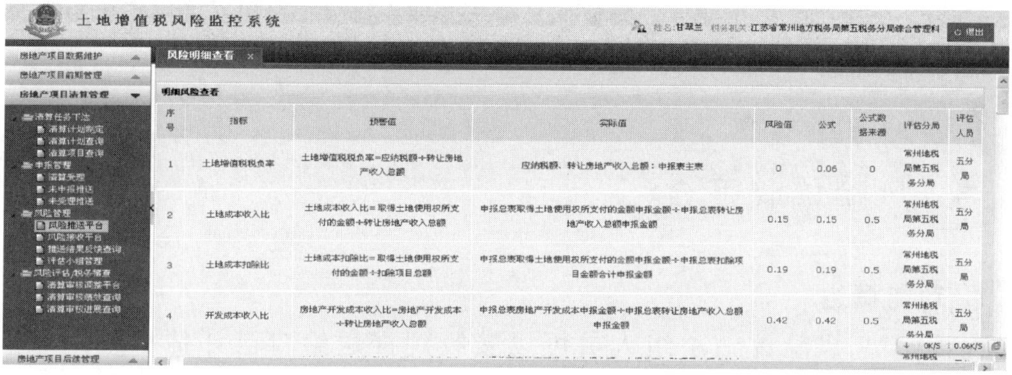

（4）选中一个项目，点击“查看”，可以看到企业的套表数据信息，可以点击左上角的下拉框，选择查看套表中每一个表格的数据信息。

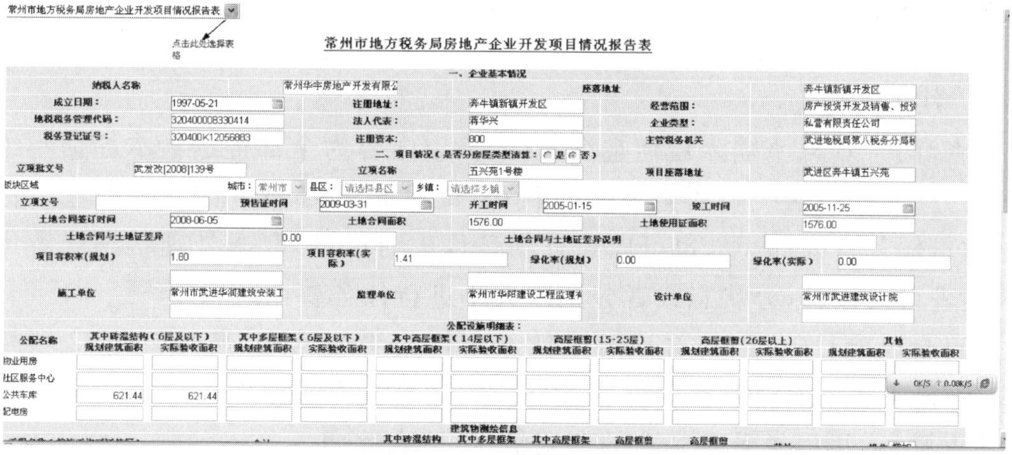

（5）选中一个项目，点击“推送”，选择评估分局、评估小组，项目将会推送给相应评估小组。

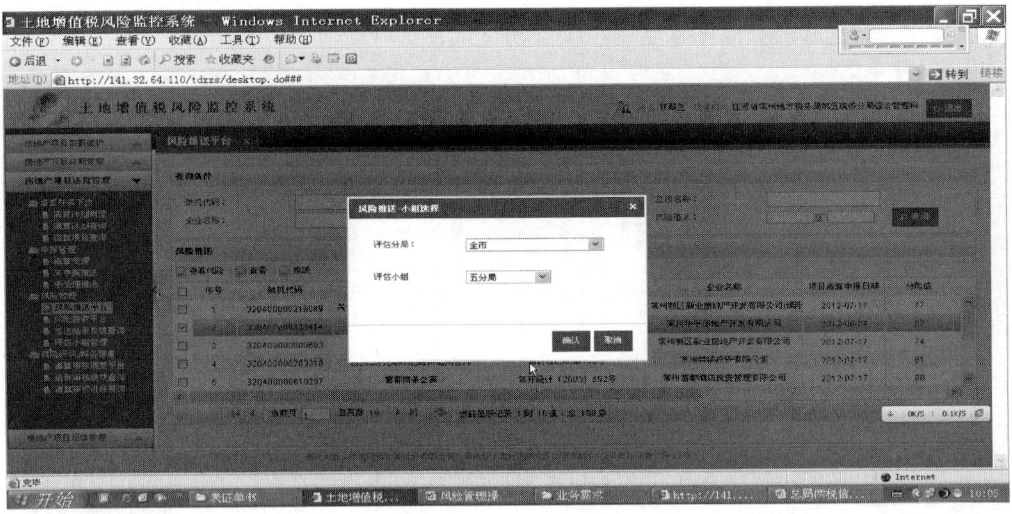

5. **注意事项**

无。

二、风险接收平台

1. **功能概述**

在该模块,风险评估小组人员可以接收到推送给自己评估小组的风险任务,可以查看每个风险项目的总风险情况、明细风险、套表数据信息,并可以将某个风险任务切块在小组人员间分工审核处理。

2. **业务前提**

已有风险任务推送。

3. **界面说明**

【查询】 如果不输入任何查询条件,输出内容为全部推送给本评估小组的风险任务;可以根据准确的企业微机代码、立项批文号、立项名称、企业名称进行单项目任务查询;同时,也可以在查询条件中对已处理、未处理状态或者风险值区间进行设定,以分状态或者分风险大小进行任务查询。

【查看风险】 可以查看该风险任务项目的明细风险,查看项目72项指标公式、数据来源、指标值、预警值、风险值、风险等级等信息。

【查看】 可以查看到企业的套表信息、套表数据。

【切块审核】 可以将某一个风险任务内容切块,在评估小组人员间分配。

4. **操作步骤**

(1) 点击"风险接收平台",不输入任何查询条件,查询所有接收到的风险评估任务,或者输入准确的企业微机代码、立项批文号、立项名称、企业名称进行单户信息查询。也可以选中处理状态，查询已处理或者未处理任务，或者输入风险值区间查询。

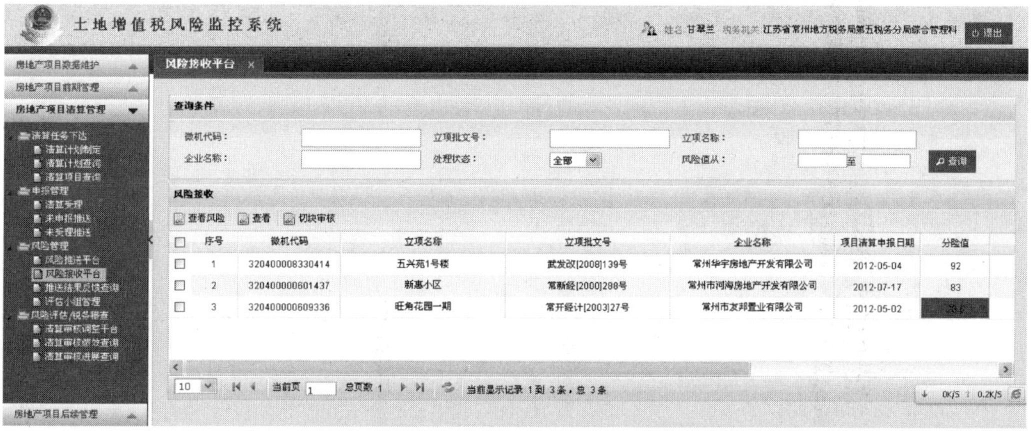

（2）选中项目，点击“查看风险”，查看企业72项指标公式、数据来源、指标值、预警值、风险值、风险等级等信息。

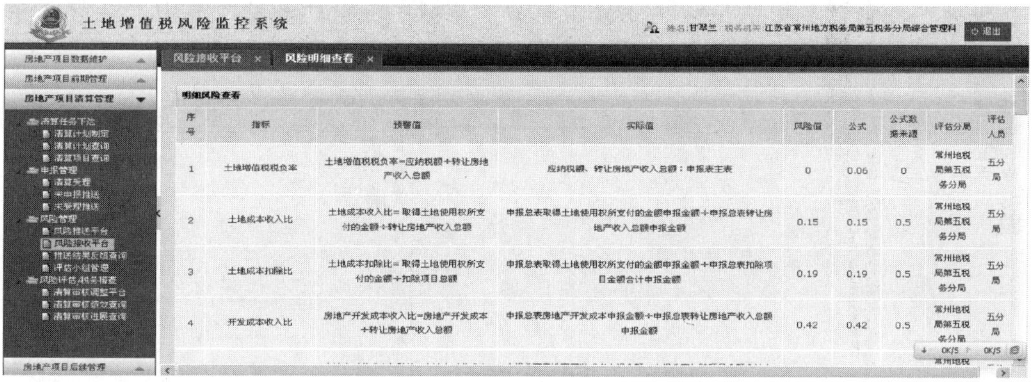

（3）选中项目，点击“查看”，查看企业套表信息，但此处只可查看，不可修改，审核调整，需要到“审核调整”模块处理。

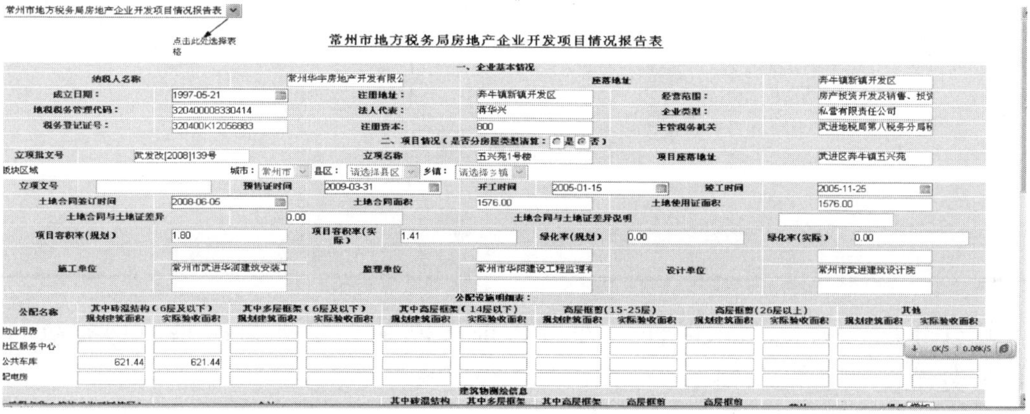

（4）选中项目，点击“切块审核”。

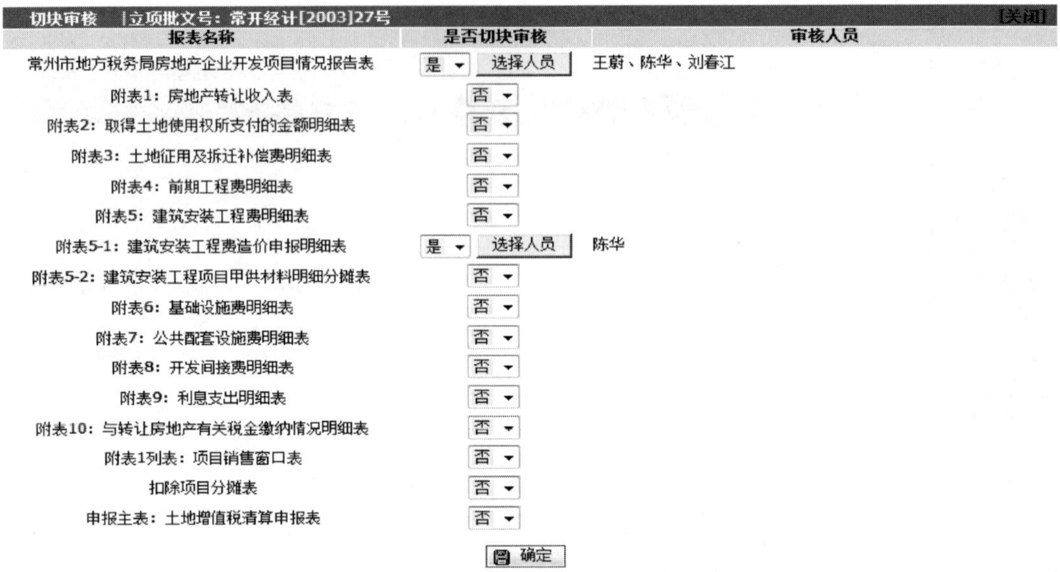

如报表需切块审核，选择“是”，出现“选择人员”按钮，点击“选择人员”按钮：

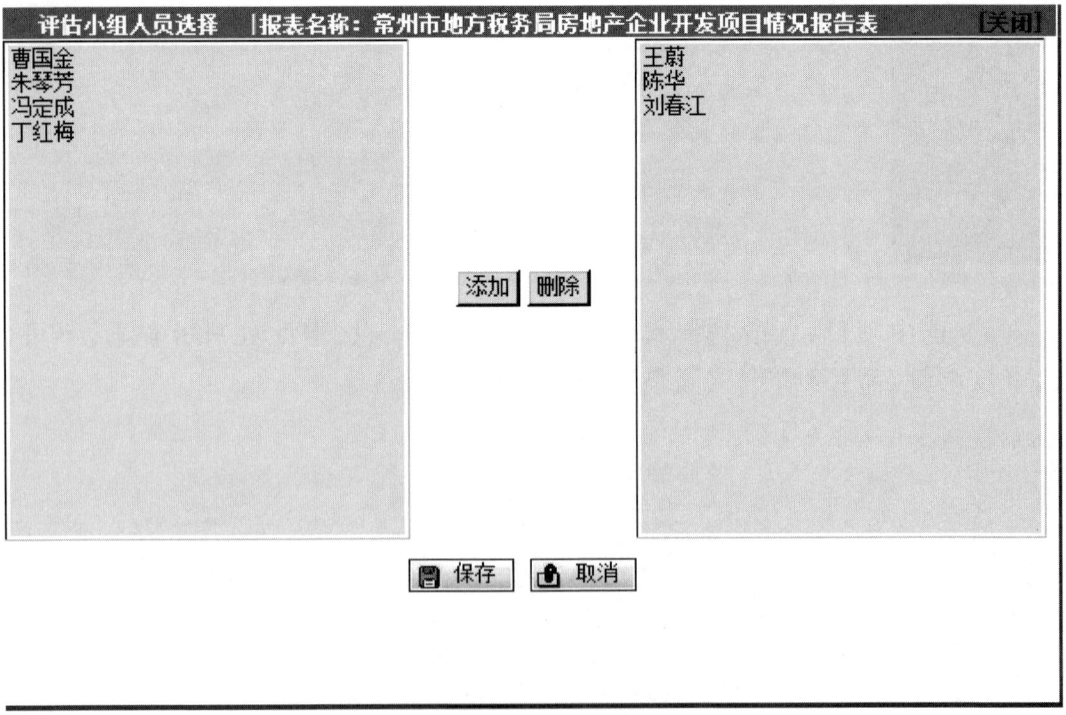

选择相应人员，点击“保存”，即可将推送的某一个项目的具体内容进行明细任务分配。

5. **注意事项**

在该模块只可以查看任务相关信息,不可以直接处理,需要到“审核调整”模块处理。

三、推送结果反馈查询

1. **功能概述**

在该模块,可以对推送任务的反馈结果进行汇总和明细查询。

2. **业务前提**

已进行风险任务推送。

3. **界面说明**

【查询条件】 根据项目所属机关,可以查询全市或者某个机关所辖项目的风险推送情况、处理结果反馈情况。

【推送结果反馈查询统计结果】 该表根据项目所属机关,统计了每个机关所辖项目的风险推送数、接收数、已接收数、已反馈数、未反馈任务。点击每一项数字,可以查看任务明细信息。

4. **操作步骤**

(1) 选择所属机关,查询反馈结果。

(2) 点击相应数字的链接,可以查看具体项目。

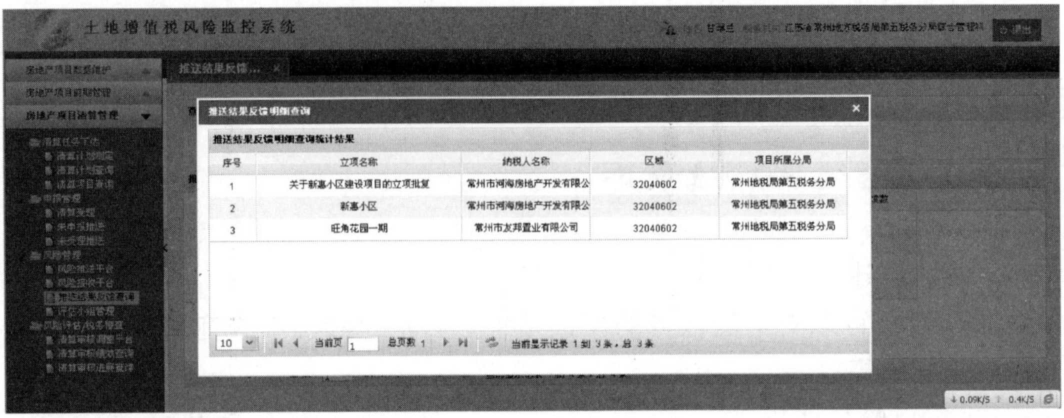

5. **注意事项**

此模块主要用于总体查询风险任务反馈情况，如需查看指标有效性及风险管理产生的绩效，请至“清算审核绩效查询”模块。

四、评估小组管理

1. **功能概述**

在该模块可以新增评估小组，对已有的风险评估小组进行编辑、删除，也可以对每个小组内的人员进行调整。

2. **业务前提**

评估小组已设好并录入系统；评估小组分工设置合理。

3. **界面说明**

【查询条件】 可以根据所属机关或者评估小组名称继续查询。

【新增】 可以添加评估小组，并对小组人员进行配置。

【编辑】 选中一个评估小组，点击该标签可以删除该小组内的人员，也可以新增人员。

【删除】 可以删除选中的评估小组。

4. **操作步骤**

(1) 输入查询条件，即所属机关或者小组名称，进行查询。

（2）点击新增，可以添加一个新的评估小组，在跳出的界面中选择所属分局、所属科室，填写小组名称，点击“添加小组”。

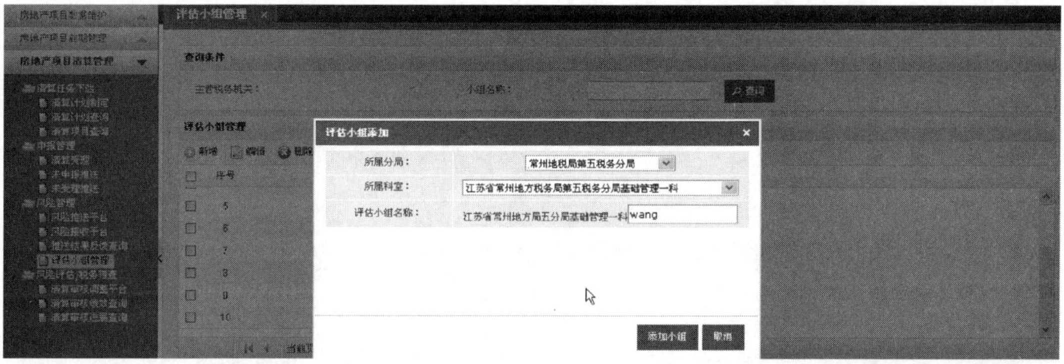

在新跳出的界面中，选择小组人员名字，点击“添加”，最后保存，即可成功添加一个评估小组。

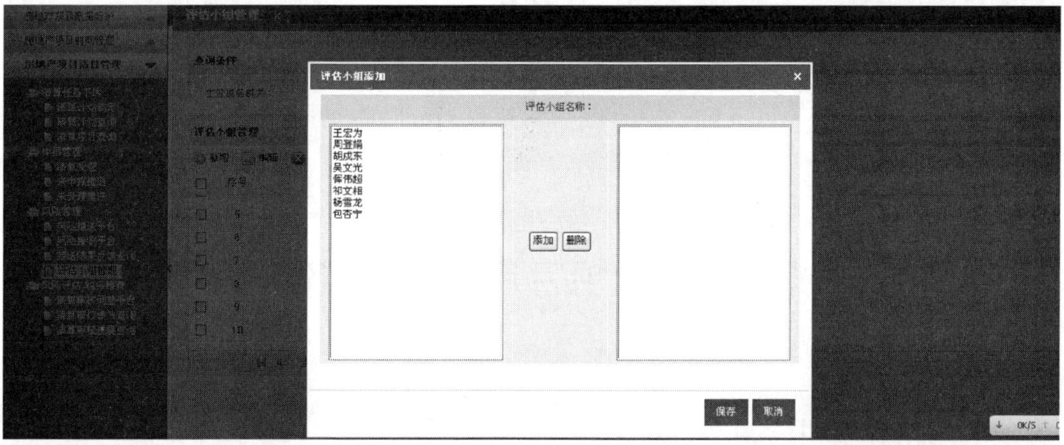

（3）选中一个评估小组，对其小组人员进行编辑，点击“编辑”，可以对该小组内的人员进行调整，包括删除已有人员、新增小组成员，调整完毕后，点击“保存”，即可实现。

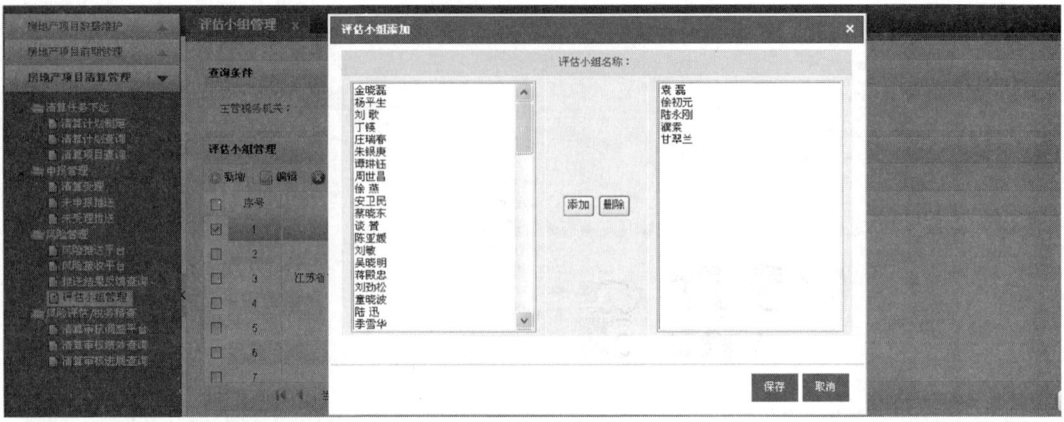

(4) 选中一个评估小组,点击“删除”,在跳出的确认窗口中选择“确定”或者“取消”,进行删除或者取消删除操作。

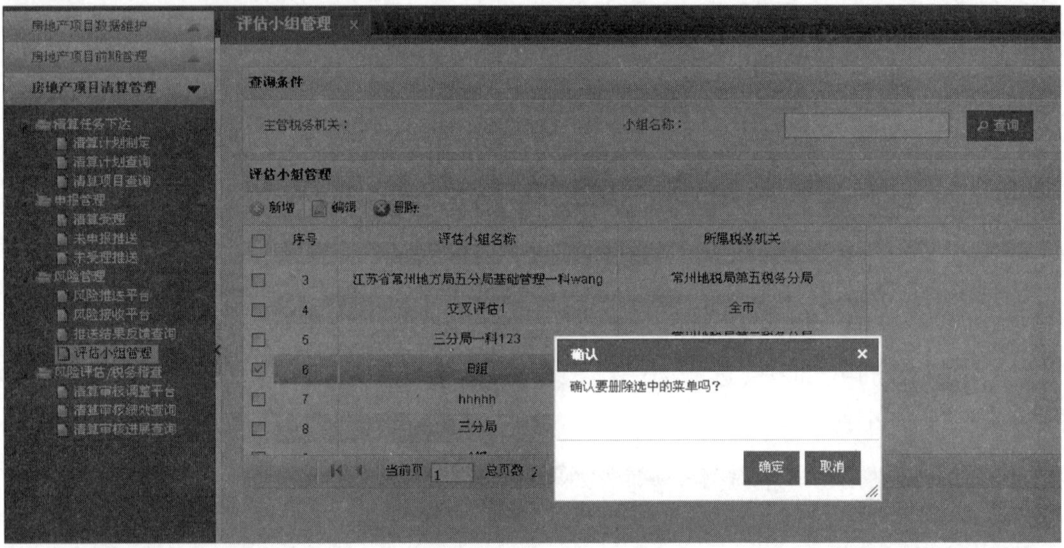

5. 注意事项

无。

第七节　房地产项目风险评估/税务稽查

一、清算审核调整平台

1. 功能概述

纳税人进行土地增值税项目自行清算申报后,税务机关对该清算项目中相关指标进行比对，部分指标存在风险，需进行审核评估或稽查。通过审核评估稽查调整平台，对存在风险的数据进行调整、信息反馈及相关情况说明，消除风险或提供调整指标区间建议。

2．**业务前提**

存在风险指标的土地增值税清算项目已通过“风险推送平台”推送至“风险评估/税务稽查”模块。

3．**界面说明**

【查询】　根据条件查询出符合条件的已经匹配成功的纳税人信息。默认条件：1 全部，2 未调整。

【详情】　选择一条查询出来的纳税人信息，点击此按钮就会进入详细信息页面。

【重置】　清空查询条件。

4．**操作步骤**

查询条件：

（1）点击【清算审核调整平台】，查询条件默认为全部、未调查项目。

（2）点击【更多查询】，审核情况选择未审核，界面为：

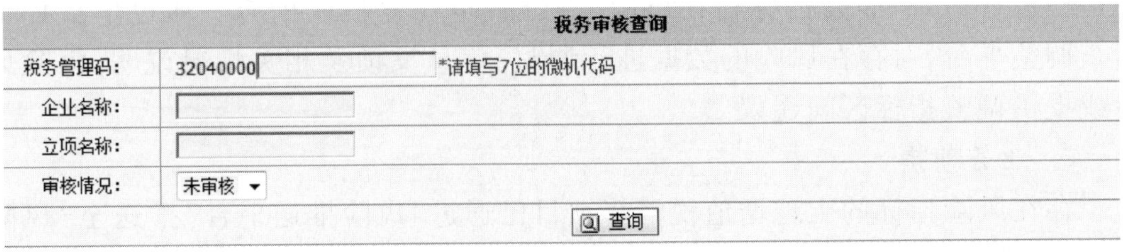

审核情况选择已审核，界面为：

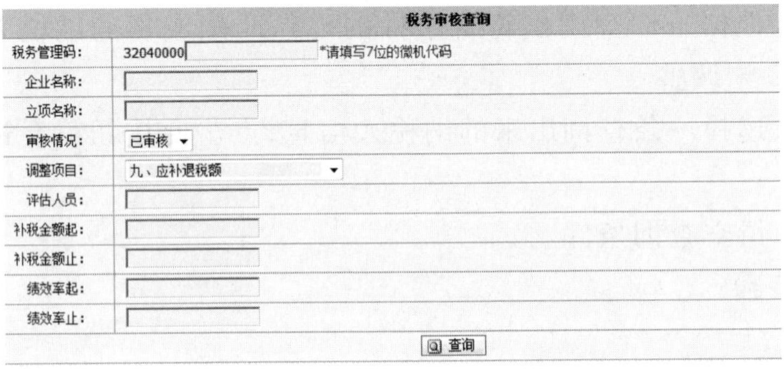

查询结果界面：

序号	税务管理码	纳税人名称	立项名称	所属区域	审核操作
1	320400000503468	常州华信置业有限公司	东头村西侧地块改造工程	32040200	审核调整
2	320400000601437	常州市河海房地产开发有限公司	关于新惠小区建设项目的立项批复	32040602	审核调整
3	320400008330414	常州华宇房地产开发有限公司	五兴苑1号楼	32048314	审核调整
4	320400008203706	金坛市鑫坛房屋开发有限公司	华城百鑫家园	32048201	审核调整
5	320400000609336	常州市友邦置业有限公司	旺角花园一期	32040602	审核调整

返回查询页　导出excel　共1页，当前第 1 页　[首页] [上页] [下页] [末页] 1

（3）选择相应序号，点击【查看或审核调整】，进入审核调整界面。

（4）点击需要查看或审核的相应项目指标类别，分别点击单位面积类指标、成本权益类指标、收益权益类指标，查看相应类别指标的风险情况（红色标注的指标表示存在风险），进入相应报表界面。

点击某一个编制表，比如房地产收入总额，可以对审核调查的指标进行修改，修改完成后点击“保存”。

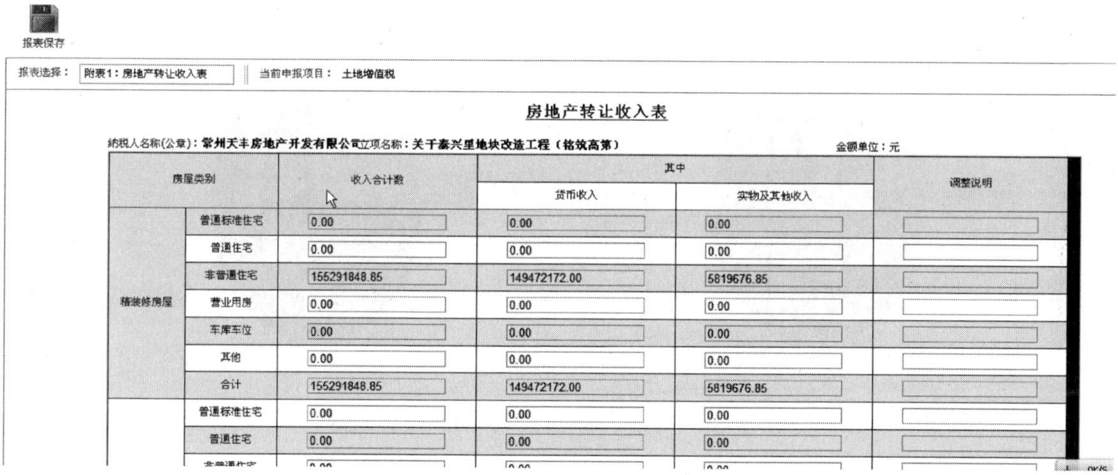

对需要审核调整的指标全部调整结束后，点击“保存”、“审核”。

（5）查看审核调整界面，分别成本权数饼图、收入权数饼图，可以查看审核调整前后各数据比重的对比图。

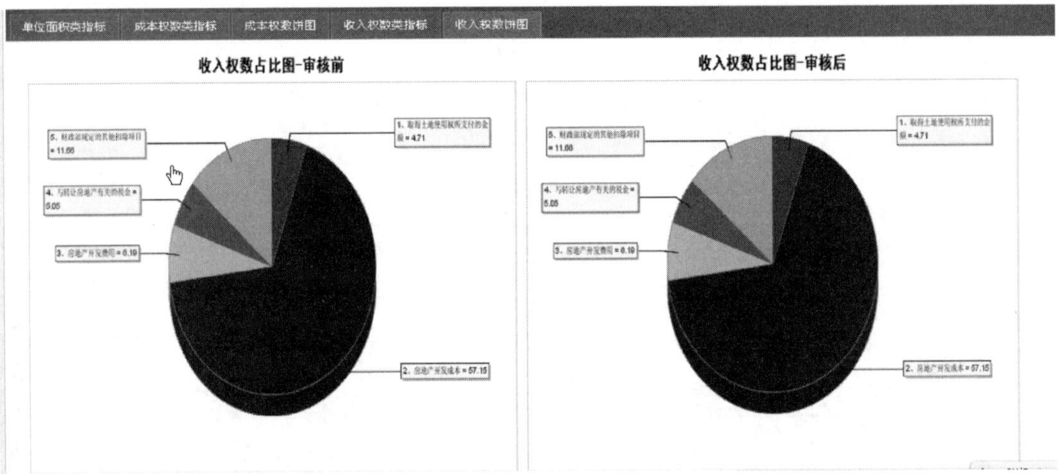

二、清算审核绩效平台

1．功能概述

税务机关通过设置清算时间及项目所属税务机关，查询各个风险类别的已处理条数、审核调整数以及影响税额。并通过选择不同的风险类别，查看该风险类别涉及各个清算项目的清算审核情况。

2．业务前提

纳税人进行土地增值税项目自行清算申报后，税务机关已对清算项目申报情况进行了审核。

3. **界面说明**

【查询】　根据条件查询出符合条件的已经匹配成功的风险类别信息。默认条件:1 单个,2 全部。

【详情】　选择一条查询出来的风险类别信息,点击此按钮就会进入详细信息页面。

【重置】　清空查询条件。

4. **操作步骤**

风险管理情况查询

主管税务机关：全市　　清算时间：--请选择--　查询

风险管理情况查询结果

序号	操作	风险类别	已处理条数	审核调整数	影响税额
1	明细	车库车位	2	0	0
2	明细	非普通住宅	2	0	0
3	明细	普通住宅	2	0	0
4	明细	其他(详细列明)	2	0	0
5	明细	其中：非金融机构	2	0	0
6	明细	营业用房	2	0	0
7	明细	其中：金融机构	2	0	0
8	明细	其中：5%限额	2	0	0
9	明细	(1)土地征用及拆迁补偿费	2	0	0
10	明细	(2)前期工程费	2	0	0

共9页,当前第1页　[首页] [上页] [下页] [末页] 1

点击“明细”按钮,查看相应风险类别的已处理条数、审核调整数、影响税额。

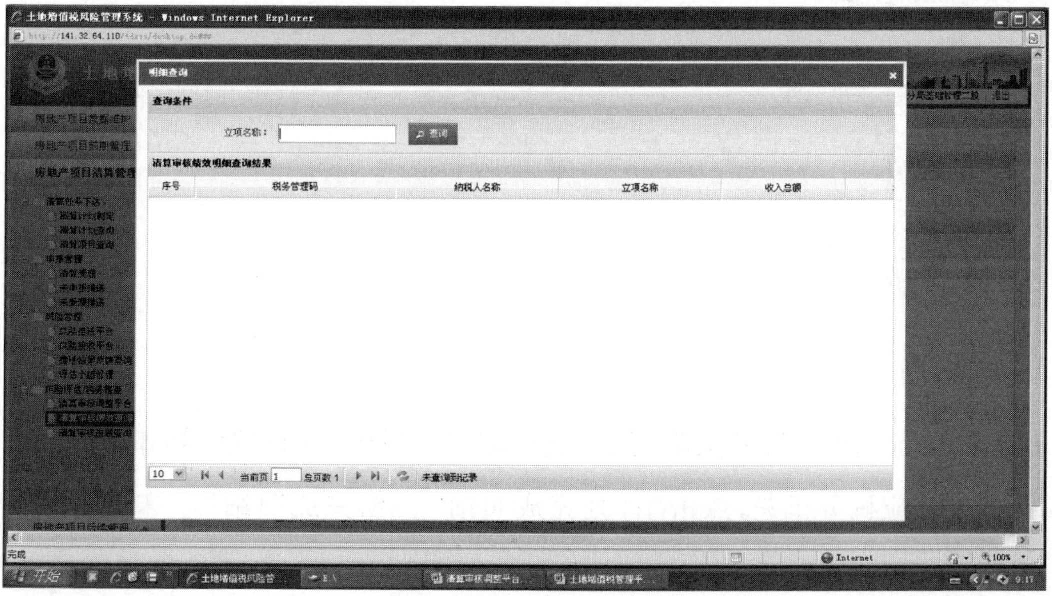

三、清算审核进展查询

1．功能概述

税务机关通过设置项目所属税务机关，查询所属税务机关土地增值税清算项目应完成清算项目数、清算审核已完成数及清算审核未完成数。

2．业务前提

纳税人进行土地增值税项目自行清算申报。

3．界面说明

【查询】 根据条件查询出符合条件的已经匹配成功的清算审核进展信息。默认条件：全市。

【详情】 选择一条查询出来的清算审核进展信息，点击此按钮就会进入详细信息页面。

【重置】 清空查询条件。

4．操作步骤

选择相应税务机关，点击【查询】，查看相应税务机关清算项目完成情况。

选中相应税务机关，点击“计划完成明细”、“已完成明细”、“未完成明细”查看相应明细项目。

第八节　房地产项目后续管理

一、纳税人清算后继续销售土地增值税申报

1. 功能描述

企业已完成土地增值税清算，但销售比例未达到100%，又发生销售收入行为，企业通过常州国地税联合网上办税平台外网报送已清算房地产项目继续销售土地增值税纳税申报表。

2. 业务前提

已完成土地增值税清算，但销售比例未达到100%，又发生销售收入行为。

3. **界面说明**

【报表保存】 用于保存已填写数据报表。
【报表作废】 用于作废已填写数据报表。
【网上申报】 用于通过外网进行申报。
【作废查询】 用于查询已作废报表情况。
【系统帮助】 用于查看填写申报表相关的说明。
【远程同步】 用于同步企业基础数据。

4. **操作步骤**

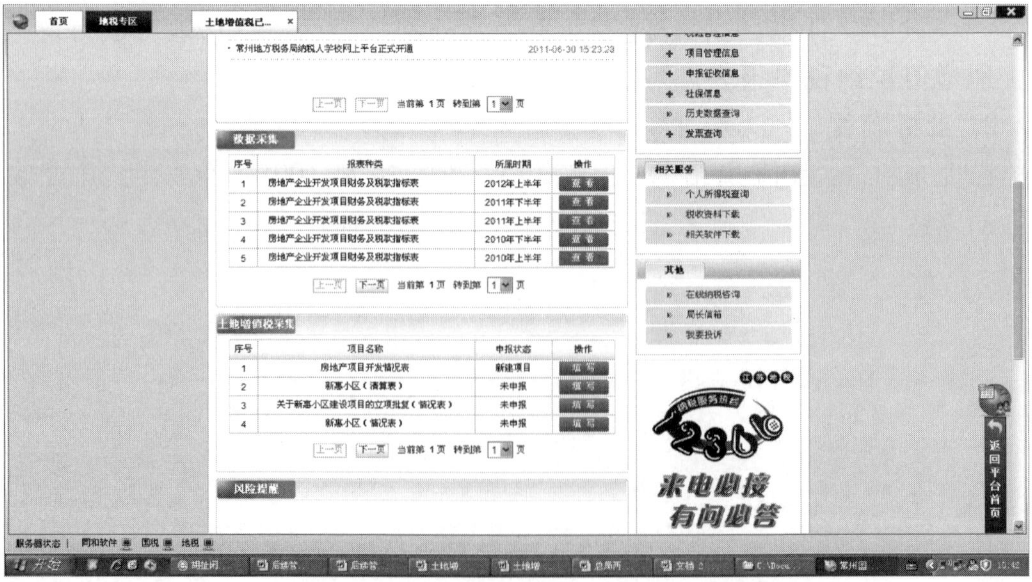

登录常州国地税联合网上办税平台地税专区，点击“土地增值税栏目”中《已清算房地产项目继续销售土地增值税纳税申报表》，进入申报表界面，填写所属期及相关申报数据。填写完毕后，报表保存，可以保存报表。点击“网上申报”，即可完成网上申报。

5. 注意事项

无。

二、后续申报管理

（一）未申报推送

1. 功能描述

系统针对已清算但销售比例未达到100%的项目，对未按规定时限报送数据的项目进行推送，用来提醒纳税人。

2. 业务前提

纳税人已完成土地增值税清算，销售比例未达到100%但发生销售行为。

3. 界面说明

【查询】　可以按项目所属税务机关、税务管理码、立项名称等分别查询已清算但销售比例未达到100%的，发生再销售行为的房地产项目，用来提醒纳税人报送。根据当月网上开票系统中清算项目的开票情况，在次月申报期产生已清算房地产项目继续销售土地增值税纳税申报表，提供纳税人外网填报数。

4. **操作步骤**

进入界面，系统默认本地区全部符合条件的各房地产项目，可以按项目所属税务机关、税务管理码、立项名称等分别查询。

5. **注意事项**

无。

（二）后续资料管理

1. **功能描述**

查看企业报送的《已清算房地产项目继续销售土地增值税纳税申报表》，同时对报表逻辑性进行审核。

2. **业务前提**

纳税人已完成土地增值税清算，销售比例未达到100%但发生销售行为并已通过外网报送《已清算房地产项目继续销售土地增值税纳税申报表》。

3. **界面说明**

【查询】 可以按项目所属税务机关、税务管理码、立项名称等分别查询。

【还原】 可查看企业所填写的《土地增值税已清算项目预缴（汇缴）申报表》的项目报表，并对其逻辑性进行审核。

【退回】 企业所填写的《土地增值税已清算项目预缴（汇缴）申报表》的项目将被退回，企业可再次填写、修改，然后申报。

4. **操作步骤**

【还原】 查看企业报送的《已清算房地产项目继续销售土地增值税纳税申

报表》。

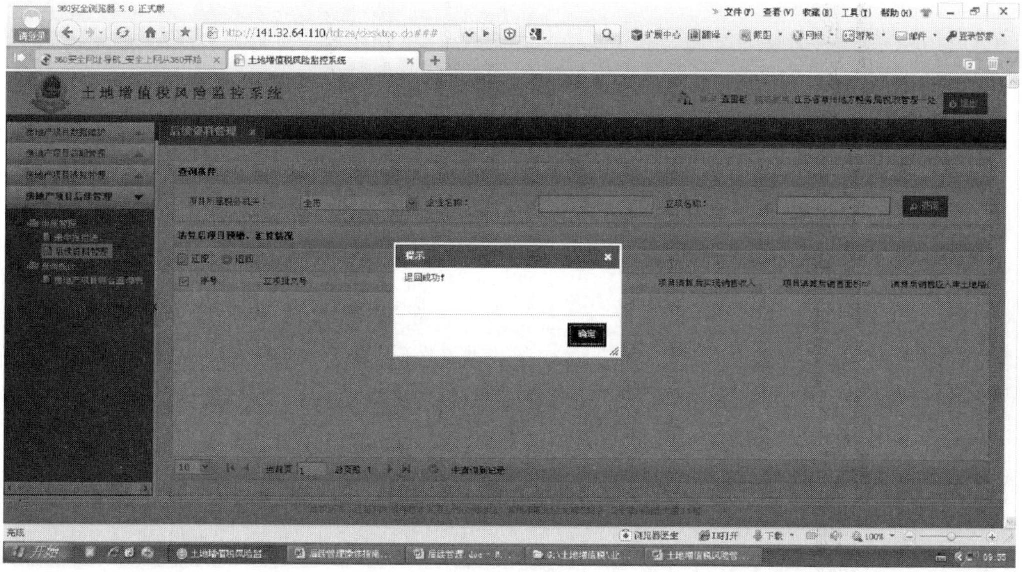

点击“退回”,企业所填写的《土地增值税已清算项目预缴(汇缴)申报表》的项目将被退回,企业可再次填写、修改,然后申报。

5. **注意事项**

受理申报后,通过网开系统对此次销售金额与清算房屋销售均价进行比较,查看销售是否存在偏低风险,销售成本费用是否计算正确,扣除项目金额是否按清算时的单位建筑面积成本费用乘以销售或转让面积计算,存在风险点的推送到评估小组进行风险应对。

三、查询统计

1. **功能描述**

查看房地产开发项目的综合情况,系统自动将前期、清算、后续各个环节所产生的项目数据变化进行同步,以便实时反映项目的综合情况。

2. **业务前提**

各房地产项目所有相关资料已按要求录入系统。

3. **界面说明**

【查询】 按项目所属税务机关、税务管理码、立项名称、企业名称等分别或综合查询。

【新增】 增加项目综合情况。

【修改】 对已录入系统项目综合情况进行修改编辑。

【编写报表】 按所选项目各报表进行填写修改。

【导出】 以 Excel 格式导出所需房地产项目综合情况加以运用。

4. **操作步骤**

点击“新增”可以增加项目综合情况。

点击“修改”可以对已录入系统项目综合情况进行修改编辑。

点击“填写报表”可以按所选项目各报表进行填写修改。

	基本信息																
立项批文	立项名称	立项批复	项目所在	税务管理	企业名称	机构所在	总建筑面	总建筑面	最后取得	项目可售	已转让的	出租或者	销售比例	出租自用	项目清算	是否清算	已
常计【200	九洲环宇商务广场	2004-10-1	2320413	320400000	常州九洲	常州地税	93907.57	93907.57	2004-11-(	78519.25	24315.56	54203.69	30.97	69.3	5	是	1
常计【200	关于勤业一村环境整	2002-10-(	2320413	320400000	江苏华祥	常州地税	7358	7300	2003-04-(	7300	7300	0	100	0	1	是	2
常发改[20	关于钟表总厂地块改	2005-03-2	2320413	320400000	江苏华祥	常州地税	93013.97	93013.97	2006-09-1	80813.4	76170.03	0	94	0	41	是	3
常计[2004	锦江丽都	2004-09-2	2320413	320400000	常州市长	常州地税	114290	115409.4	2004-10-(	112914.7	108285.2		0.96	0	41	是	3
常计【200	关于怡康三期B、C、	2002-10-(	2320413	320400000	常州市怡	常州地税	61289	90094.49	2003-05-(	87937.25	85646.68	0	97.4	0	5	是	3
常发改【2	关于丽华二村菜场地	2005-06-2	2320413	320400000	常州市新	常州地税	45895.16	39279.99	2006-12-2	39279.99	35521.98	0	90.43	0	5	是	1
常计【200	红梅假日花苑项目	2002-03-(	2320413	320400000	常州市新	常州地税	101601.1	95108.8	2002-09-(	95108.8	90800.08	0	95	0	5	是	2
武新区委	阳湖北苑	2005-08-(	2320413	320400000	常州市润	常州地税	23031	23031.46	2005-10-2	22740	22632.76	0	99.52	0	5	是	7
常计【200	诺成高第商务广场	2005-09-2	2320413	320400000	常州嘉宏	常州地税	117970	119697.1	2005-10-(	112833.4	92081.92	17394.38	81.61	15.42	5	是	4
常计【200	关于泰兴里地块改造	2003-01-2	2330413	320400000	常州天丰	常州地税	16931	20057.98	2006-12-(	17483.23	17185.86	0	98.3	0	5	是	1
常计【200	关于通济新村北侧地	2007-11-(	2320413	320400000	金新控股	常州地税	31489.29	31489.29	2008-03-(	29735.12	29735.12	0	100	0	1	是	1
常发改【2	关于常澄路拆迁安置	2006-05-2	2320413	320400000	常州金新	常州地税	381833	375145.2	2006-06-(	320786.4	276784.2	0	86.28	0	41	是	8
常计【200	椿桂坊公寓	2002-10-2	2320413	320400000	常州市金	常州地税	24723.47	24723.47	2003-09-2	22572.38	21844.41	0	97	0	41	是	8
常计【200	银河湾花园二期	2001-09-2	2320413	320400000	常州华光	常州地税	43574.62	41447.53	2003-12-(	41447.53	41045.66	0	99	0	41	是	1
常计【200	关于南城脚地块改造	2003-11-1	2320413	320400000	常州国泰	常州地税	142786.3	142786.3	2006-06-1	130349.2	111399.5	0	85.46	0	41	是	5
常计【200	关于常州东南经济开	2004-01-(	2320413	320400000	常州东南	常州地税	72175.38	72175.38		59817.05	44550.67	0	74.48	0	5	是	9
常计[2002	关于工人新村1幢、2	2002-07-2	2320413	320400000	常州东方	常州地税	10873.7	10873.7	2006-12-2	10666.18	10178.2	0	0.95	0	41	是	7
常发改【2	关于调整娑罗巷B地块	2006-02-(	2320407	320400000	常州市鼎	常州地税	16474.55	16474.55	2006-03-2	16357.81	16357.81	0	100	0	1	是	1
常发改【2	万博北岸城	2008-11-2	2320413	320400000	常州新城	常州地税	30888.63	30888.63	2009-05-(	29786.59	27741.23	0	93.13	0	5	是	5
常计【200	关于建造怡康花园住	2001-08-1	2320413	320400000	常州市怡	常州地税	23410	24208.64	2002-05-(	22887.74	21982.13	0	96.04	0	5	是	5
常发改【2	东方明珠花园	2006-05-1	2320413	320400000	常州长锦	常州地税	80000	84796.46	2006-08-2	77112.03	66598.47	0	86	0	5	是	4
常发改【2	嘉盛苑	2005-07-(	2320413	320400000	常州市嘉	常州地税	48717.32	48717.32	2005-12-(	40166.65	40166.65	0	100	0	1	是	1
常计【200	关于东方印染厂地块	2002-03-(	2320407	320400000	金新控股	常州地税	208325.4	208325.4	2002-06-(	188610.6	180219.8	0	96	0	5	是	7
常建委【1	常柴股份有限公司西	1999-09-2	2320413	320400000	常州金谷	常州地税	77000	105943.7	2001-07-(	5034.81	5034.81		1		41	是	1
常计[2004	蓝天小区经济适用房	2004-06-2	2320413	320400000	江苏华光	常州地税	135000	174309.1	2005-01-(	149236.2	142571.6	0	0.96	0	41	是	4
常发改(20	化工学院南侧地块改	2005-07-(	2320413	320400000	常州市怡	常州地税	55514	55520.19	2006-12-(	50943.33	44756.59	0	0.88		41	是	1
常计【200	嘉宏世纪大厦	2003-09-2	2320413	320400000	常州嘉宏	常州地税	53000	61280.29	2003-10-(	59234.2	55343.74	3231.01	93	5.45	41	是	3

点击“导出”可以以 Excel 格式导出所需房地产项目综合情况加以运用。

5．注意事项

无。

第九节　房地产项目数据维护管理

一、内部预警模板

1．功能描述

用来维护内部预警指标，可进行增删改查操作，为后续纳税评估提供参考。

2．业务前提

计算销售收入指标前，预警指标已按要求录入系统。

3. 界面说明

【查询】　各地区税务机关人员进入系统，可以按指标名称查看本地区指标详细情况。

【新增】　增加各项指标。

【编辑】　修改编辑选中的指标。

【删除】　删除不需要的指标。

4. 操作步骤

点击“新增”可以增加各项指标。

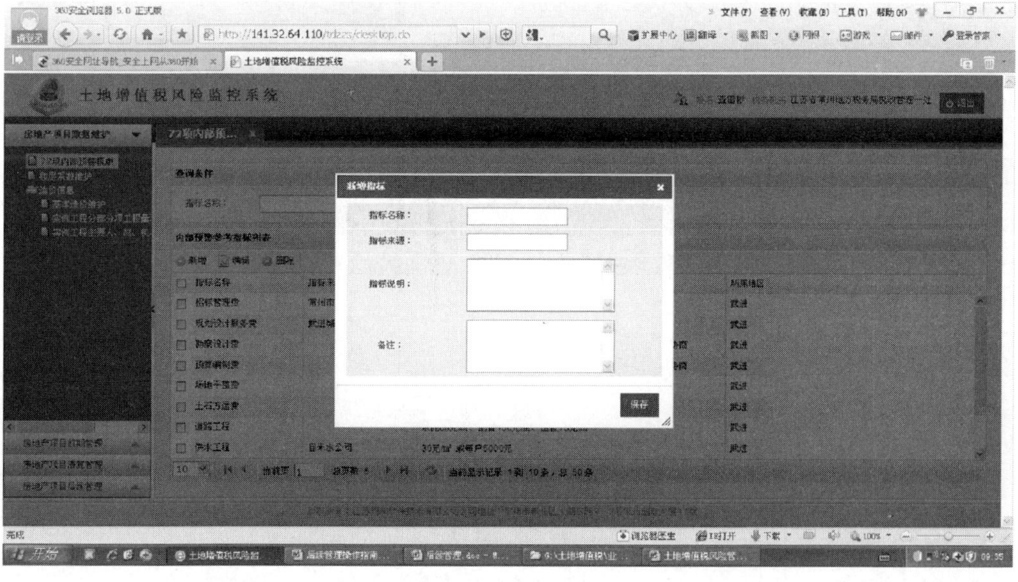

点击"编辑"可以修改编辑各指标指数。

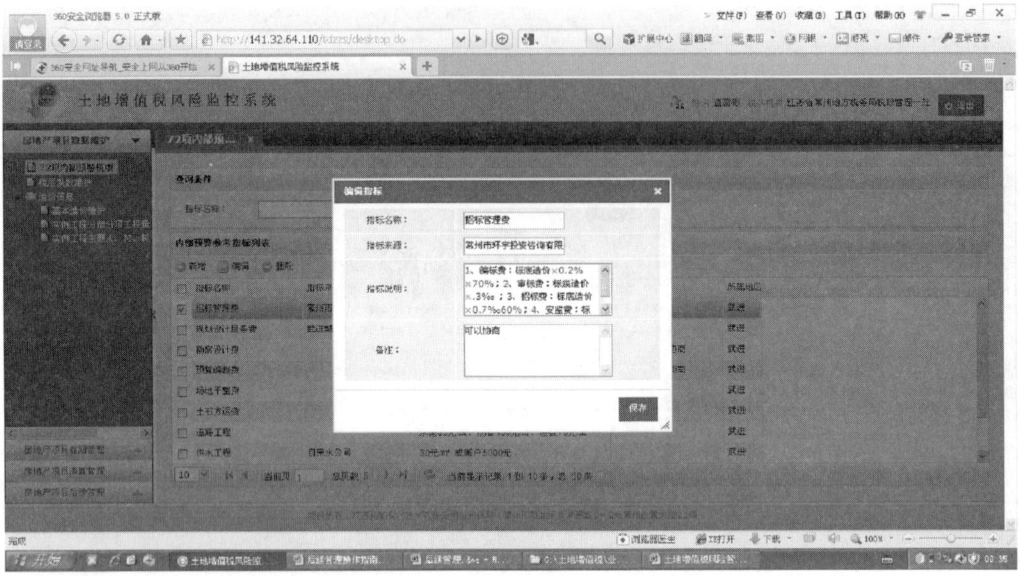

点击"删除"可以删除不需要的指标。

二、楼层系数维护

1．功能描述

用来维护每个楼层的售价系数，为后续销售收入指标计算提供参数。

2．业务前提

计算销售收入指标前，每个楼层的售价系数已经录入系统。

3．**界面说明**

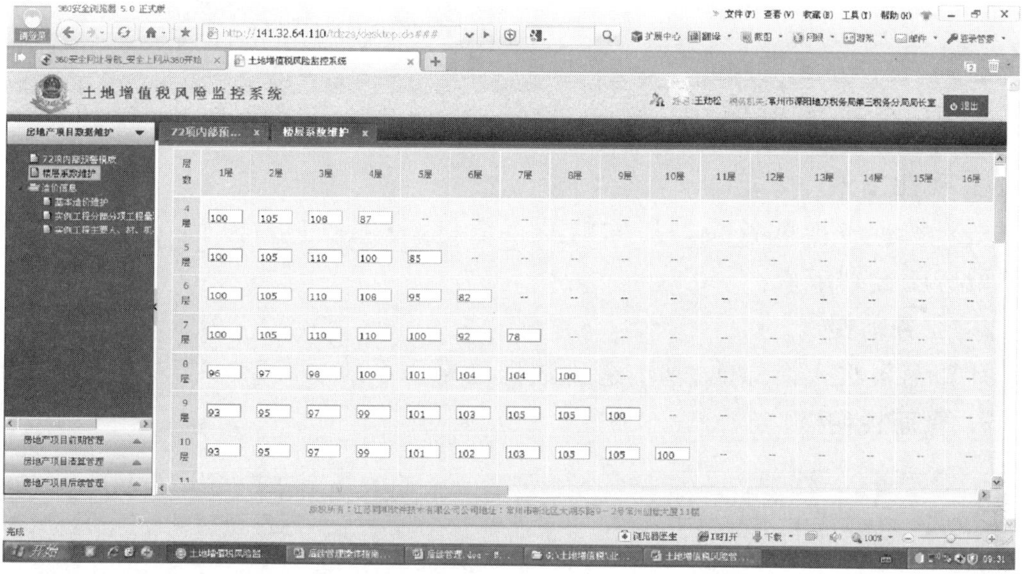

纵向为总楼层数，横向为楼层，各楼层售价系数按对应栏次录入。

4．**操作步骤**

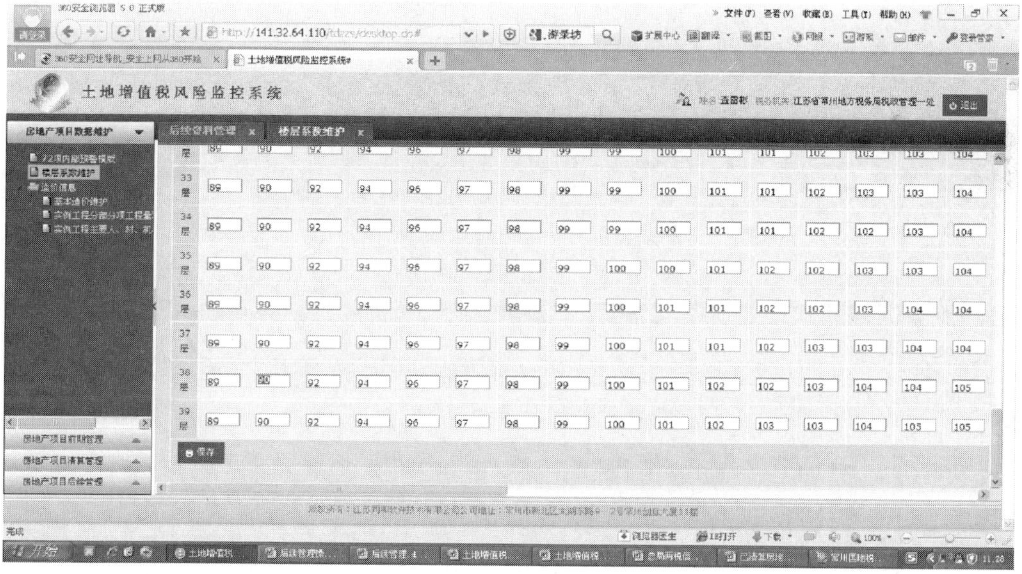

各楼层售价系数按对应栏次录入，点击“保存”。

5．**注意事项**

无。

四、造价维护

(一)基本造价维护

1. 功能描述

用来维护各地区各类型房屋的基本造价,各地区自行维护,按照年、月、某个类型房屋分别录入。

2. 业务前提

计算销售收入指标前,基本造价数据已录入系统。

3. 界面说明

【查询】 各地区税务机关人员进入系统,可以按年度查看本地区房屋造价情况。

【新增】 增加基本造价情况。

【编辑】 编辑所选序号的基本造价情况。

【删除】 删除选中项不需用的基本造价情况。

4. 操作步骤

点击“新增”可以增加基本造价情况。

点击“编辑”可以编辑所选序号的基本造价情况。

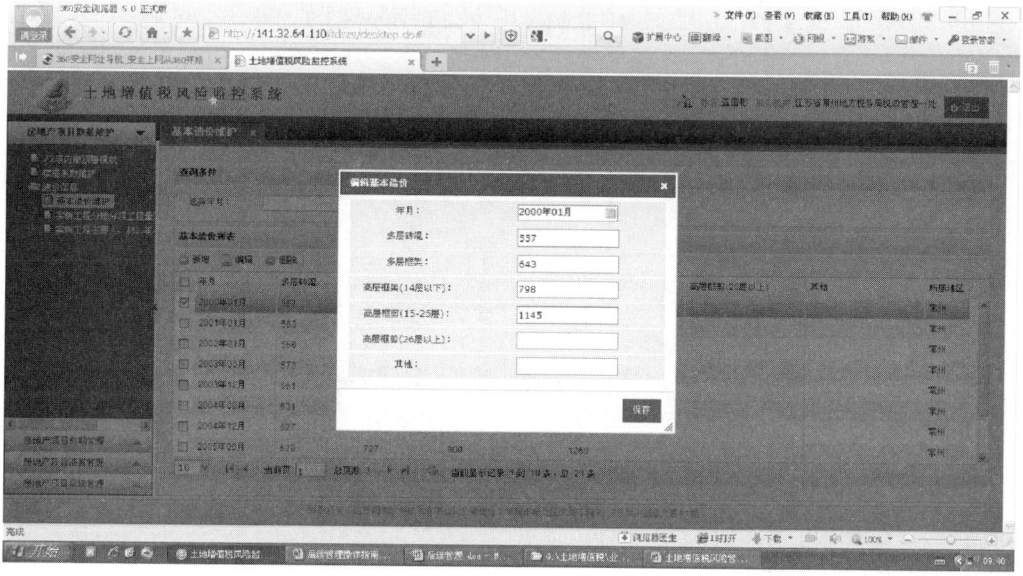

点击“删除”可以删除选中项不需用的基本造价情况。

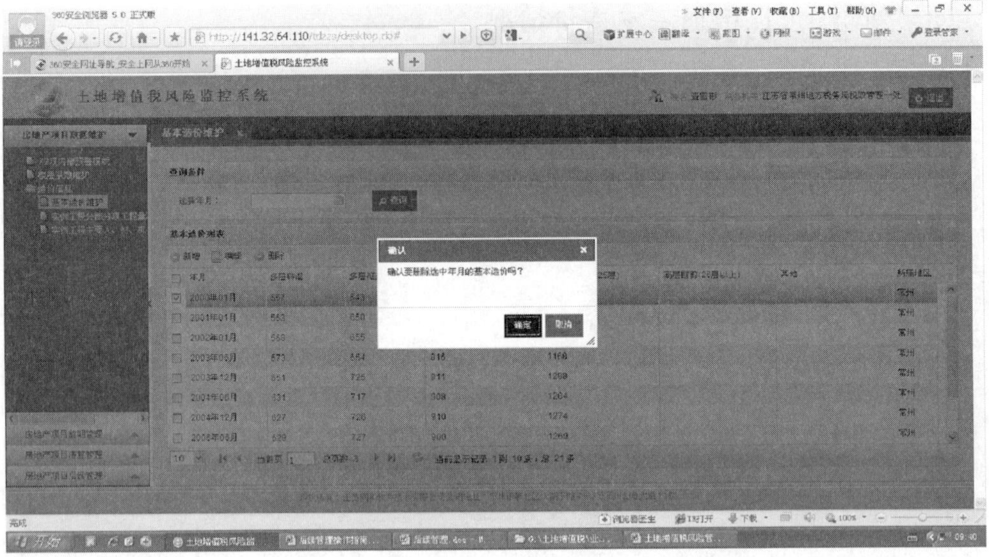

(二)实例工程分部分项工程量清单费指标分析

1. **功能描述**

用来维护分项工程量的费用指标,可进行增删改查操作,为后续纳税评估提供参考。

2. **业务前提**

后续纳税评估前,各费用指标已录入系统。

3. **界面说明**

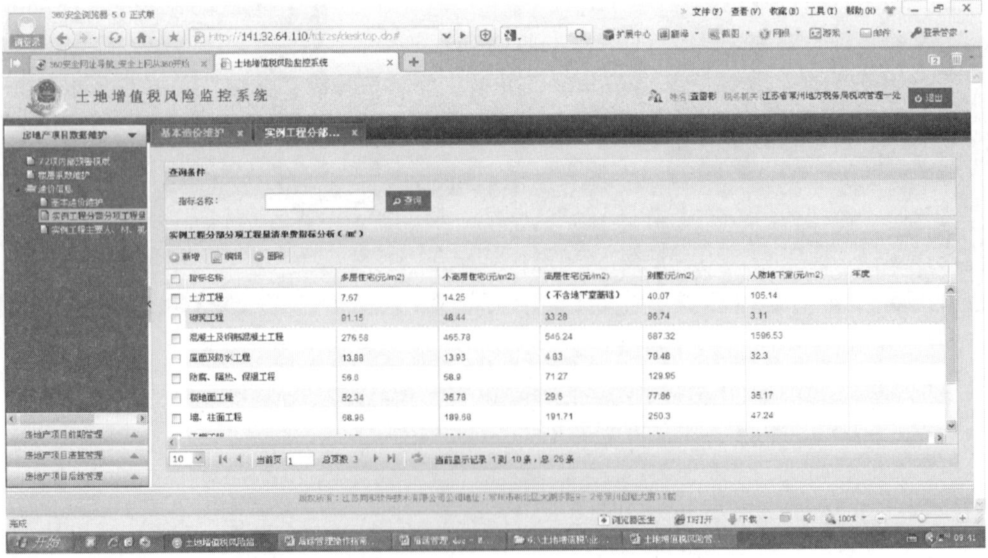

【查询】　按指标名称查询实例工程分部分项工程量清单费指标。

【新增】　增加分部分项工程量清单费指标。

【编辑】　编辑所选项中的工程量清单费指标。

【删除】　删除所选中的不需用指标。

4．操作步骤

点击“新增”可以增加分部分项工程量清单费指标。

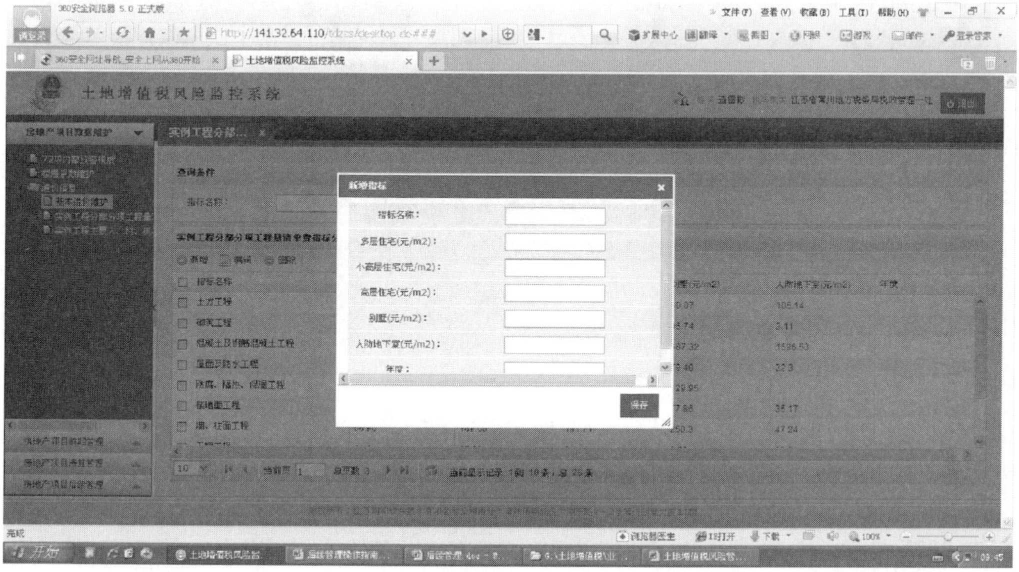

点击“编辑”可以编辑所选中的工程量清单费指标。

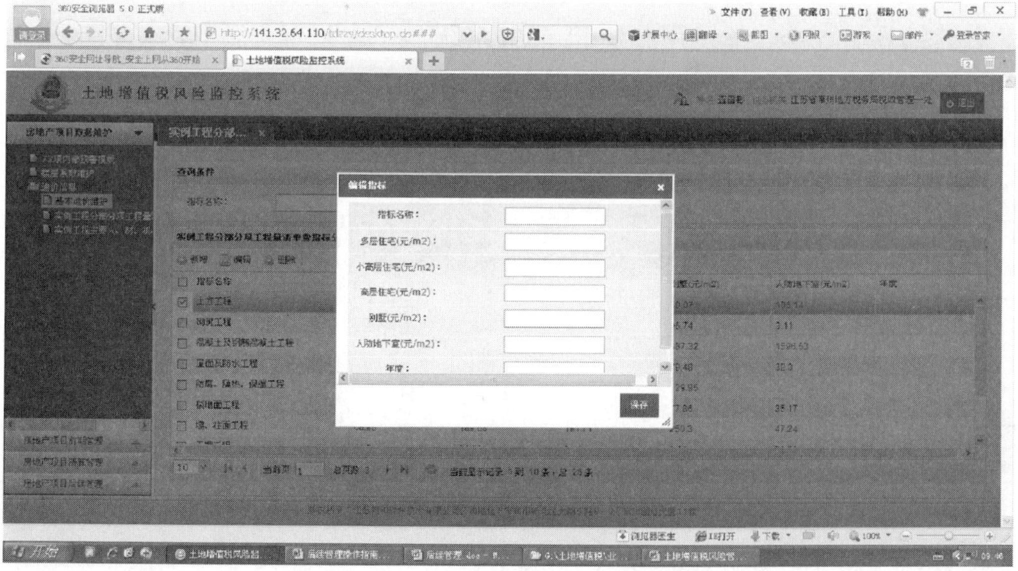

点击“删除”可以删除所选中的不需用指标。

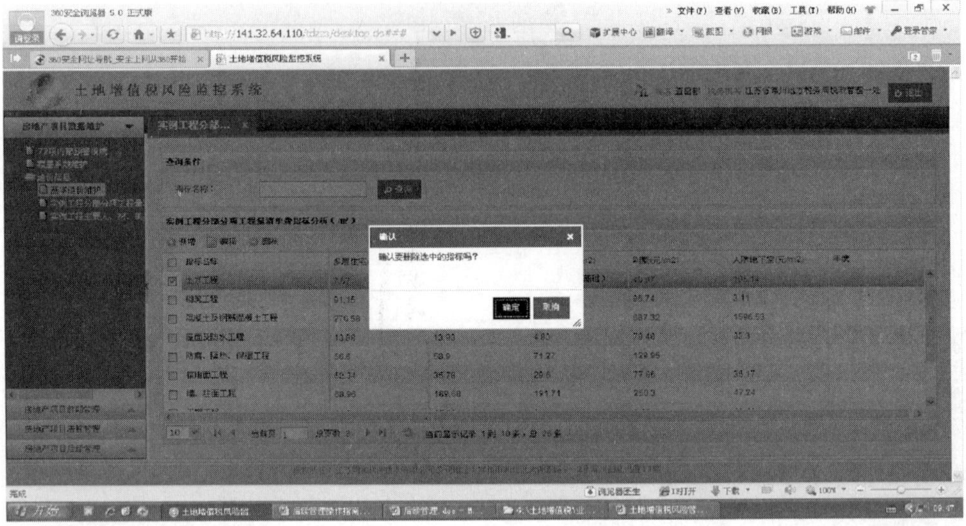

5. **注意事项**

无。

（三）实例工程主要人、材、机消耗指标

1. **功能描述**

用来维护主要人、材、机消耗指标，可进行增删改查操作，为后续纳税评估提供参考。

2. **业务前提**

后续纳税评估前，各费用指标已录入系统。

3. **界面说明**

【查询】　按指标名称、单位等查询实例工程主要人、材、机消耗指标。

【新增】　增加实例工程主要人、材、机消耗指标。

【编辑】　编辑修改所选中的主要人、材、机消耗指标。

【删除】　删除所选中的不需用指标。

4. **操作步骤**

点击“新增”，可以增加实例工程主要人、材、机消耗指标。

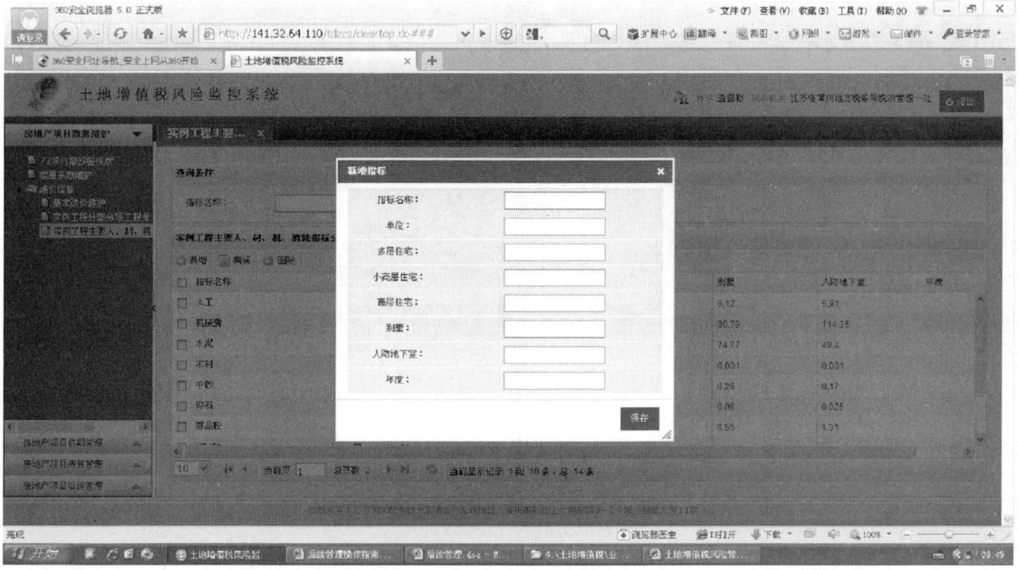

点击“编辑”，可以编辑修改所选中的主要人、材、机消耗指标。

点击“删除”，可以删除所选中的不需用指标。

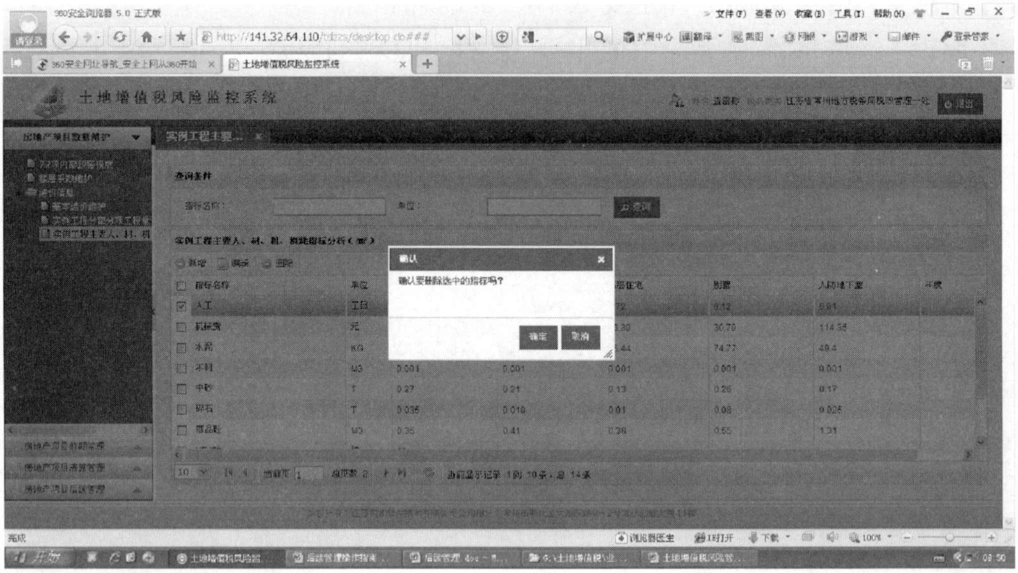

5．**注意事项**

无。

四、预警值设置

1．**功能描述**

对土地增值税定制的指标进行预警值的维护，如果不维护则系统按默认计算公式计算的预警值进行预警。本预警值设置可用于对系统默认计算的各预警值进行检测，如果风险应对分析中预警值与系统默认计算的各预警值出现误差，可以手工设置相符的预警值。

2．**业务前提**

用来对土地增值税定制的指标进行预警值维护，如果不维护则系统按默认计算公式计算的预警值进行预警，各县区自行录入维护。

3. **界面说明**

【选择】　城市：按所在地级市区域选择；县区：按所在地县区选择；区域：按市区、乡镇选择。

4. **操作步骤**

按地级市、县区、市区或乡镇选择，手工填入各预警值。

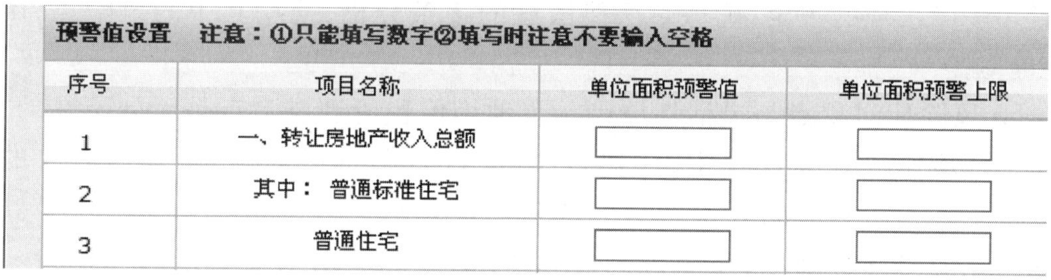

5. **注意事项**

录入时注意只能填写数字，不要输入空格。

第四章

土地增值税系统风险应对指南

房地产行业的特点,以及该行业开发经营情况的特殊性,造成了税务机关在进行土地增值税项目清算时的涉税管理风险难点,主要涉及以下四类风险管理领域的风险指标:前期管理风险、清算管理风险、清算审核风险、后续管理风险。

(1)针对不同类型风险管理指标产生的特点,采取相应的应对原则。

① 建立以人为核心的应对体系。土地增值税管理风险的一个显著特点是人为造成的风险占据了风险发生的绝大多数情形。土地增值税清算工作是一项技术性强的业务,需要对税务人员进行专业技能的培训和对企业财务人员进行税法的宣传。要提高税务人员的业务水平,保证税务人员对该项工作的顺利开展,确保国家税收收入,防范税收执法风险;要提高纳税人的纳税遵从度,降低税收违法风险。在实践中通过综合管理软件3.0数据的运用,对录入、采集的数据、信息进行稽核、比对,对风险提出预警,及时进行风险应对。

② 风险应对合法性原则。土地增值税管理风险是房地产开发企业在土地增值税清算过程中因为违法违规造成的风险。该清算行为是否合法合规是评判风险存在与否以及风险大小的基础。该原则要求在设计具体应对措施时,应该紧扣法律法规的规定,确保对法律法规的逐条分析,挖掘其中的风险点,做到无一遗漏。

③ 风险应对重点与灵活性原则。土地增值税管理风险点是无处不在的,因为在土地增值税清算过程中,任何一个细节、过程都可能出错,导致风险的产生。产生频率高和造成后果严重的风险点应该成为风险应对的重点环节。应该在重点应对的基础上,逐步做到以点带面,重点应对与全面应对相结合。风险应对灵活性原则是指风险应对的过程是动态的,需要适时地加以调整。风险是在不断变化的,新的风险会产生,原有的风险会消失。如新税收法律法规发布后,因为对新法规理解的偏差,可能会出现一些新的风险点。又如,随着风险应对措施的持续实施,企业财务人员对于某些风险点的风险意识提高,对税收政策能够较为准确地掌握,使得原来重点应对的风险点退居次位。

（2）针对不同类型风险管理指标产生的原因，采取相应的应对措施。

土地增值税风险管理的概念是针对传统、粗放、落后的管理方式，或简单的征收管理提出来的，它摒弃传统的不分重点、一切都要管住的管理思维方式，认清风险的客观存在，认真进行评价和应对，并对出现的风险进行反馈。而要将土地增值税风险管理体系应用于税收征收管理实践中，从而加强税收风险管理，提高风险应对防范能力，就必须有效地构建土地增值税风险管理平台。

为了进一步做好土地增值税风险管理平台的推广和应用工作，应当定期组织风险管理平台培训，使税务人员熟悉平台的操作运用，让风险管理理念深入人心，提高税务人员应对风险的能力。

第一节 前期管理风险指标应对方法及要求

一、立项登记及时性指标

1. 风险指标描述

（1）指标公式：立项登记及时性指标 = 风险管理系统立项登记项目立项批文/3.0 系统预售登记项目立项批文。

（2）预警值设置：预警值为 1，指标值大于等于 1，显示正常；小于 1，显示异常。

（3）指标功能：该指标主要用于判断纳税人是否及时进行了立项登记。

2. 风险指标运用

该指标系统显示异常，表明存在风险。风险产生原因：

（1）纳税人未进行项目登记。

（2）预售登记未与项目登记匹配。

3. 风险应对方法

（1）消除风险审阅资料参考：

① 项目立项批文。

② 土地出让合同、土地使用证。

（2）具体应对方法及要点：

审阅项目批文、土地出让合同签订时间，登录风险管理系统，确认是否在系统进行项目登记；如未登记，及时通知纳税人进行项目登记；如已登记，是否预售登记未与风险系统项目登记关联，是否预售登记项目批文号未录入，应及时在 3.0 系统录入项目批文号，使系统项目登记与预售登记关联。

4．政策依据

主管税务机关应加强房地产开发项目的日常税收管理，实施项目管理。主管税务机关应从纳税人取得土地使用权开始，按项目分别建立档案、设置台账，对纳税人项目立项、规划设计、施工、预售、竣工验收、工程结算、项目清盘等房地产开发全过程实行跟踪监控，做到税务管理与纳税人项目开发同步。

（摘自《国家税务总局关于印发〈土地增值税清算管理规程〉的通知》国税发〔2009〕91号文第二章第六条）

二、预售信息准确率指标

（一）预售面积准确率指标

1．风险指标描述

（1）指标公式：预售面积准确率 = 纳税人申报预售面积 ÷ 3.0网开票系统中的预售面积。

（2）预警值设置：预警值为1，该指标值大于等于1；显示正常，小于1，则显示异常。

（3）指标功能：该指标主要用于核实企业申报的预售面积是否准确，是否存在少申报预售面积、少缴税款的风险。

2．风险指标运用

该指标系统显示异常，表明存在风险。风险产生原因：

（1）纳税人申报的预售面积填写错误。

（2）纳税人主观隐瞒预售面积。

3．风险应对方法

（1）消除风险审阅资料参考：

① 销售不动产网上开票系统开票明细。

② 预销售收入清单。

③ 房屋销售网上备案合同。

（2）具体应对方法及要点：

① 查看销售不动产网上开票系统开票明细，将预销售发票载明的面积总数跟企业实际申报面积比对，找出差异原因。

② 查看企业预售收入清单，审核清单面积总数与企业申报面积的差异。

③ 查看房屋销售网上备案合同，审阅已售合同面积与企业申报预售面积的

差异。

（二）预售收入准确率指标

1. **风险指标描述**

（1）指标公式：预售收入准确率 = 企业申报预售收入 ÷3.0 网开票系统中的预售收入。

（2）预警值设置：预警值为 1，该指标值大于等于 1，显示正常；小于 1，则显示异常。

（3）指标功能：该指标主要用于核实企业申报的预售收入是否准确，是否存在少申报预售收入、少缴纳税款的风险。

2. **风险指标运用**

该指标系统显示异常，表明存在风险。风险产生原因：

（1）企业申报预销售收入时填写错误。

（2）企业故意隐瞒预销售收入金额。

3. **风险应对方法**

（1）消除风险审阅资料参考：

① 销售不动产网上开票系统开票明细。

② 企业预收账款科目。

③ 预销售收入清单。

（2）具体应对方法及要点：

① 审核销售不动产网上开票系统开票明细，将预销售发票载明金额与企业申报预销售金额比对，找出差异原因。

② 审核企业预收账款科目金额、预销售收入清单并与企业申报预销售金额进行比对，看是否一致，找出差异原因。

③ 若企业隐瞒预售收入或少申报预售收入，要求企业及时补缴相关税款，并按规定加收滞纳金，情节严重的可以移送稽查局查处。

（三）预征申报准确率指标

1. **风险指标描述**

（1）指标公式：预征申报准确率 =《立项与预售情况表》中预售收入 ÷3.0 大集中系统中预缴土地增值税的计税依据。

（2）预警值设置：预警值为 1，该指标值等于 1，显示正常；不等于 1，则显示异常。

（3）指标功能：该指标主要用于核实企业申报的预售收入及预缴土地增值

税计税依据是否准确。

2. 风险指标运用

该指标系统显示异常,表明存在风险。风险产生原因:

(1)预警值大于1时,存在企业少申报土地增值税税款的风险。

(2)预警值小于1时,存在企业申报预售收入错误的风险。

3. 风险应对方法

(1)消除风险审阅资料参考:

① 销售不动产网上开票系统开票明细。

② 预销售收入清单。

③ 企业预收账款、应缴税款等科目。

(2)具体应对方法及要点:

① 查看销售不动产网上开票系统开票明细,将发票金额与土地增值税申报计税依据进行比对,查找差异原因。

② 审核预收账款科目、应缴税款科目以及企业预销售收入清单,查找土地增值税申报计税依据与预销售收入不一致原因。

③ 若企业隐瞒预售收入或少申报预售收入,要求企业及时补缴相关税款,并按规定加收滞纳金,情节严重的可以移送稽查局查处。

4. 政策依据

纳税人在项目全部竣工结算前转让房地产取得的收入,由于涉及成本确定或其他原因,而无法据以计算土地增值税的,可以预征土地增值税,待该项目全部竣工、办理结算后再进行清算,多退少补。具体办法由各省、自治区、直辖市地方税务局根据当地情况制定。

(摘自《中华人民共和国土地增值税暂行条例实施细则》财法〔1995〕6号文第十六条)

为了发挥土地增值税在预征阶段的调节作用,各地须对目前的预征率进行调整。除保障性住房外,东部地区省份预征率不得低于2%,中部和东北地区省份不得低于1.5%,西部地区省份不得低于1%,各地要根据不同类型房地产确定适当的预征率(地区的划分按照国务院有关文件的规定执行)。对尚未预征或暂缓预征的地区,应切实按照税收法律法规开展预征,确保土地增值税在预征阶段及时、充分发挥调节作用。

(摘自《国家税务总局关于加强土地增值税征管工作的通知》国税发

〔2010〕53 号文件第二条第二款）

自 2010 年 7 月 1 日（税款所属期）起，对我市房地产开发企业销（预）售各类商品房取得的收入按以下预征率预征土地增值税：① 普通住宅按 2% 的预征率预征。对房地产开发企业转让有产权车库（车位）、储藏室取得的收入暂比照普通住宅的预征率实行预征。② 营业用房、写字楼、高级公寓、度假村、别墅、其他商品房等，按 3% 的预征率预征。

普通标准住宅暂不预征土地增值税。

对房地产开发企业既开发建造普通住宅又开发其他类型商品房的，其销（预）售收入应分别核算，分别按 2% 和 3% 的预征率实行预征，若不能够分别核算，一律按 3% 的预征率预征。

（摘自《常州地方税务局转发〈国家税务总局关于加强土地增值税征管工作的通知〉的通知》常地税规〔2010〕2 号文）

（四）销售申报准确率指标

1. 风险指标描述

（1）指标公式：销售申报准确率 = 企业申报销售面积 ÷3.0 网开票系统中的销售面积。

（2）预警值设置：预警值为 1，该指标值大于等于 1，显示正常，小于 1 则显示异常。

（3）指标功能：该指标主要用于核实企业申报的销售面积是否准确。

2. 风险指标运用

该指标系统显示异常，表明存在风险。风险产生原因：

（1）企业申报销售面积时填写错误。

（2）企业少结转销售面积。

3. 风险应对方法

（1）消除风险审阅资料参考：

① 销售不动产网上开票系统开票明细。

② 房屋销售网上备案合同。

③ 房屋销售清单。

（2）具体应对方法及要点：

① 审核销售不动产网上开票系统开票明细，将发票开具面积与企业申报房地产面积进行比对，找出差异原因。

② 查看企业销售清单明细，审核清单面积总数与企业申报面积的差异。

③ 查看网上销售备案合同，审阅已售合同面积与企业申报预售面积的差异。

第二节 清算条件类风险指标应对方法及要求

一、清算条件指标

（一）销售比例达到85%指标

1. 风险指标描述

（1）指标公式：销售比例达到85%指标＝已转让的房地产建筑面积÷整个项目可售建筑面积。

（2）预警值设置：预警值为85%，指标值大于等于85%，达到可清算条件；指标值小于85%，可能未达清算条件。

（3）指标功能：该指标主要用于判断项目销售比例是否达到85%。

2. 风险指标运用

该指标达到85%以上，表明该项目可能达到可清算条件。

3. 风险应对方法

（1）消除风险审阅资料参考：

① 房地产项目竣工验收备案表。

② 房地产测绘报告、预销售许可证。

（2）具体应对方法及要点：

① 查看房地产项目竣工验收备案表，审核项目是否竣工验收。

② 查看房地产测绘报告、预销售许可证，审核企业申报的可销售面积是否准确。

③ 审核确认符合可清算条件的，选择判断是否需要列入清算计划。对于需要清算的项目，选择清算类型以及清算通知书送达的时间，并打印出清算通知书。

4. 政策依据

符合下列情形之一的，主管税务机关可要求纳税人进行土地增值税清算：

（1）已竣工验收的房地产开发项目，已转让的房地产建筑面积占整个项目可售建筑面积的比例在85%以上，或该比例虽未超过85%，但剩余的可售建筑面积已经出租或自用的；

（2）取得销售（预售）许可证满三年仍未销售完毕的；

（3）纳税人申请注销税务登记但未办理土地增值税清算手续的；

（4）省税务机关规定的其他情况。

（摘自《国家税务总局关于房地产开发企业土地增值税清算管理有关问题的通知》国税发〔2006〕187号文第二条第二款）

（二）取得销售（预售）许可证满三年指标

1．风险指标描述

（1）指标公式：项目最后一张销售（预售）许可证日期至系统当前日期间隔的天数÷365。

（2）预警值设置：预警值为3，指标值大于等于3，则符合可清算条件；若小于3，则可能不符合可清算条件。

（3）指标功能：该指标主要用于审核项目取得最后一张销售（预售）许可证是否满三年。

2．风险指标运用

指标大于等于3，说明项目达到可清算条件。

3．风险应对方法

（1）消除风险审阅资料参考：项目的最后一张销售（预售）许可证。

（2）具体应对方法及要点：

① 查看项目最后一张预销售许可证时间是否准确。

② 审核确认符合可清算条件的，选择判断是否需要列入清算计划。对于需要清算的项目选择清算类型以及清算通知书送达的时间，并打印出清算通知书。

4．政策依据

符合下列情形之一的，主管税务机关可要求纳税人进行土地增值税清算：

（1）已竣工验收的房地产开发项目，已转让的房地产建筑面积占整个项目可售建筑面积的比例在85%以上，或该比例虽未超过85%，但剩余的可售建筑面积已经出租或自用的；

(2) 取得销售(预售)许可证满三年仍未销售完毕的;
(3) 纳税人申请注销税务登记但未办理土地增值税清算手续的;
(4) 省税务机关规定的其他情况。

(摘自《国家税务总局关于房地产开发企业土地增值税清算管理有关问题的通知》国税发〔2006〕187号文第二条第二款)

(三) 销售比例达到100%指标

1. 风险指标描述

(1) 指标公式:销售比例达到100% = 已销售建筑面积 ÷ 整个项目可售建筑面积。

(2) 预警值设置:预警值为1,指标值等于1,表示项目已达到应清算条件。

(3) 指标功能:该指标主要用于判断项目销售比例是否达到应清算条件。

2. 风险指标运用

系统筛选出符合"已转让的房地产建筑面积占整个项目可售建筑面积的比例达100%",说明项目达到应清算条件。

3. 风险应对方法

(1) 消除风险审阅资料参考:

① 房地产测绘报告。

② 销售(预售)许可证等。

(2) 具体应对方法及要点:

① 查看房地产测绘报告、预销售许可证等资料,审核企业申报的可销售面积是否准确。

② 对于应清算的项目,提醒企业项目达到应清算条件,应进行土地增值税清算申报。

4. 政策依据

符合下列情形之一的,纳税人应进行土地增值税的清算:
(1) 房地产开发项目全部竣工、完成销售的;
(2) 整体转让未竣工决算房地产开发项目的;
(3) 直接转让土地使用权的。

(摘自《国家税务总局关于房地产开发企业土地增值税清算管理有关问题的通知》国税发〔2006〕187号文第二条第一款)

二、清算资料完整性指标

1. **风险指标描述**

(1) 指标公式:清算资料完整性 = 已受理资料份数 ÷ 应受理资料份数。

(2) 预警值设置:预警值为1,指标值大于等于1,显示正常;小于1,显示不正常。

(3) 指标功能:该指标主要用于审核企业申报的土地增值税清算资料是否完整齐全。

2. **风险指标运用**

该指标系统显示异常,表明存在风险。风险产生原因:

(1) 纳税人申报的土地增值税清算资料不完整。

(2) 资料受理岗未对纳税申报的清算资料进行认真审核。

3. **风险应对方法**

(1) 消除风险审阅资料参考:

① 税务机关对土地增值税清算资料报送的要求。

② 纳税人已申报的土地增值税清算资料清单。

(2) 具体应对方法及要点:

① 将税务机关要求报告的土地增值税清算资料与纳税人已申报的资料进行比对,找出差异。

② 下发补正资料通知书,要求纳税人在规定的时间内补齐清算资料。

4. **政策依据**

纳税人办理土地增值税清算应报送以下资料:

(1) 房地产开发企业清算土地增值税书面申请、土地增值税纳税申报表;

(2) 项目竣工决算报表、取得土地使用权所支付的地价款凭证、国有土地使用权出让合同、银行贷款利息结算通知单、项目工程合同结算单、商品房购销合同统计表等与转让房地产的收入、成本和费用有关的证明资料;

(3) 主管税务机关要求报送的其他与土地增值税清算有关的证明资料等。

纳税人委托税务中介机构审核鉴证的清算项目,还应报送中介机构出具的《土地增值税清算税款鉴证报告》。

(摘自《国家税务总局关于房地产开发企业土地增值税清算管理有关问题

的通知》国税发〔2006〕187号文第五条）

三、清算申报及时性指标

1. 风险指标描述

（1）指标公式：清算申报及时性指标＝送达土地增值税项目清算通知书日期至系统当前日期间隔天数÷90。

（2）预警值设置：预警值为1，指标值大于1，显示异常；指标值小于等于1，显示正常。

（3）指标功能：该指标主要用于审核纳税人是否按规定时间报送土地增值税清算报表。

2. 风险指标运用

该指标系统显示异常，表明存在风险。风险产生原因：纳税人未按规定时间办理土地增值税清算申报。

3. 风险应对方法

（1）消除风险审阅资料参考：

① 土地增值税项目清算通知书送达回证。

② 土地增值税清算申报表。

（2）具体应对方法及要点：

① 查看土地增值税项目清算通知书送达回证时间及纳税人申报土地增值税报表时间，时间间隔是否超过90日。

② 对未按规定时间上报土地增值税清算报表的，下达责令限期改正通知书，要求纳税人及时申报。

4. 政策依据

《规程》所称土地增值税清算，是指纳税人在符合土地增值税清算条件后，依照税收法律、法规及土地增值税有关政策规定，计算房地产开发项目应缴纳的土地增值税税额，并填写《土地增值税清算申报表》，向主管税务机关提供有关资料，办理土地增值税清算手续，结清该房地产项目应缴纳土地增值税税款的行为。

对于符合本规程第九条规定，应进行土地增值税清算的项目，纳税人应当在满足条件之日起90日内到主管税务机关办理清算手续。对于符合本规程第十条规定税务机关可要求纳税人进行土地增值税清算的项目，由主管税务机关确定是否进行清算；对于确定需要进行清算的项目，由主管税务机关下达清算通知,纳税人应当在收到清算通知之日起90日内办理清算手续。应进行土地增值税清算的纳税人或经主管税务机关确定需要进行清算的纳税人,在上述规定的期限内拒不清算或不提供清算资料的,主管税务机关可依据《中华人民共和国税收征收管理法》有关规定处理。

（摘自《国家税务总局关于印发〈土地增值税清算管理规程〉的通知》第一章第三条、第三章第十一条）

第三节 清算总体类风险指标应对方法及要求

一、土地增值税税负率指标

1. 风险指标描述

（1）指标公式:土地增值税税负率 = 应纳税额 ÷ 转让房地产收入总额。

（2）预警值设置:土地增值税税负率预警值 = ∑同时期、同区域、同类型房地产项目应纳税额 ÷ ∑同时期、同区域、同类型转让房地产收入额,该指标正偏离显示正常,负偏离显示异常。

（3）指标功能:该指标主要用于初步判断企业申报清算税款负担率是否偏低;该指标负偏离度越高,风险越大。

2. 风险指标运用

该指标在系统中显示异常,表明存在风险。风险产生原因:

（1）企业主观利用少计收入、多列支扣除项目成本等方法故意少计算应缴纳土地增值税。

（2）企业财务人员或中介机构因政策理解程度不够等原因少计算应缴纳土地增值税。

该指标用于初步综合判断企业土地增值税清算申报是否存在风险,具体风险应对按各项目判断处理。

3. 风险应对方法

（1）消除风险审阅资料参考:纳税人申报总表以及明细表。

（2）具体应对方法及要点:实地核查企业账册报表,清算应报送资料等,具体应对方法参见收入、扣除等项目指标具体风险应对方法。

4. 政策依据

转让国有土地使用权、地上的建筑物及其附着物(以下简称转让房地产)并取得收入的单位和个人,为土地增值税的纳税义务人(以下简称纳税人),应当依照本条例缴纳土地增值税。

(摘自《中华人民共和国土地增值税暂行条例》第二条)

土地增值税按照纳税人转让房地产所取得的增值额和本条例第七条规定的税率计算征收。

(摘自《中华人民共和国土地增值税暂行条例》第三条)

纳税人应当自转让房地产合同签订之日起七日内向房地产所在地主管税务机关办理纳税申报,并在税务机关核定的期限内缴纳土地增值税。

(摘自《中华人民共和国土地增值税暂行条例》第十条)

二、面积申报差异率指标

1. 风险指标描述

(1) 指标公式:面积申报差异率指标 = 清算申报面积 ÷ 立项申报面积。

(2) 预警值设置:预警值为1,该指标等于1,显示正常;不等于1,显示异常。

(3) 指标功能:该指标用于判断企业申报建筑面积、土地面积是否准确,是否存在通过虚报面积达到多转成本的目的。

2. 风险指标运用

该指标值异常,表明存在风险。风险产生的原因:

(1) 企业申报的土地面积不准确。

(2) 企业申报的项目建筑面积不准确。

3. 风险应对方法

(1) 消除风险审阅资料参考:

① 建设用地规划许可证、土地使用权证。

② 土地转让出让合同。

③ 建筑工程竣工备案表。

④ 规划许可证总平面图。

⑤ 测绘报告。

⑥ 大产权证(产权清册)。

⑦ 公建配套验收表。

(2) 具体应对方法及要点:

① 项目用地面积。了解《建设用地规划许可证》、《土地使用权证》、《土地转让出让合同》中土地面积(主要以土地使用权证中登记土地面积确认),对分期开发的项目还应了解土地的分期占用情况,确认本期的土地面积。

② 房屋开发面积。通过建设工程规划许可证、备案表中建筑面积的核对,备案的建筑面积应与建设工程许可证登记的建筑面积相同,备案的所有子项目应与建设工程许可证登记的工程名称相符,以核对相符的建筑面积确认房屋开发面积。注意公司在项目开发后,将其中部分面积用于经营或转作固定资产的部分(如高层住宅的底部裙楼),审核过程中也要取得其备案表。

③ 公共配套设施开发面积。重点审核开发商向规划部门提交的《规划报告》以及向房管局提交的《住宅小区公建配套项目建设完成情况备案表》中有关公共配套的配置及移交情况;对于分期开发的,可要求开发商提供全部公共配套设施的配置总体情况。

④ 可销售房屋面积(含地下室)。通过商品房销(预)售许可证、建设工程规划许可证、验收备案表中可售建筑面积的核对,注意备案表中的地下人防面积(A)与销售许可证中地下车库面积(B)以及建设工程规划许可证中地下建筑面积(C)之间的关系,应该是:A + B = C。

⑤ 实际已销售面积。核对房屋分户(室)面积对照表、公司相关项目销售窗口表、销售合同及合同登记簿、销售发票存根,结合财务上的账务处理,确认实际已销售面积。

⑥ 未销售面积。核对房屋分户(室)面积对照表、公司相关项目销售窗口表,确认未销售面积。

三、房地产开发成本指标

(一) 房地产开发成本收入比指标

1. 风险指标描述

(1) 指标公式:房地产开发成本收入比 = 房地产开发成本 ÷ 转让房地产收入总额。

(2) 预警值设置:开发成本收入比预警值 = Σ同时期、同区域、同类型房地产项目开发成本÷∑同时期、同区域、同类型房地产项目转让房地产收入额,该指标正偏离表示异常,负偏离表示正常。

(3) 指标功能:房地产开发成本收入比指标用于判断房地产开发成本收入比是否偏高;该指标正偏离度越高,风险越大。

2. 风险指标运用

该指标系统显示异常,表明存在风险。该指标可用于同时期、同区域、同类型房地产开发项目之间开发成本与收入比例横向比较,所产生的多列支成本或者少计收入风险。风险产生原因:

(1) 多列支开发成本。参阅土地的征用及拆迁补偿费、前期工程费、基础设施费、建筑安装工程费、公共配套设施费、开发间接费用等各指标要素审核内容。

(2) 少计收入。参阅单位面积销售收入指标要素审核内容。

(二) 房地产开发成本扣除比指标

1. 风险指标描述

(1) 指标公式:房地产开发成本扣除比 = 房地产开发成本 ÷ 扣除项目总额。

(2) 预警值设置:开发成本扣除比预警值 = ∑同时期、同区域、同类型房地产项目开发成本÷∑同时期、同区域、同类型房地产项目扣除项目总额。

(3) 指标功能:房地产开发成本扣除比指标用于判断房地产开发成本扣除比是否正常。

2. 风险指标运用

该指标系统显示异常,表明存在风险。该指标可用于同时期、同区域、同类型房地产开发项目开发成本占扣除项目比例横向比较,所产生的多列支开发成本或者多列支扣除项目金额风险。风险产生原因:

(1) 该指标正偏离,表明多列支开发成本。参阅土地的征用及拆迁补偿费、前期工程费、基础设施费、建筑安装工程费、公共配套设施费、开发间接费用等各指标要素审核内容。

(2) 该指标负偏离,表明多列支扣除项目金额。参阅扣除项目等各指标审阅要素。

(三) 房地产开发成本指标风险应对方法

1. 消除风险审阅资料参考

(1) 土地的征用及拆迁补偿费明细表。

（2）前期工程费明细表。

（3）建筑安装工程费明细表。

（4）基础设施费明细表。

（5）公共配套设施费明细表。

（6）开发间接费用明细表。

（7）参照单位面积销售收入指标要素审核内容。

2. 具体应对方法及要点

（1）实地查看审核开发成本各项目发生的真实性、会计记录的完整性、金额和其他数据的恰当性、所属期间的正确性。

（2）审查与扣除项目核算相关的内部控制是否存在、有效且一贯遵守。根据扣除项目有关的内部环境、风险评估、控制活动、信息与沟通、内部监督等内控要素，评价内部控制的设计、运行的有效性，判断是否存在重大漏洞。

（3）重点审核金额较大的成本费用，查看原始凭证，确定发票、付款方式、内部报销审核记录等情况，确认成本费用发生的真实性。

（4）参阅土地的征用及拆迁补偿费、前期工程费、基础设施费、建筑安装工程费、公共配套设施费、开发间接费用等各指标要素审核内容，确认开发成本的真实性。

（5）参照单位面积销售收入指标要素审核内容，审阅企业是否存在少计收入问题。

（6）参阅扣除项目等各指标审阅要素，确认各项目支出的真实性、准确性、规范性、配比性。

（四）政策依据

计算增值额的扣除项目：（一）取得土地使用权所支付的金额；（二）开发土地的成本、费用；（三）新建房及配套设施的成本、费用，或者旧房及建筑物的评估价格；（四）与转让房地产有关的税金；（五）财政部规定的其他扣除项目。

（摘自《中华人民共和国土地增值税暂行条例》第六条）

条例第六条所列的计算增值额的扣除项目，具体为：

（一）取得土地使用权所支付的金额，是指纳税人为取得土地使用权所支付的地价款和按国家统一规定交纳的有关费用。

（二）开发土地和新建房及配套设施（以下简称房增开发）的成本，是指纳税人房地产开发项目实际发生的成本(以下简称房增开发成本),包括土地征用及拆迁补偿费、前期工程费、建筑安装工程费、基础设施费、公共配套设施费、开发间接费用。土地征用及拆迁补偿费,包括土地征用费、耕地占用税、劳动力安置费及有关地上、地下附着物拆迁补偿的净支出、安置动迁用房支出等。前期工程费,包括规划、设计、项目可行性研究和水文、地质、勘察、测绘、"三通一平"等支出。建筑安装工程费,是指以出包方式支付给承包单位的建筑安装工程费,以自营方式发生的建筑安装工程费。基础设施费,包括开发小区内道路、供水、供电、供气、排污、排洪、通讯、照明、环卫、绿化等工程发生的支出。公共配套设施费,包括不能有偿转让的开发小区内公共配套设施发生的支出。开发间接费用,是指直接组织、管理开发项目发生的费用,包括工资、职工福利费、折旧费、修理费、办公费、水电费、劳动保护费、周转房摊销等。

(三)开发土地和新建房及配套设施的费用(以下简称房地产开发费用),是指与房地产开发项目有关的销售费用、管理费用、财务费用。财务费用中的利息支出,凡能够按转让房地产项目计算分摊并提供金融机构证明的,允许据实扣除,但最高不能超过按商业银行同类同时期贷款利率计算的金额。其他房地产开发费用,按本条(一)、(二)项规定计算的金额之和的5%以内计算扣除。凡不能按转让房地产项目计算分摊利息支出或不能提供金融机构证明的,房地产开发费用按本条(一)、(二)项规定计算的金额之和的10%以内计算扣除。上述计算扣除的具体比例,由各省、自治区、直辖市人民政府规定。

(四)旧房及建筑物的评估价格,是指在转让已使用的房屋及建筑物时,由政府批准设立的房地产评估机构评定的重置成本价乘以成新度折扣率后的价格。评估价格须经当地税务机关确认。

(五)与转让房地产有关的税金,是指在转让房地产时缴纳的营业税、城市维护建设税、印花税。因转让房地产交纳的教育费附加,也可视同税金予以扣除。

(六)根据条例第六条(五)项规定,对从事房地产开发的纳税人可按本条(一)、(二)项规定计算的金额之和,加计20%的扣除。

(摘自《中华人民共和国土地增值税暂行条例实施细则》第七条)

对于县级及县级以上人民政府要求房地产开发企业在售房时代收的各项费用,如果代收费用是计入房价中向购买方一并收取的,可作为转让房地产所取得的收入计税；如果代收费用未计入房价中，而是在房价之外单独收取的，可以不作为转让房地产的收入。对于代收费用作为转让收入计税的，在计算扣除项目金额时，可予以扣除，但不允许作为加计20%扣除的基数；对于代收费用未作为转让房地产的收入计税的，在计算增值额时不允许扣除代收费用。

（摘自《财政部国家税务总局关于土地增值税一些具体问题规定的通知》财税字〔1995〕48号第六条）

第四节　清算收入类风险指标应对方法及要求

一、单位面积销售收入指标

1. 风险指标描述

（1）指标公式：单位面积销售收入 = 房地产销售总收入 ÷ 已售面积。

（2）预警值设置：单位面积销售收入预警值 = Σ同时期、同区域、同类型房地产项目销售收入总额 ÷ Σ同时期、同区域、同类型已售面积，该指标正偏离显示正常，负偏离显示异常。

（3）指标功能：单位面积销售收入指标用于判断单位面积销售收入是否偏低；该指标负偏离度越高，风险越大。

2. 风险指标运用

该指标系统显示异常，表明存在风险。风险产生原因：

房地产公司未按规定确认或少确认收入。

（1）开发产品用于职工福利、奖励、对外投资、分配给股东或投资人、抵偿债务、换取其他单位和个人的非货币性资产等应视同销售行为未计收入。

（2）销售退回、销售折扣与折让业务虚假发生，冲减收入；预收购房款、售房款挂企业应收应付科目，不计收入。

（3）部分售房收入款项开具收款收据，隐匿收入；无正当理由，以明显偏低的价格将商品房销售给本公司股东或关联企业及个人，少计收入。

（4）售后返租将冲减租金后实际收取的款项计作收入，少确认收入。

（5）以房抵工程款、抵广告费、抵银行贷款，以动迁补偿费抵顶购房款等业务，不计收入。

（6）收到购房人违约支付的违约金、滞纳金未计入清算收入。

(7) 以视同买断方式销售开发产品的、包销方式委托销售开发产品的、采取基价(保底价)并实行超基价双方分成方式委托销售开发产品的等特殊销售方式未按规定确认收入。

3. 风险应对方法

(1) 消除风险审阅资料参考:

① 项目总平面图、经规划部门审核同意的规划图。

② 商品房预销售证。

③ 房源表。

④ 销售发票、销售合同(含房管部门网上备案登记资料)。

⑤ 测绘报告。

⑥ 物价部门核价批复。

⑦ 房产销售分户明细表、房产销控表。

⑧ 大产权证(产权清册) 公建配套表。

(2) 具体应对方法及要点。审查收入情况时,应当结合土地增值税管理系统的风险疑点,采取下列风险应对程序和方法:

① 实地查看清算项目的销售情况,将商品房销(预)售许可证、物价部门核价批复、网上签约备案、房产部门房屋测绘面积、销售合同及合同登记簿和销售发票存根、申报表等资料,结合售楼处现场销控表勘查情况,判定其是否存在未完全确认收入的情况。

② 通过核实与收入有关的内部控制,发现企业收入确认方面的风险。根据与收入有关的内部环境、风险评估、控制活动、信息与沟通、内部监督等内控要素,评价内部控制的设计、运行的有效性;综合内控制度设计、运行的评价,审查有关收入的内部控制是否存在、有效且被一贯遵守,重点核实未一贯遵守的收入确认行为。

③ 将房地产转让收入明细表与财务报表、主营业务收入明细账、记账凭证及销售发票等原始凭证以及土地增值税纳税申报表等进行核对,是否存在应记入本清算项目销售收入而错记入其他清算项目的情况。

④ 结合销售发票、销售合同(含房管部门网上备案登记资料)、商品房销售(预售)许可证、房产销售分户明细表及其他有关资料,重点审核销售明细表、房地产销售面积与项目可售面积的数据关联性,以核实计税收入;重点审核未开具发票或未全额开具发票的售房款是否计入清算收入。查看网上签约备案情况,核对销售合同或发票的金额与销售明细表中的金额是否一致。

⑤ 对销售合同所载商品房面积与有关部门实际测量面积不一致,而发生补、退房款的收入调整情况进行审核,核对调整情况是否属实。

⑥ 对价格明显偏低的疑点指标，应重点进行审核，必要时可利用综合评税技术（市场价格法）或者利用专家的工作对销售价格进行评估；对纳税人转让房地产无法提供收入资料或提供收入资料不实造成成交价格明显偏低的，主管地方税务机关可进行核定。

⑦ 审查销售退回、销售折扣与折让业务是否真实发生、内容完整、手续合法，金额计算与会计处理是否正确；对销售退回业务应根据退回合同、收款单证、退款单证、产权证等证据，确认销售退回的真实性；重点关注关联方销售折扣与折让是否合理。

⑧ 审核是否将预收购房款、售房款挂在往来账上隐匿收入。

⑨ 审核是否分解售房款收入，将部分款项开具收款收据，隐匿收入。对大单客户，查看销控表有无明显低价，将销控表与物价部门批复核对看是否偏低。

⑩ 审核是否无正当理由，以明显偏低的价格将商品房销售给本公司股东或关联企业及个人。按股东、高层姓名搜索销控表看价格情况，将销控表与物价部门批复核对看是否偏低。审核企业是否将开发产品用于职工福利、奖励、对外投资、分配给股东或投资人、抵偿债务、换取其他单位和个人的非货币性资产等应视同销售行为未确认收入。

⑪ 审核售后返租业务，是否以冲减租金后实际收取的款项计收入。查看营销手册、售房合同，重点关注售房合同的补充协议或者其关联方的经营合同，查看收入确认是否准确。

⑫ 审核是否以房抵工程款、抵广告费、抵银行贷款，以动迁补偿费抵顶购房款等业务，不计收入。核实预售证、测绘报告面积，查看有无应作收入未作收入，应付账款“虚挂”大额余额的情况，必要时实地查看房产使用情况。

⑬ 检查“营业外收入”等科目，审核收到购房人违约支付的违约金、滞纳金是否计入清算收入。

⑭ 特殊销售形式少记收入。特别注意视同买断方式销售开发产品的、包销方式委托销售开发产品的、采取基价（保底价）并实行超基价双方分成方式委托销售开发产品的，可能会少记收入。查看开发企业与受托销售方的合同内容，查看开发企业、受托销售方、购买方的合同，查看受托方已销开发产品清单，查看开发企业与受托销售方的货款结算。

⑮ 结合测绘报告、项目总平面图、大产权证等资料，审核企业建筑面积统计是否有误。

4. **政策依据**

纳税人转让房地产所取得的收入，包括货币收入、实物收入和其他收入。

（摘自《中华人民共和国土地增值税暂行条例》第五条）

条例第二条所称的收入，包括转让房地产的全部价款及有关的经济收益。

（摘自《中华人民共和国土地增值税暂行条例实施细则》第五条）

土地增值税以人民币为计算单位。转让房地产所取得的收入为外国货币的，以取得收入当天或当月1日国家公布的市场汇价折合成人民币，据以计算应纳土地增值税税额。

（摘自《中华人民共和国土地增值税暂行条例实施细则》第二十条）

审核收入情况时，应结合销售发票、销售合同（含房管部门网上备案登记资料）、商品房销售（预售）许可证、房产销售分户明细表及其他有关资料，重点审核销售明细表、房地产销售面积与项目可售面积的数据关联性，以核实计税收入；对销售合同所载商品房面积与有关部门实际测量面积不一致，而发生补、退房款的收入调整情况进行审核；对销售价格进行评估，审核有无价格明显偏低情况。必要时，主管税务机关可通过实地查验，确认有无少计、漏计事项，确认有无将开发产品用于职工福利、奖励、对外投资、分配给股东或投资人、抵偿债务、换取其他单位和个人的非货币性资产等情况。

非直接销售和自用房地产的收入确定：

（一）房地产开发企业将开发产品用于职工福利、奖励、对外投资、分配给股东或投资人、抵偿债务、换取其他单位和个人的非货币性资产等，发生所有权转移时应视同销售房地产，其收入按下列方法和顺序确认：

1. 按本企业在同一地区、同一年度销售的同类房地产的平均价格确定；

2. 由主管税务机关参照当地当年、同类房地产的市场价格或评估价值确定。

（二）房地产开发企业将开发的部分房地产转为企业自用或用于出租等商业用途时，如果产权未发生转移，不征收土地增值税，在税款清算时不列收入，不扣除相应的成本和费用。

（摘自《土地增值税清算管理规程》国税发〔2009〕91号第十八、十九条）

土地增值税清算时，已全额开具商品房销售发票的，按照发票所载金额确认收入；未开具发票或未全额开具发票的，以交易双方签订的销售合同所载的售房金额及其他收益确认收入。销售合同所载商品房面积与有关部门实际测量面积不一致，在清算前已发生补、退房款的，应在计算土地增值税时予以调整。

（摘自《国家税务总局关于土地增值税清算有关问题的通知》国税函〔2010〕220号第一条）

纳税人之间以土地换房屋（不含合作建房），应对转让房屋和转让土地的双方分别征收土地增值税，其计征依据为房屋交易价（或评估价）。

（摘自《关于地方税有关业务问题的通知》苏地税发〔1999〕087号第三条第一款）

二、增值额收入比指标

（一）同时期、同区域、同类型房地产项目增值额收入比指标

1．风险指标描述

（1）指标公式：增值额收入比＝增值额÷转让房地产收入总额。

（2）预警值设置：增值额收入比指标预警值＝∑同时期、同区域、同类型房地产项目增值额÷∑同时期、同区域、同类型房地产项目转让房地产收入总额，该指标正偏离显示正常，负偏离显示异常。

（3）指标功能：增值额收入比指标用于判断增值额收入比是否偏低；该指标负偏离度越高，风险越大。

2．风险指标运用

该指标系统显示异常，表明存在风险，企业可能通过多列支扣除项目、少计收入等方法减少增值额。

3．风险应对方法

（1）消除风险审阅资料参考：参阅收入、扣除项目所需审核的资料。

（2）具体应对方法及要点：参阅收入、扣除项目的风险应对办法。

4．政策依据

纳税人转让房地产所取得的收入减除增值税条例规定扣除项目金额后的余额，为增值额。

（摘自《中华人民共和国土地增值税暂行条例》第四条）

（二）同类项目增值额收入比回归方程指标

1. 风险指标描述

（1）指标公式：增值额收入比 = 增值额 ÷ 转让房地产收入总额。

（2）预警值设置：同类项目增值额收入比回归方程 $Y = A + B_1X_1 + B_2X_2$（其中，土地成本收入比 X_1 = 取得土地使用权所支付的金额 ÷ 转让房地产收入总额，拆迁补偿费收入比 X_2 = 土地征用及拆迁补偿费金额 ÷ 转让房地产收入总额）。通过建立土地成本收入比 X_1、拆迁补偿费收入比 X_2 和增值额收入比之间的回归方程，然后实证分析计算出影响系数 A、B_1、B_2（常州市实证分析后的同类项目的增值额收入比回归方程为 $Y = 0.172 - 0.514X_1 - 0.5912X_2$）。该指标正偏离显示正常，负偏离显示异常。

（3）指标功能：同类项目增值额收入比回归方程指标用于判断项目申报增值额收入比是否偏低；该指标负偏离度越高，风险越大。

2. 风险指标运用

房地产项目利润高低主要由销售价格和土地成本决定。通过建立土地成本收入比、拆迁补偿费收入比和增值额收入比之间的回归方程，然后实证分析计算出影响系数，将清算项目的具体数值代入公式计算出合理的增值额收入比 Y，然后将其与该项目申报的增值额收入比作比较，偏离值大，风险就大。企业可能通过少计收入，或者多列支前期工程费、建筑安装工程费、基础设施费、公共配套费和开发间接费等方法减少增值额。

3. 风险应对方法

（1）消除风险审阅资料参考：纳税人申报总表、明细表以及相关资料。

（2）具体应对方法及要点：参阅收入、扣除项目的风险应对办法，通过审核实际项目申报税负率与根据指标计算公式算出的项目申报税负率，偏低的需对整个清算项目各个方面进行审核。

4. 政策依据

> 纳税人转让房地产所取得的收入减除增值税条例规定扣除项目金额后的余额，为增值额。

（摘自《中华人民共和国土地增值税暂行条例》第四条）

第五节　土地成本类清算风险指标应对方法及要求

一、土地成本指标

（一）单位面积土地成本指标

1. 风险指标描述

（1）指标公式：单位面积土地成本 = 取得土地使用权所支付的金额 ÷ 建筑面积。

（2）预警值设置：单位面积土地成本预警值 = Σ同时期、同区域、同类型房地产项目取得土地使用权支付金额 ÷ Σ同时期、同区域、同类型房地产项目建筑面积，正偏离显示异常，负偏离显示正常。

（3）指标功能：单位面积土地成本指标用于判断单位面积土地成本是否偏高；该指标正偏离度越高，风险越大。

2. 风险指标运用

该指标系统显示异常，表明存在风险。风险产生原因：

（1）企业多列支取得土地成本：

① 以不符合规定的票据列支土地成本。

② 企业取得土地征用的返还资金或补贴收入未冲减费用发生额，多列支成本。

③ 土地闲置费等不得扣除项目未剔除。

④ 分期开发的，对不属于本期清算项目的土地成本，未予以剔除；对多个项目成本混合的，未按合理的方法分摊。

（2）企业建筑面积统计有误。

（二）土地成本收入比指标

1. 风险指标描述

（1）指标公式：土地成本收入比 = 取得土地使用权所支付的金额 ÷ 转让房地产收入总额。

（2）预警值设置：土地成本收入比预警值 = Σ同时期、同区域、同类型房地产项目取得土地使用权所支付的金额 ÷ Σ同时期、同区域、同类型房地产项目转让房地产收入总额，该指标正偏离表明异常，负偏离表明正常。

（3）指标功能：土地成本收入比指标用于判断土地成本收入比是否偏高；该指标正偏离度越高，风险越大。

2. 风险指标运用

该指标系统显示异常，表明存在风险。该指标主要用于同时期、同区域、同类型房地产开发项目土地成本与收入比例横向比较，所产生的少计收入或多列支土地成本风险。风险产生原因：

（1）多列支土地成本：

① 以不符合规定的票据列支土地成本。

② 企业取得土地征用的返还资金或补贴收入未冲减费用发生额，多列支成本。

③ 土地闲置费等不得扣除项目未剔除。

④ 分期开发的，对不属于本期清算项目的土地成本，未予以剔除；对多个项目成本混合的，未按合理的方法分摊。

（2）少计收入：

① 开发产品用于职工福利、奖励、对外投资、分配给股东或投资人、抵偿债务、换取其他单位和个人的非货币性资产等应视同销售行为未计收入。

② 销售退回、销售折扣与折让业务虚假发生，冲减收入；预收购房款、售房款挂企业应收应付科目，不计收入。

③ 部分售房收入款项开具收款收据，隐匿收入；无正当理由，以明显偏低的价格将商品房销售给本公司股东或关联企业及个人，少计收入。

④ 售后返租冲减租金后按实际收取的款项少计收入。

⑤ 以房抵工程款、抵广告费、抵银行贷款，以动迁补偿费抵顶购房款等业务，不计收入。

⑥ 收到购房人违约支付的违约金、滞纳金未计入清算收入。

⑦ 以视同买断方式销售开发产品的、包销方式委托销售开发产品的、采取基价（保底价）并实行超基价双方分成方式委托销售开发产品的等特殊销售方式少记收入。

（三）土地成本扣除比指标

1. 风险指标描述

（1）指标公式：土地成本扣除比 = 取得土地使用权所支付的金额 ÷ 扣除项目总额。

（2）预警值设置：土地成本扣除比预警值 = ∑同时期、同区域、同类型房地产项目取得土地使用权所支付的金额 ÷ ∑同时期、同区域、同类型项目扣除项目总额。

（3）指标功能：土地成本扣除比指标用于判断土地成本扣除比是否正常。

2. 风险指标运用

该指标系统显示异常，表明存在风险。该指标可用于同时期、同区域、同类型房地产开发项目之间土地成本占比横向比较，所产生的多列支土地成本或多列支扣除项目金额风险。风险产生原因：

（1）该指标正偏离，表明多列支土地成本：

① 以不符合规定的票据列支土地成本。

② 企业取得土地征用的返还资金或补贴收入未冲减费用发生额，多列支成本。

③ 土地闲置费等不得扣除项目未剔除。

④ 分期开发的，对不属于本期清算项目的土地成本，未予以剔除；对多个项目成本混合的，未按合理的方法分摊。

（2）该指标负偏离，表明多列支扣除项目金额。

（四）土地成本指标风险应对方法

1. 消除风险审阅资料参考

（1）土地出让金缴费证明。

（2）土地出让金缴费票据及银行转账凭据。

（3）土地出让、转让合同及发票。

（4）取得土地使用权时的契税票据。

（5）土地使用权证。

（6）建设用地规划许可证。

（7）立项批准文件。

（8）总平面图。

（9）销售发票、销售合同（含房管部门网上备案登记资料）。

（10）物价部门核价批复、商品房预销售证。

（11）房产销售分户明细表、房产销控表。

2. 具体应对方法及要点

审查土地成本情况时，应当结合土地增值税清算风险疑点，采取下列风险应对程序和方法：

（1）实地查看企业用地情况，结合土地使用权证、规划图、总平面图等资料查验实际土地面积是否与出让、转让合同面积一致。

（2）审查与扣除项目核算相关的内部控制是否存在、有效且被一贯遵守；

根据扣除项目有关的内部环境、风险评估、控制活动、信息与沟通、内部监督等内控要素，评价内部控制的设计、运行的有效性，判断是否存在重大漏洞。

（3）以招标、公开拍卖出让方式取得土地使用权的，以实际交纳的土地出让金和按国家统一规定缴纳的有关费用和税金为取得土地使用权所支付的金额。审核土地出让合同、《土地出让金缴费证明》、土地出让金缴费票据及银行转账凭据、契税票据上计税金额和土地出让金是否一致。

（4）以行政划拨方式取得土地使用权的，以其实际补交的出让金和按国家统一规定缴纳的有关费用和税金为取得土地使用权所支付的金额。审核土地出让合同、《土地出让金缴费证明》、土地出让金缴费票据及银行转账凭据、契税票据上计税金额和土地出让金是否一致。

（5）通过股权转让、企业并购等方式取得土地使用权，以股权转让方当时受让土地时支付的土地成本金额进行土地成本扣除。审核原始土地出让合同、《土地出让金缴费证明》、土地出让金缴费票据及银行转账凭据、契税票据上计税金额和土地出让金是否一致。

（6）房地产开发企业的土地为作价入股取得土地使用权的，应按投资入股时确认的金额进行土地成本扣除；《财政部国家税务总局关于土地增值税若干问题的通知》（财税〔2006〕21 号）下发前，土地作价入股享受土地增值税免税的，在进行房地产土地增值税清算计算土地成本扣除时，允许扣除入股方（投资方）当时受让土地时支付的土地成本金额。审核投资协议或合同、投资作价时交纳土地增值税的证明资料、投资时的评估报告、《财政部国家税务总局关于土地增值税若干问题的通知》（财税〔2006〕21 号）下发前的土地出让合同、《土地出让金缴费证明》、土地出让金缴费票据及银行转账凭据。

（7）以毛地出让方式取得土地使用权的，以交纳的土地出让金、拆迁补偿金和按国家统一规定缴纳的有关费用和税金为取得土地使用权所支付的金额。审核土地出让合同、《土地出让金缴费证明》、土地出让金缴费票据及银行转账凭据、契税票据上计税金额和土地出让金是否一致。

（8）对于同一宗土地分期开发、同时开发多个项目的，应结合房地产开发企业提供的土地使用权证、经规划部门审核同意的规划图、立项批准文件、总平面图、房屋分户（室）测绘面积对照表等资料（加盖房屋产权监理处面积复核专用章），可按转让土地使用权的面积占总面积的比例计算分摊，或按建筑面积计算分摊，也可按税务机关确认的其他方式计算分摊，以此判定其土地成本的分摊是否合理、准确。

（9）审核取得土地征用的返还资金或补贴收入是否冲减费用发生额。审查“营业外收入”等科目，必要时可取得财政补贴名单。

审查收入情况时，应当结合土地增值税管理系统的风险疑点，采取下列风险应对程序和方法：

(1) 实地查看清算项目的销售情况，将商品房销(预)售许可证、物价部门核价批复、网上签约备案、房产部门房屋测绘面积、销售合同及合同登记簿和销售发票存根、申报表等资料，结合售楼处现场销控表勘查情况，判定其是否存在未完全确认收入的情况。

(2) 通过核实与收入有关的内部控制，发现企业收入确认方面的风险。根据收入有关的内部环境、风险评估、控制活动、信息与沟通、内部监督等内控要素，评价内部控制的设计、运行的有效性；综合设计和运行的评价，审查有关收入的内部控制是否存在、有效且被一贯遵守，重点核实未一贯遵守的收入确认行为。

(3) 将房地产转让收入明细表与财务报表、主营业务收入明细账、记账凭证及销售发票等原始凭证及土地增值税纳税申报表等进行核对，看是否存在应记入本清算项目销售收入错记入其他清算项目情况。

(4) 结合销售发票、销售合同(含房管部门网上备案登记资料)、商品房销售(预售)许可证、房产销售分户明细表及其他有关资料，重点审核销售明细表、房地产销售面积与项目可售面积的数据关联性，以核实计税收入；重点审核未开具发票或未全额开具发票的售房款是否计入清算收入。查看网上签约备案情况，核对销售合同或发票的金额与销售明细表中的金额是否一致。

(5) 对销售合同所载商品房面积与有关部门实际测量面积不一致，而发生补、退房款的收入调整情况进行审核，核对调整情况是否属实。

(6) 对价格明显偏低的疑点指标，应重点进行审核，必要时可利用综合评税技术(市场价格法)或者利用专家的工作对销售价格进行评估；对纳税人转让房地产无法提供收入资料或提供收入资料不实造成成交价格明显偏低的，主管地方税务机关可进行核定。

(7) 审查销售退回、销售折扣与折让业务是否真实发生、内容完整、手续合法，金额计算与会计处理是否正确；对销售退回业务应根据退回合同、收款单证、退款单证、产权证等证据，确认销售退回的真实性；重点关注关联方销售折扣与折让是否合理。

(8) 审核是否将预收购房款、售房款挂在往来账上隐匿收入。

(9) 审核是否分解售房款收入，将部分款项开具收款收据，隐匿收入。对大单客户，查看销控表有无明显低价，将销控表与物价部门批复核对看是否偏低。

(10) 审核是否无正当理由，以明显偏低的价格将商品房销售给本公司股东或关联企业及个人。按股东、高层姓名搜索销控表看价格情况，将销控表与物价部门批复核对看是否偏低。审核企业将开发产品用于职工福利、奖励、对外投资、分配给股东或投资人、抵偿债务、换取其他单位和个人的非货币性资产等应视同销售行为是否未确认收入。

（11）审核售后返租业务，是否以冲减租金后实际收取的款项计收入。查看营销手册、售房合同，重点关注售房合同的补充协议或者其关联方的经营合同，查看收入确认是否准确。

（12）审核是否以房抵工程款、抵广告费、抵银行贷款，以动迁补偿费抵顶购房款等业务，不计收入。核实预售证、测绘报告面积，查看有无应作收入未作收入，应付账款“虚挂”大额余额的情况，必要时实地查看房产使用情况。

（13）检查“营业外收入”等科目，审核收到购房人违约支付的违约金、滞纳金是否计入清算收入。

（14）特殊销售形式少记收入。特别注意视同买断方式销售开发产品的、包销方式委托销售开发产品的、采取基价（保底价）并实行超基价双方分成方式委托销售开发产品的可能会少记收入。查看开发企业与受托销售方的合同内容，查看开发企业、受托销售方、购买方的合同，查看受托方已销开发产品清单，查看开发企业与受托销售方的货款结算。

审查扣除项目时参阅扣除项目各指标审阅要素，本处从略。

（五）政策依据

计算增值额的扣除项目：（一）取得土地使用权所支付的金额；（二）开发土地的成本、费用；（三）新建房及配套设施的成本、费用，或者旧房及建筑物的评估价格；（四）与转让房地产有关的税金；（五）财政部规定的其他扣除项目。

（摘自《中华人民共和国土地增值税暂行条例》第六条）

取得土地使用权所支付的金额，是指纳税人为取得土地使用权所支付的地价款和按国家统一规定交纳的有关费用。

（摘自《中华人民共和国土地增值税暂行条例实施细则》财法〔1995〕6号第七条第一款）

纳税人为取得土地使用权所支付的地价款。如果是以协议、招标、拍卖等出让方式取得土地使用权的，地价款为纳税人所支付的土地出让金；如果是以行政划拨方式取得土地使用权的，地价款为按照国家有关规定补交的土地出让金；如果是以转让方式取得土地使用权的，地价款为向原土地使用权人实际支付的地价款。

（摘自《国家税务总局关于印发〈土地增值税宣传提纲〉的通知》国税函发〔1995〕110号第五条第一款）

房地产开发企业逾期开发缴纳的土地闲置费不得扣除。

房地产开发企业为取得土地使用权所支付的契税，应视同“按国家统一规定交纳的有关费用”，计入“取得土地使用权所支付的金额”中扣除。

（摘自《国家税务总局关于土地增值税清算有关问题的通知》国税函〔2010〕220号第四条、第五条）

二、土地契税出让金比指标

1. 风险指标描述

（1）指标公式：土地契税出让金比 = 土地契税申报合计数 ÷ 支付的土地出让金申报合计数。

（2）预警值设置：3%或者4%（常州地区开发企业受让土地使用权交纳的契税税率为3%或者4%）。

（3）指标功能：土地契税申报合计数与支付的土地出让金申报合计数的占比指标用于判断土地契税申报合计数与支付的土地出让金申报合计数的占比是否正常；该指标不等于3%或者4%则存在风险。

2. 风险指标运用

该指标系统显示异常，若高于3%或者4%，表明存在其他项目契税归集到本项目列支风险；低于3%或者4%，则表明存在少缴纳契税、多列支土地成本风险。

3. 风险应对方法

（1）消除风险审阅资料参考：

①《土地出让金缴费证明》。

② 土地出让金缴费票据及银行转账凭据。

③ 土地出让、转让合同及发票。

④ 取得土地使用权时的契税票据等。

（2）具体应对方法及要点：

① 以招标、公开拍卖出让方式取得土地使用权的，审核土地出让合同、《土地出让金缴费证明》、土地出让金缴费票据及银行转账凭据，查看契税票据上计税金额和土地出让金是否一致。

② 以行政划拨方式取得土地使用权的，审核土地出让合同、《土地出让金缴费证明》、土地出让金缴费票据及银行转账凭据，查看契税票据上计税金额和土地出让金是否一致。

③ 通过股权转让、企业并购等方式取得土地使用权的，审核原始土地出让合同、《土地出让金缴费证明》、土地出让金缴费票据及银行转账凭据，查看契税票据上计税金额和土地出让金是否一致。

④ 房地产开发企业的土地为作价入股取得土地使用权的，审核投资协议或合同、投资作价时交纳土地增值税的证明资料、投资时的评估报告、《财政部国家税务总局关于土地增值税若干问题的通知》（财税〔2006〕21 号）下发前的土地出让合同、《土地出让金缴费证明》、土地出让金缴费票据及银行转账凭据，查看契税票据上计税金额和土地出让金是否一致。

⑤ 以毛地出让方式取得土地使用权的，审核土地出让合同、《土地出让金缴费证明》、土地出让金缴费票据及银行转账凭据，查看契税票据上计税金额和土地出让金是否一致。

4. 政策依据

契税税率为3% ~5%。契税的适用税率，由省、自治区、直辖市人民政府在前款规定的幅度内按照本地区的实际情况确定，并报财政部和国家税务总局备案。

（摘自《中华人民共和国契税暂行条例》第三条）

契税的计税依据：

（一）国有土地使用权出让、土地使用权出售、房屋买卖，为成交价格；

（二）土地使用权赠与、房屋赠与，由征收机关参照土地使用权出售、房屋买卖的市场价格核定；

（三）土地使用权交换、房屋交换，为所交换的土地使用权、房屋的价格的差额。

前款成交价格明显低于市场价格并且无正当理由的，或者所交换土地使用权、房屋的价格的差额明显不合理并且无正当理由的，由征收机关参照市场价格核定。

（摘自《中华人民共和国契税暂行条例》第四条）

契税应纳税额，依照本条例第三条规定的税率和第四条规定的计税依据计算征收。应纳税额计算公式：

应纳税额 = 计税依据 × 税率

应纳税额以人民币计算。转移土地、房屋权属以外汇结算的，按照纳税义务发生之日中国人民银行公布的人民币市场汇率中间价折合成人民币计算。

（摘自《中华人民共和国契税暂行条例》第五条）

三、土地征用及拆迁补偿费指标

（一）单位面积土地征用及拆迁补偿费指标

1. 风险指标描述

（1）指标公式：单位面积土地征用及拆迁补偿费 = 土地征用及拆迁补偿费 ÷ 建筑面积。

（2）预警值设置：单位面积土地征用及拆迁补偿费预警值 = ∑同时期、同区域、同类型房地产项目土地征用及拆迁补偿费 ÷ ∑同时期、同区域、同类型房地产项目建筑面积，该指标正偏离显示异常，负偏离显示正常。

（3）指标功能：单位面积土地征用及拆迁补偿费指标用于判断单位面积土地征用及拆迁补偿费是否偏高；该指标正偏离度越高，风险越大。

2. 风险指标运用

该指标系统显示异常，表明存在风险。风险产生原因：

多列支土地征用及拆迁补偿费支出。

（1）编造虚假拆迁安置协议及拆迁安置费领取凭证，虚报拆迁安置费，拆迁旧建筑物的残值收入未冲减拆迁补偿费，多列支拆迁补偿费。

（2）企业列支未实际支付的拆迁补偿费。

（3）分期开发的，对不属于本期清算项目的土地征用及拆迁补偿费，未予以剔除；对多个项目成本混合的，未按合理的方法分摊。

（4）收到回迁户支付给企业的拆迁安置补差价款，未抵减本项目拆迁补偿费。

（5）异地安置的房屋属于购入的，以超过实际支付的购房支出计入拆迁补偿费。

（二）土地征用及拆迁补偿费收入比指标

1. 风险指标描述

（1）指标公式：土地征用及拆迁补偿费收入比 = 土地征用及拆迁补偿费 ÷ 转让房地产收入总额。

（2）预警值设置：土地征用及拆迁补偿费收入比预警值 = Σ同时期、同区域、同类型房地产项目土地征用及拆迁补偿费 ÷ Σ同时期、同区域、同类型房地产项目转让房地产收入总额，该指标正偏离显示异常，负偏离显示正常。

（3）指标功能：土地征用及拆迁补偿费收入比指标用于判断土地征用及拆迁补偿费收入比是否偏高；该指标正偏离度越高，风险越大。

2. 风险指标运用

该指标系统显示异常，表明存在风险。该指标可用于同时期、同区域、同类型房地产开发项目土地征用及拆迁补偿费与收入比例横向比较，得出多列支土地征用及拆迁补偿费支出或者少计收入风险。风险产生原因：

（1）多列支土地征用及拆迁补偿费支出：

① 编造虚假拆迁安置协议及拆迁安置费领取凭证，虚报拆迁安置费，拆迁旧建筑物的残值收入未冲减拆迁补偿费，多列支拆迁补偿费。

② 企业列支未实际支付的拆迁补偿费。

③ 分期开发的，对不属于本期清算项目的土地征用及拆迁补偿费，未予以剔除；对多个项目成本混合的，未按合理的方法分摊。

④ 收到回迁户支付给企业的拆迁安置补差价款，未抵减本项目拆迁补偿费。

⑤ 异地安置的房屋属于购入的，以超过实际支付的购房支出计入拆迁补偿费。

（2）少计收入：参阅单位面积销售收入指标要素审核内容。

（三）土地征用及拆迁补偿费成本占比指标

1. 风险指标描述

（1）指标公式：土地征用及拆迁补偿费成本占比 = 土地征用及拆迁补偿费 ÷ 房地产开发成本。

（2）预警值设置：土地征用及拆迁补偿费成本占比指标预警值 = Σ同时期、同区域、同类型房地产项目土地征用及拆迁补偿费 ÷ Σ同时期、同区域、同类型房地产项目房地产开发成本。

（3）指标功能：土地征用及拆迁补偿费成本占比指标用于判断土地征用及

拆迁补偿费成本占比是否正常。

2. **风险指标运用**

该指标系统显示异常,表明存在风险。该指标可用于同时期、同区域、同类型房地产开发项目土地征用及拆迁补偿费占开发成本比例横向比对,得出多列支土地征用及拆迁补偿费支出或者多列支开发成本风险。风险产生原因:

(1)出现正偏差,多列支土地征用及拆迁补偿费支出:

① 编造虚假拆迁安置协议及拆迁安置费领取凭证,虚报拆迁安置费,拆迁旧建筑物的残值收入未冲减拆迁补偿费,多列支拆迁补偿费。

② 企业列支未实际支付的拆迁补偿费。

③ 分期开发的,对不属于本期清算项目的土地征用及拆迁补偿费,未予以剔除;对多个项目成本混合的,未按合理的方法分摊。

④ 收到回迁户支付给企业的拆迁安置补差价款,未抵减本项目拆迁补偿费。

⑤ 异地安置的房屋属于购入的,以超过实际支付的购房支出计入拆迁补偿费。

(2)出现负偏差,多列支开发成本。

(四)土地征用及拆迁补偿费指标风险应对方法

1. **消除风险审阅资料参考**

多列支土地征用及拆迁补偿费审阅资料参考:

(1)拆迁补偿协议。

(2)开具的发票。

(3)签收花名册等。

(4)城市房屋拆迁许可证及其拆迁计划、拆迁方案。

(5)立项批复、土地规划许可证、建设用地规划许可证。

(6)异地安置购房发票及付款凭证。

(7)测绘报告、项目总平面图。

少计收入审阅资料参考:

(1)项目总平面图、经规划部门审核同意的规划图。

(2)商品房预销售证。

(3)房源表。

(4)销售发票、销售合同(含房管部门网上备案登记资料)。

(5)测绘报告。

(6)物价部门核价批复。

（7）房产销售分户明细表、房产销控表。

（8）大产权证（产权清册）、公建配套表。

2. 具体应对方法及要点

多列支土地征用及拆迁补偿费应对方法：

（1）实地查看安置对象实际安置情况，审核拆迁补偿费是否取得合法有效的凭证或者能证明该项费用发生的书面凭据（合同协议、收据），相关款项是否已经支付。安置对象为单位（或者委托拆迁公司安置）的一般应取得地税发票，安置对象为个人的一般为签收凭证。

（2）审查与扣除项目核算相关的内部控制是否存在、有效且被一贯遵守。根据扣除项目有关的内部环境、风险评估、控制活动、信息与沟通、内部监督等内控要素，评价内部控制的设计、运行的有效性，判断是否存在重大漏洞。

（3）审核拆迁协议、合同是否与开发商编制的拆迁计划和拆迁方案相吻合。开发商在取得《建设用地规划许可证》并落实拆迁补偿安置资金、开设拆迁补偿资金专户后需编制的拆迁计划和拆迁方案（具体包括：① 确切的拆迁范围；② 拆迁范围内房屋的用途、面积、权属等现状，附拆迁项目评估报告、项目调查明细表；③ 拆迁的实施步骤和安全防护、环保措施；④ 拆迁资金、安置房、周转房或者其他临时过渡措施的落实情况，附安置房房源明细表及评估报告；⑤ 拆迁的方式、时限等附拆迁委托协议、拆迁责任协议书），报市拆迁办申领《城市房屋拆迁许可证》，实施拆迁、安置、补偿，拆迁结束后向国土局申领《国有土地使用证》。

（4）查看立项批复、土地规划许可证和建筑规划许可证，审核同一宗土地是否存在分期或分项目开发，是否按各自开发的土地使用权面积占土地使用权总面积的比例分摊土地征用及拆迁补偿费。

（5）审核是否存在虚列拆迁补偿费问题。审核拆迁补偿费与拆迁协议、签收花名册或签收凭证是否一致。重点关注款项支付方式，必要时调查资金流向。

（6）查阅项目概预算资料、工程造价决算（审计）资料，比较、分析有关土地征用及拆迁补偿费资料与实际支出是否能够相互印证。

（7）查阅购房发票及付款凭证，审核计入拆迁补偿费的用于异地安置购房支出是否真实。

（8）关注拆迁旧建筑物的残值收入，是否冲减拆迁补偿费。

（9）结合测绘报告、项目总平面图等资料，审核企业建筑面积统计是否有误。

少计收入风险应对方法详阅单位面积销售收入风险应对方法。

多计扣除项目的风险应对方法详阅各扣除项目风险应对方法。

（五）政策依据

土地征用及拆迁补偿费，包括土地征用费、耕地占用税、劳动力安置费及有关地上、地下附着物拆迁补偿的净支出、安置动迁用房支出等。

（摘自《中华人民共和国土地增值税暂行条例实施细则》财法〔1995〕6 号第七条第二款）

审核扣除项目是否符合下列要求：

（一）在土地增值税清算中，计算扣除项目金额时，其实际发生的支出应当取得但未取得合法凭据的不得扣除。

（二）扣除项目金额中所归集的各项成本和费用，必须是实际发生的。

（三）扣除项目金额应当准确地在各扣除项目中分别归集，不得混淆。

（四）扣除项目金额中所归集的各项成本和费用必须是在清算项目开发中直接发生的或应当分摊的。

（五）纳税人分期开发项目或者同时开发多个项目的，或者同一项目中建造不同类型房地产的，应按照受益对象，采用合理的分配方法，分摊共同的成本费用。

（六）对同一类事项，应当采取相同的会计政策或处理方法。会计核算与税务处理规定不一致的，以税务处理规定为准。

审核取得土地使用权支付金额和土地征用及拆迁补偿费时应当重点关注：

（一）同一宗土地有多个开发项目，是否予以分摊，分摊办法是否合理、合规，具体金额的计算是否正确。

（二）是否存在将房地产开发费用记入取得土地使用权支付金额以及土地征用及拆迁补偿费的情形。

（三）拆迁补偿费是否实际发生，尤其是支付给个人的拆迁补偿款、拆迁（回迁）合同和签收花名册或签收凭证是否一一对应。

（摘自《土地增值税清算管理规程》国税发〔2009〕91 号第二十一、二十二条）

（1）房地产企业用建造的本项目房地产安置回迁户的，安置用房视同销售处理，按《国家税务总局关于房地产开发企业土地增值税清算管理有关问题的通知》（国税发〔2006〕187 号）第三条第（一）款规定确认收入，同时将此确认为房地产开发项目的拆迁补偿费。房地产开发企业支付给回迁户的补差价款,计入拆迁补偿费;回迁户支付给房地产开发企业的补差价款,应抵减本项目拆迁补偿费。(2)开发企业采取异地安置,异地安置的房屋属于自行开发建造的,房屋价值按国税发〔2006〕187号第三条第(一)款的规定计算,计入本项目的拆迁补偿费;异地安置的房屋属于购入的,以实际支付的购房支出计入拆迁补偿费。(3)货币安置拆迁的,房地产开发企业凭合法有效凭据计入拆迁补偿费。

(摘自《国家税务总局关于土地增值税清算有关问题的通知》国税函〔2010〕220号第六条)

第六节　前期工程费类清算风险指标应对方法及要求

一、前期工程费指标

(一)单位面积前期工程费指标

1. 风险指标描述

(1)指标公式:单位面积前期工程费=前期工程费÷建筑面积。

(2)预警值设置:单位面积前期工程费预警值=Σ同时期、同区域、同类型房地产项目前期工程费÷Σ同时期、同区域、同类型房地产项目建筑面积,该指标负偏离显示正常,正偏离显示异常。

(3)指标功能:该指标用于判断项目有无虚列前期工程费等情况;该指标正偏离度越高,风险越大。

2. 风险指标运用

该指标在系统中显示异常,表明存在风险。风险产生原因:

(1)通过虚签合同、虚构成本项目或虚增前期工程费金额,多扣除前期工程费。

(2)虚构没有实际发生的业务,开具虚假发票,虚增成本。

(3)分期开发的,利用滚动开发项目故意混淆前后项目之间的前期工程费,提前列支前期工程费。

(4)开发多个项目的,对不属于本期清算项目的前期工程费,未予以剔除。

(5)同一项目中建造不同类型房地产的,未按照受益对象,采用合理的分配方法，分摊共同的前期工程费。

（6）成本归集错误，混淆成本归集方向，企业将正在开发的未完工项目的成本费用计入已经决算的项目，加大已完工项目成本费用。

（7）政府性规费收费返还未冲减前期工程费。

（8）部分房地产开发企业建筑面积可能计算有误。

（二）前期工程费成本占比指标

1. 风险指标描述

（1）指标公式：前期工程费成本占比 = 前期工程费 ÷ 房地产开发成本。

（2）预警值设置：前期工程费成本占比预警值 = Σ同时期、同区域、同类型房地产项目前期工程费 ÷ Σ同时期、同区域、同类型房地产项目房地产开发成本，该指标负偏离显示正常，正偏离显示异常。

（3）指标功能：该指标用于判断项目有无虚列前期工程费等情况；该指标正偏离度越高，风险越大。

2. 风险指标运用

该指标在系统中显示异常，表明存在风险。风险产生的原因可能是：

（1）通过虚签合同、虚构成本项目或虚增前期工程费金额，多扣除前期工程费。

（2）虚构没有实际发生的业务开具虚假发票，虚增成本。

（3）分期开发的，利用滚动开发项目故意混淆前后项目之间的前期工程费，提前列支前期工程费。

（4）开发多个项目的，对不属于本期清算项目的前期工程费，未予以剔除。

（5）同一项目中建造不同类型房地产的，未按照受益对象，采用合理的分配方法，分摊共同的前期工程费。

（6）成本归集错误。混淆成本归集方向，将正在开发的未完工项目的成本费用计入已经决算的项目，加大已完工项目成本费用。

（7）在结转成本时，虚增销售面积，多分摊开发成本。

（三）前期工程费收入占比指标

1. 风险指标描述

（1）指标公式：前期工程费收入占比 = 前期工程费 ÷ 转让房地产开发收入。

（2）预警值设置：前期工程费收入占比预警值 = Σ同时期、同区域、同类型房地产项目前期工程费 ÷ Σ同时期、同区域、同类型房地产项目转让房地产开发收入,该指标负偏离显示正常,正偏离显示异常。

(3) 指标功能:该指标用于判断项目有无虚列前期工程费等情况;该指标偏离度越高,风险越大。

2. **风险指标运用**

该指标在系统中显示异常,表明存在风险。风险产生原因:

(1) 通过虚签合同、虚构成本项目或虚增前期工程费金额,多扣除前期工程费。

(2) 虚构没有实际发生的业务,开具虚假发票,虚增成本。

(3) 分期开发的,利用滚动开发项目故意混淆前后项目之间的前期工程费,提前列支前期工程费。

(4) 开发多个项目的,对不属于本期清算项目的前期工程费,未予以剔除。

(5) 同一项目中建造不同类型房地产的,未按照受益对象,采用合理的分配方法,分摊共同的前期工程费。

(6) 成本归集错误。混淆成本归集方向,将正在开发的未完工项目的成本费用计入已经决算的项目,加大已完工项目成本费用。

(7) 政府性规费收费返还未冲减前期工程费。

(8) 企业存在少计收入、不计收入的情形。

(四) 前期工程费指标风险应对方法

1. **消除风险审阅资料参考**

(1) 经规划部门审核同意的规划图、规划许可证。

(2) 立项批准文件。

(3) 总平面图。

(4) 销售发票、销售合同(含房管部门网上备案登记资料)、商品房购销合同统计表、销售明细表。

(5) 项目可行性报告、概预算资料。

(6) 施工许可证。

(7) 政府规费收费文件、收费标准。

(8) 测绘报告。

(9) 其他相关票据、支付凭证、合同协议。

2. **具体应对方法及要点**

在企业申报基础上审核确定真实发生的前期工程费,前期工程费一般发生在开工前,应严格对号入座。

(1) 到项目现场实地查核、询问,调查和核实相关当事人,了解其真实的前期工程开发情况，剔除不属于清算项目所发生的前期工程费用。

（2）审查与扣除项目核算相关的内部控制是否存在、有效且被一贯遵守；根据与扣除项目有关的内部环境、风险评估、控制活动、信息与沟通、内部监督等内控要素，评价内部控制的设计、运行的有效性，判断是否存在重大漏洞。

（3）审查前期工程费明细表与明细账、总账及有关申报表，核对是否一致；扣除项目金额应当准确地在各扣除项目中分别归集，不得混淆；参照当地税务机关核定的前期工程费的单位面积金额标准，验证前期工程费成本支出是否存在异常。

（4）取得前期工程费相关合同和项目概（预）算资料，审核其执行情况和成本、费用支出情况，比较、分析有关前期工程费资料与实际支出能否相互印证，验证其是否真实发生，是否存在虚列情形。重点审核金额较大的成本费用，查看原始凭证，确定发票、付款方式、内部报销审核记录等情况，确认前期工程费用发生的真实性。

（5）查看相关合同、协议及票据，从而判断其交易的真实性、相关性；审核大额的费用账载金额与合同决算金额的一致性；资金支付流向是否与合同当事人、发票开具方一致；结算金额是否全额支付，有无应付未付的情形。这里要说明的是，如果纳税人取得的是已经进行了土地开发的“熟地”，即已经过“三通一平”，则这部分支出已体现在纳税人取得土地使用权所支付的金额中，这部分前期工程费在纳税人的房地产开发成本中就不允许再扣除。

（6）针对前期工程费支出与相关合同、项目概（预）算资料金额差异较大、大额现金支出等情形的扣除项目风险疑点，审查扣除项目列支的真实性，必要时，引入行业专家对扣除项目进行审核。

（7）是否将房地产开发费用记入前期工程费。审核立项批复、工程规划许可证时间，前期工程费一般发生在项目开工前，因此应特别注意对合同签订时间和取得票据时间的审核。另外，售楼处、样板房的设计费和销售模型设计费等费用比较容易与此混淆。

（8）同一项目中建造不同类型房地产的，审核是否按照受益对象，采用合理的分配方法，分摊共同的前期工程费成本费用，以及是否合理配比同一开发项目的清算扣除项目与本次清算收入。

（9）要求提供政府收费文件和标准，关注政府性收费返还情况，如新型墙体材料专项基金，如果使用新型墙体材料的可申请返退，查看是否冲减前期工程费。

（10）审查发票、财政票据，审查发票和银行支付记录金额的一致性；对通过现金支付的大额发票，应关注其是否真实合理。

① 可根据收款方的性质、支付款项的内容来判断鉴别凭据的合法有效性：

1）如对方单位是经营性企业，就必须提供税务局监制的发票；2）如对方是行政机关或是政府行业管理机构，收取的是相关政府性规费，须提供省级财政部门监制的行政事业性收费收据。

② 可查看相关合同，确认合同工程费用造价，关注合同中明确的前期工程款、材料费及单位用量等，来查验票据的真伪及开票方与领票方是否一致。

③ 对真伪不确定的发票，通过发票查询系统查询。

④ 超过一定金额的可疑发票，可查阅银行对账单，确认是否实际支付。对通过现金支付的大额发票，应关注其是否真实合理。

（五）政策依据

前期工程费，包括规划、设计、项目可行性研究和水文、地质、勘察、测绘、“三通一平”等支出。

（摘自《中华人民共和国土地增值税暂行条例实施细则》第七条第二款）

第三十二条　前期工程费的审核，应当包括下列内容：

（一）审核前期工程费的各项实际支出与概（预）算是否存在明显异常。

（二）审核纳税人是否虚列前期工程费，土地开发费用是否按税收规定扣除。

（摘自《土地增值税清算鉴证业务准则》国税发〔2007〕132号第三十二条）

第二十一条　审核扣除项目是否符合下列要求：

（一）在土地增值税清算中，计算扣除项目金额时，其实际发生的支出应当取得但未取得合法凭据的不得扣除。

（二）扣除项目金额中所归集的各项成本和费用，必须是实际发生的。

（三）扣除项目金额应当准确地在各扣除项目中分别归集，不得混淆。

（四）扣除项目金额中所归集的各项成本和费用必须是在清算项目开发中直接发生的或应当分摊的。

（五）纳税人分期开发项目或者同时开发多个项目的，或者同一项目中建造不同类型房地产的，应按照受益对象，采用合理的分配方法，分摊共同的成本费用。

（六）对同一类事项，应当采取相同的会计政策或处理方法。会计核算与税务处理规定不一致的，以税务处理规定为准。

第二十三条　审核前期工程费、基础设施费时应当重点关注：

（一）前期工程费、基础设施费是否真实发生，是否存在虚列情形。

（二）是否将房地产开发费用记入前期工程费、基础设施费。

（三）多个（或分期）项目共同发生的前期工程费、基础设施费，是否按项目合理分摊。

（摘自《土地增值税清算管理规程》国税发〔2009〕91号第二十一、二十三条）

二、单位面积规划费用指标

1. 风险指标描述

（1）指标公式：单位面积规划费用 = 规划费用 ÷ 建筑面积。

（2）预警值设置：单位面积规划费用预警值 = ∑同时期、同区域、同类型房地产项目规划费用 ÷ ∑同时期、同区域、同类型房地产项目建筑面积，该指标负偏离显示正常，正偏离显示异常。

（3）指标功能：该指标主要用于判断项目是否存在虚列规划费用的情况；该指标正偏离度越高，风险越大。

2. 风险指标运用

该指标在系统中显示异常，表明存在风险。风险产生原因：

（1）多列支规划费：

① 以虚签合同或虚增规划费金额，以及开具虚假发票等方法，虚增规划费。

② 应分摊的规划费未进行合理分摊，或列支非本清算项目规划费，多列支成本。

③ 将房地产开发费用等其他成本费用记入规划费用。

（2）企业建筑面积计算有误。

3. 风险应对方法

（1）消除风险审阅资料参考：

① 项目规划合同、协议。

② 政府规费收费文件、收费标准。

③ 其他相关票据、支付凭证、合同协议。

（2）具体应对方法及要点：

在企业申报基础上审核确定真实发生的规划费用。

① 到项目现场实地查核、询问，调查和核实相关当事人，了解其真实的规划

费用支出情况,剔除不属于清算项目所发生的规划费用。

② 审查与扣除项目核算相关的内部控制是否存在、有效且被一贯遵守;根据与扣除项目有关的内部环境、风险评估、控制活动、信息与沟通、内部监督等内控要素,评价内部控制的设计、运行的有效性,判断是否存在重大漏洞。

③ 审核立项批复、工程规划许可证时间。规划费一般发生在工程规划许可证下发之前,因此应特别注意对票据取得时间的审核,参照当地规划费用的单位面积金额标准,验证规划费用支出是否存在异常。常州市规划服务费收费标准为 1.2 元/m^2。

④ 取得相关合同和资料,审核其执行情况和费用支出情况,比较、分析有关规划费用资料与实际支出是否能够相互印证,验证规划费用是否真实发生,是否存在虚列情形。

⑤ 审查发票、财政票据,审查发票和银行支付记录金额的一致性;对通过现金支付的大额发票,应关注其是否真实合理。

4. 政策依据

前期工程费,包括规划、设计、项目可行性研究和水文、地质、勘察、测绘、“三通一平”等支出。

(摘自《中华人民共和国土地增值税暂行条例实施细则》第七条第二款)

第三十二条　前期工程费的审核,应当包括下列内容:

(一) 审核前期工程费的各项实际支出与概(预)算是否存在明显异常。

(二) 审核纳税人是否虚列前期工程费,土地开发费用是否按税收规定扣除。

(摘自《土地增值税清算鉴证业务准则》国税发〔2007〕132 号第三十二条)

审核扣除项目是否符合下列要求:

(一) 在土地增值税清算中,计算扣除项目金额时,其实际发生的支出应当取得但未取得合法凭据的不得扣除。

(二) 扣除项目金额中所归集的各项成本和费用,必须是实际发生的。

(三) 扣除项目金额应当准确地在各扣除项目中分别归集,不得混淆。

（四）扣除项目金额中所归集的各项成本和费用必须是在清算项目开发中直接发生的或应当分摊的。

（五）纳税人分期开发项目或者同时开发多个项目的，或者同一项目中建造不同类型房地产的，应按照受益对象，采用合理的分配方法，分摊共同的成本费用。

（六）对同一类事项，应当采取相同的会计政策或处理方法。会计核算与税务处理规定不一致的，以税务处理规定为准。

审核前期工程费、基础设施费时应当重点关注：

（一）前期工程费、基础设施费是否真实发生，是否存在虚列情形。

（二）是否将房地产开发费用记入前期工程费、基础设施费。

（三）多个（或分期）项目共同发生的前期工程费、基础设施费，是否按项目合理分摊。

（摘自《土地增值税清算管理规程》国税发〔2009〕91 号第二十一、二十三条）

三、设计费用指标

（一）单位面积设计费用指标

1. 风险指标描述

（1）指标公式：单位面积设计费用 = 设计费用 ÷ 建筑面积。

（2）预警值设置：单位面积设计费用预警值 = Σ同时期、同区域、同类型房地产项目设计费用 ÷ Σ同时期、同区域、同类型房地产项目建筑面积，该指标负偏离显示正常，正偏离显示异常。

（3）指标功能：该指标用于判断项目是否存在虚列设计费用的情况，相关票据是否符合规定；该指标正偏离度越高，风险越大。

2. 风险指标运用

该指标在系统中显示异常，表明存在风险。风险产生原因：

（1）多列支设计费：

① 以虚签合同或虚增设计费金额，以及开具虚假发票等方法，虚增设计费。

② 应分摊的设计费未进行合理分摊，或列支非本清算项目设计费，多列支成本。

③ 将房地产开发费用等其他成本费用记入设计费用。

（2）企业建筑面积计算有误。

（二）设计费用前期占比指标

1. 风险指标描述

（1）指标公式：设计费用前期占比 = 设计费用 ÷ 前期工程费。

（2）预警值设置：设计费用前期占比预警值 = Σ同时期、同区域、同类型房地产项目设计费用 ÷ Σ同时期、同区域、同类型房地产项目前期工程费，该指标负偏离显示正常，正偏离显示异常。

（3）指标功能：该指标用于判断项目是否存在虚列设计费用的情况，相关票据是否符合规定；该指标正偏离度越高，风险越大。

2. 风险指标运用

该指标在系统中显示异常，表明存在风险。风险产生的原因可能是：

（1）多列支设计费：

① 以虚签合同或虚增设计费金额，以及开具虚假发票等方法，虚增设计费。

② 应分摊的设计费未进行合理分摊，或列支非本清算项目设计费，多列支成本。

③ 将房地产开发费用等其他成本费用记入设计费用。

（2）多列支前期工程费。

（三）设计费用指标风险应对方法

1. 消除风险审阅资料参考

（1）项目设计合同、协议。

（2）经规划部门审核同意的规划图、规划许可证。

（3）立项批准文件。

（4）总平面图。

（5）施工许可证。

（6）政府规费收费文件、收费标准。

（7）其他相关票据、支付凭证、合同协议。

2. 具体应对方法及要点

在企业申报基础上审核确定真实发生的项目设计费用。

（1）到项目现场实地查核、询问，调查和核实相关当事人，了解其真实的设计费用支出情况，剔除不属于清算项目所发生的设计费用。

（2）审查与扣除项目核算相关的内部控制是否存在、有效且被一贯遵守；根据与扣除项目有关的内部环境、风险评估、控制活动、信息与沟通、内部监督等内控要素,评价内部控制的设计、运行的有效性,判断是否存在重大漏洞。

(3) 审核立项批复、工程规划许可证时间。设计费一般发生在工程规划许可证下发之前,因此应特别注意对票据取得时间的审核,对建筑规划许可证下发后发生的设计费,查看对应的设计图纸看是否真实存在。

(4) 取得相关合同和资料,审核其执行情况和费用支出情况,比较、分析有关设计费用资料与实际支出是否能够相互印证,验证规划费用是否真实发生,是否存在虚列情形。对照合同、协议,查看原始凭证和付款方式;对比本地企业与外地企业设计费的差异或对比同类机构设计费的差异,从中发现异常;参照当地设计费用的单位面积金额标准,验证设计费用支出是否存在异常。

(5) 审查发票、财政票据,审查发票和银行支付记录金额的一致性;对通过现金支付的大额发票,应关注其是否真实合理。

① 可根据收款方的性质、支付款项的内容来判断鉴别凭据的合法有效性:1) 如对方单位是经营性企业,就必须提供税务局监制的发票;2) 如对方是行政机关或是政府行业管理机构,收取的是相关政府性规费,须提供省级财政部门监制的行政事业性收费收据。

② 可查看相关合同,确认合同工程费用造价,关注合同中明确的前期工程款、材料费及单位用量等,来查验票据的真伪及开票方与领票方是否一致。

③ 对真伪不确定的发票,通过发票查询系统查询。

④ 超过一定金额的可疑发票,可查阅银行对账单,确认是否实际支付。对通过现金支付的大额发票,应关注其是否真实合理。

(四) 政策依据

前期工程费,包括规划、设计、项目可行性研究和水文、地质、勘察、测绘、“三通一平”等支出。

(摘自《中华人民共和国土地增值税暂行条例实施细则》第七条第二款)

前期工程费的审核,应当包括下列内容:

(一) 审核前期工程费的各项实际支出与概(预)算是否存在明显异常。

(二) 审核纳税人是否虚列前期工程费,土地开发费用是否按税收规定扣除。

(摘自《土地增值税清算鉴证业务准则》国税发〔2007〕132 号第三十二条)

审核扣除项目是否符合下列要求:

(一)在土地增值税清算中,计算扣除项目金额时,其实际发生的支出应当取得但未取得合法凭据的不得扣除。

(二)扣除项目金额中所归集的各项成本和费用,必须是实际发生的。

(三)扣除项目金额应当准确地在各扣除项目中分别归集,不得混淆。

(四)扣除项目金额中所归集的各项成本和费用必须是在清算项目开发中直接发生的或应当分摊的。

(五)纳税人分期开发项目或者同时开发多个项目的,或者同一项目中建造不同类型房地产的,应按照受益对象,采用合理的分配方法,分摊共同的成本费用。

(六)对同一类事项,应当采取相同的会计政策或处理方法。会计核算与税务处理规定不一致的,以税务处理规定为准。

审核前期工程费、基础设施费时应当重点关注:

(一)前期工程费、基础设施费是否真实发生,是否存在虚列情形。

(二)是否将房地产开发费用记入前期工程费、基础设施费。

(三)多个(或分期)项目共同发生的前期工程费、基础设施费,是否按项目合理分摊。

(摘自《土地增值税清算管理规程》国税发〔2009〕91 号第二十一、二十三条)

四、可行性研究费用指标

(一)单位面积项目可行性研究费用指标

1. 风险指标描述

(1)指标公式:单位面积项目可行性研究费用 = 项目可行性研究费用 ÷ 建筑面积。

(2)预警值设置:单位面积项目可行性研究费用预警值 = Σ同时期、同区域、同类型房地产项目可行性研究费用 ÷ Σ同时期、同区域、同类型房地产项目建筑面积,该指标负偏离显示正常,正偏离显示异常。

(3)指标功能:该指标主要用于判断项目是否存在虚列可行性研究费用的情况,有无将其他项目的费用列入本项目的情况;该指标正偏离度越高,风险越大。

2. 风险指标运用

该指标在系统中显示异常,表明存在风险。风险产生的原因可能是:

(1) 多列支可行性研究费用:

① 以虚签合同或虚增可行性研究费用金额,以及开具虚假发票等方法,虚增可行性研究费用。

② 应分摊的可行性研究费用未进行合理分摊,或列支非本清算项目可行性研究费用,多列支成本。

③ 将房地产开发费用等其他成本费用记入可行性研究费用。

(2) 企业建筑面积计算有误。

(二) 项目可行性研究费用前期占比指标

1. 风险指标描述

(1) 指标公式:项目可行性研究费用前期占比 = 项目可行性研究费用 ÷ 前期工程费。

(2) 预警值设置:项目可行性研究费用前期占比预警值 = ∑同时期、同区域、同类型房地产项目可行性研究费用 ÷ ∑同时期、同区域、同类型房地产项目前期工程费,该指标负偏离显示正常,正偏离显示异常。

(3) 指标功能:该指标主要用于判断项目是否存在虚列可行性研究费用的情况,有无将其他项目的费用列入本项目的情况;该指标正偏离度越高,风险越大。

2. 风险指标运用

该指标在系统中显示异常,表明存在风险。风险产生的原因可能是:

(1) 多列支可行性研究费用:

① 以虚签合同或虚增可行性研究费用金额,以及开具虚假发票等方法,虚增可行性研究费用。

② 应分摊的可行性研究费用未进行合理分摊,或列支非本清算项目可行性研究费用,多列支成本。

③ 将房地产开发费用等其他成本费用记入可行性研究费用。

(2) 企业前期工程费计算有误。

(三) 可行性研究费用指标风险应对方法

1. 消除风险审阅资料参考

(1) 项目可行性研究报告合同、协议。

(2) 立项批准文件。

（3）总平面图。

（4）经规划部门审核同意的规划图、规划许可证。

（5）施工许可证。

（6）政府规费收费文件、收费标准。

（7）其他相关票据、支付凭证、合同协议。

2. 具体应对方法及要点

在企业申报基础上审核确定真实发生的项目可行性研究费用。

（1）审核立项批复、工程规划许可证时间。可行性研究费用一般发生在立项批复下发之前，因此应特别注意对票据取得时间的审核，对立项批复下发后发生的可行性研究费用，应重点审核。

（2）取得相关合同和资料，审核其执行情况和费用支出情况，比较、分析有关可行性研究资料与实际支出是否能够相互印证，验证可行性研究费用是否真实发生，是否存在虚列情形。对照合同、协议，查看原始凭证、付款方式，从中发现异常；参照当地可行性研究费用的单位面积金额标准，验证设计费用支出是否存在异常。

（3）审查发票、财政票据，审查发票和银行支付记录金额的一致性；对通过现金支付的大额发票，应关注其是否真实合理。

（四）政策依据

前期工程费，包括规划、设计、项目可行性研究和水文、地质、勘察、测绘、“三通一平”等支出。

（摘自《中华人民共和国土地增值税暂行条例实施细则》第七条第二款）

前期工程费的审核，应当包括下列内容：

（一）审核前期工程费的各项实际支出与概（预）算是否存在明显异常。

（二）审核纳税人是否虚列前期工程费，土地开发费用是否按税收规定扣除。

（摘自《土地增值税清算鉴证业务准则》国税发〔2007〕132号第三十二条）

审核扣除项目是否符合下列要求：

（一）在土地增值税清算中，计算扣除项目金额时，其实际发生的支出应当取得但未取得合法凭据的不得扣除。

（二）扣除项目金额中所归集的各项成本和费用，必须是实际发生的。

（三）扣除项目金额应当准确地在各扣除项目中分别归集，不得混淆。

（四）扣除项目金额中所归集的各项成本和费用必须是在清算项目开发中直接发生的或应当分摊的。

（五）纳税人分期开发项目或者同时开发多个项目的，或者同一项目中建造不同类型房地产的，应按照受益对象，采用合理的分配方法，分摊共同的成本费用。

（六）对同一类事项，应当采取相同的会计政策或处理方法。会计核算与税务处理规定不一致的，以税务处理规定为准。

审核前期工程费、基础设施费时应当重点关注：

（一）前期工程费、基础设施费是否真实发生，是否存在虚列情形。

（二）是否将房地产开发费用记入前期工程费、基础设施费。

（三）多个（或分期）项目共同发生的前期工程费、基础设施费，是否按项目合理分摊。

（摘自《土地增值税清算管理规程》国税发〔2009〕91 号第二十一、二十三条）

五、单位面积水文费用指标

1. 风险指标描述

（1）指标公式：单位面积水文费用 = 水文费用 ÷ 建筑面积。

（2）预警值设置：单位面积水文费用预警值 = ∑同时期、同区域、同类型房地产项目水文费用 ÷ ∑同时期、同区域、同类型房地产项目建筑面积，该指标负偏离显示正常，正偏离显示异常。

（3）指标功能：该指标主要用于判断项目是否存在虚列水文费用的情况；该指标正偏离度越高，风险越大。

2. 风险指标运用

该指标在系统中显示异常，表明存在风险。风险产生原因：

（1）多列支水文费用：

① 以虚签合同或虚增水文费用金额，以及开具虚假发票等方法，虚增水文费用。

② 应分摊的水文费用未进行合理分摊，或列支非本清算项目水文费用，多列支成本。

（2）企业建筑面积计算有误。

3. 风险应对方法

（1）消除风险审阅资料参考：

① 项目水文合同、协议。

② 立项批准文件。

③ 总平面图。

④ 经规划部门审核同意的规划图、规划许可证。

⑤ 施工许可证。

⑥ 政府规费收费文件、收费标准。

⑦ 其他相关票据、支付凭证、合同协议。

（2）具体应对方法及要点：

在企业申报基础上审核确定真实发生的水文费用。

① 到项目现场实地查核、询问，调查和核实相关当事人，了解其真实的水文费用支出情况，剔除不属于清算项目所发生的水文费用。

② 审查与扣除项目核算相关的内部控制是否存在、有效且被一贯遵守；根据与扣除项目有关的内部环境、风险评估、控制活动、信息与沟通、内部监督等内控要素，评价内部控制的设计、运行的有效性，判断是否存在重大漏洞。

③ 审核立项批复、工程规划许可证时间。水文费用一般发生在工程规划许可证下发之前，因此应特别注意对票据取得时间的审核，对建筑规划许可证下发后发生的水文费用，查看水文费用是否真实存在。

④ 取得相关合同和资料，审核其执行情况和费用支出情况，比较、分析有关水文费用资料与实际支出是否能够相互印证，验证水文费用是否真实发生，是否存在虚列情形。参照当地水文费用的单位面积金额标准，验证水文费用支出是否存在异常。

⑤ 审查发票、财政票据，审查发票和银行支付记录金额的一致性；对通过现金支付的大额发票，应关注其是否真实合理。

4. 政策依据

前期工程费，包括规划、设计、项目可行性研究和水文、地质、勘察、测绘、“三通一平”等支出。

（摘自《中华人民共和国土地增值税暂行条例实施细则》第七条第二款）

前期工程费的审核,应当包括下列内容:

(一)审核前期工程费的各项实际支出与概(预)算是否存在明显异常。

(二)审核纳税人是否虚列前期工程费,土地开发费用是否按税收规定扣除。

(摘自《土地增值税清算鉴证业务准则》国税发〔2007〕132 号第三十二条)

审核扣除项目是否符合下列要求:

(一)在土地增值税清算中,计算扣除项目金额时,其实际发生的支出应当取得但未取得合法凭据的不得扣除。

(二)扣除项目金额中所归集的各项成本和费用,必须是实际发生的。

(三)扣除项目金额应当准确地在各扣除项目中分别归集,不得混淆。

(四)扣除项目金额中所归集的各项成本和费用必须是在清算项目开发中直接发生的或应当分摊的。

(五)纳税人分期开发项目或者同时开发多个项目的,或者同一项目中建造不同类型房地产的,应按照受益对象,采用合理的分配方法,分摊共同的成本费用。

(六)对同一类事项,应当采取相同的会计政策或处理方法。会计核算与税务处理规定不一致的,以税务处理规定为准。

审核前期工程费、基础设施费时应当重点关注:

(一)前期工程费、基础设施费是否真实发生,是否存在虚列情形。

(二)是否将房地产开发费用记入前期工程费、基础设施费。

(三)多个(或分期)项目共同发生的前期工程费、基础设施费,是否按项目合理分摊。

(摘自《土地增值税清算管理规程》国税发〔2009〕91 号第二十一、二十三条)

六、单位面积地质费用指标

1. 风险指标描述

(1)指标公式:单位面积地质费用 = 地质费用 ÷ 建筑面积。

(2)预警值设置:单位面积地质费用预警值 = ∑同时期、同区域、同类型房地产项目地质费用 ÷ ∑同时期、同区域、同类型房地产项目建筑面积,该指标负偏离显示正常,正偏离显示异常。

(3) 指标功能:该指标主要用于判断项目是否存在虚列地质费用的情况;该指标正偏离度越高,风险越大。

2. 风险指标运用

该指标在系统中显示异常,表明存在风险。风险产生原因:

(1) 多列支地质费用:

① 以虚签合同或虚增地质费用金额,以及开具虚假发票等方法,虚增地质费用。

② 应分摊的地质费用未进行合理分摊,或列支非本清算项目地质费用,多列支成本。

(2) 企业建筑面积计算有误。

3. 风险应对方法

(1) 消除风险审阅资料参考:

① 经规划部门审核同意的规划图、规划许可证。

② 立项批准文件。

③ 总平面图。

④ 项目地质报告合同、协议。

⑤ 施工许可证。

⑥ 政府规费收费文件、收费标准。

⑦ 其他相关票据、支付凭证、合同协议。

(2) 具体应对方法及要点:

在企业申报基础上审核确定真实发生的地质费用。

① 到项目现场实地查核、询问,调查和核实相关当事人,了解其真实的地质费用支出情况,剔除不属于清算项目所发生的地质费用。

② 审查与扣除项目核算相关的内部控制是否存在、有效且被一贯遵守;根据与扣除项目有关的内部环境、风险评估、控制活动、信息与沟通、内部监督等内控要素,评价内部控制的设计、运行的有效性,判断是否存在重大漏洞。

③ 审核扣除项目明细表与明细账、总账及有关申报表是否一致;扣除项目金额应当准确地在各扣除项目中分别归集,不得混淆;参照当地税务机关核定的地质费用的单位面积金额标准,验证地质费用支出是否存在异常。

④ 取得相关合同和资料,审核其执行情况和费用支出情况;获取相关合同和资料,比较、分析有关地质费用资料与实际支出是否能够相互印证,验证地质费用是否真实发生,是否存在虚列情形。重点审核金额较大的成本费用,查看原始凭证,确定发票、付款方式、内部报销审核记录等情况,确认成本费用发生的真实性。

⑤ 参照当地地质费用的单位面积金额标准，验证地质费用支出是否存在异常。

⑥ 审查发票、财政票据，审查发票和银行支付记录金额的一致性；对通过现金支付的大额发票，应关注其是否真实合理。

4. 政策依据

前期工程费，包括规划、设计、项目可行性研究和水文、地质、勘察、测绘、“三通一平”等支出。

（摘自《中华人民共和国土地增值税暂行条例实施细则》第七条第二款）

前期工程费的审核，应当包括下列内容：

（一）审核前期工程费的各项实际支出与概（预）算是否存在明显异常。

（二）审核纳税人是否虚列前期工程费，土地开发费用是否按税收规定扣除。

（摘自《土地增值税清算鉴证业务准则》国税发〔2007〕132 号第三十二条）

审核扣除项目是否符合下列要求：

（一）在土地增值税清算中，计算扣除项目金额时，其实际发生的支出应当取得但未取得合法凭据的不得扣除。

（二）扣除项目金额中所归集的各项成本和费用，必须是实际发生的。

（三）扣除项目金额应当准确地在各扣除项目中分别归集，不得混淆。

（四）扣除项目金额中所归集的各项成本和费用必须是在清算项目开发中直接发生的或应当分摊的。

（五）纳税人分期开发项目或者同时开发多个项目的，或者同一项目中建造不同类型房地产的，应按照受益对象，采用合理的分配方法，分摊共同的成本费用。

（六）对同一类事项，应当采取相同的会计政策或处理方法。会计核算与税务处理规定不一致的，以税务处理规定为准。

审核前期工程费、基础设施费时应当重点关注：

（一）前期工程费、基础设施费是否真实发生，是否存在虚列情形。

（二）是否将房地产开发费用记入前期工程费、基础设施费。

（三）多个（或分期）项目共同发生的前期工程费、基础设施费，是否按项目合理分摊。

（摘自《土地增值税清算管理规程》国税发〔2009〕91 号第二十一、二十三条）

七、单位面积勘察费用指标

1. 风险指标描述

（1）指标公式：单位面积勘察费用 = 勘察费用 ÷ 建筑面积。

（2）预警值设置：单位面积勘察费用预警值 = ∑同时期、同区域、同类型房地产项目勘察费用 ÷ ∑同时期、同区域、同类型房地产项目建筑面积，该指标负偏离显示正常，正偏离显示异常。

（3）指标功能：该指标主要用于判断项目是否存在虚列勘察费用的情况；该指标正偏离度越高，风险越大。

2. 风险指标运用

该指标在系统中显示异常，表明存在风险。风险产生原因：

（1）多列支勘察费用：

① 以虚签合同或虚增勘察费用金额，以及开具虚假发票等方法，虚增勘察费用。

② 应分摊的勘察费用未进行合理分摊，或列支非本清算项目勘察费用，多列支成本。

（2）企业建筑面积计算有误。

3. 风险应对方法

（1）消除风险审阅资料参考：

① 经规划部门审核同意的规划图、规划许可证。

② 立项批准文件。

③ 总平面图。

④ 项目勘察合同、协议。

⑤ 施工许可证。

⑥ 政府规费收费文件、收费标准。

⑦ 勘察报告。

⑧ 其他相关票据、支付凭证、合同协议。

（2）具体应对方法及要点：

在企业申报基础上审核确定真实发生的勘察费用。

① 到项目现场实地查核、询问，调查和核实相关当事人，了解其真实的勘察费用支出情况，剔除不属于清算项目所发生的勘察费用。

② 审查与扣除项目核算相关的内部控制是否存在、有效且被一贯遵守；根据与扣除项目有关的内部环境、风险评估、控制活动、信息与沟通、内部监督等内控要素，评价内部控制的设计、运行的有效性，判断是否存在重大漏洞。

③ 审核扣除项目明细表与明细账、总账及有关申报表是否一致；扣除项目金额应当准确地在各扣除项目中分别归集，不得混淆；参照当地税务机关核定的勘察费用的单位面积金额标准，验证勘察费用支出是否存在异常。

④ 取得相关合同和资料，审核其执行情况和费用支出情况；获取相关合同和资料，比较、分析有关勘察费用资料与实际支出是否能够相互印证，验证勘察费用是否真实发生，是否存在虚列情形。重点审核金额较大的成本费用，查看原始凭证，确定发票、付款方式、内部报销审核记录等情况，确认成本费用发生的真实性。

⑤ 针对费用支出与相关合同资料金额差异较大、大额现金支出等情形的扣除项目风险疑点，审查扣除项目列支的真实性，必要时，引入行业专家对扣除项目进行审核。

⑥ 审查发票、财政票据，审查发票和银行支付记录金额的一致性；对通过现金支付的大额发票，应关注其是否真实合理。

4. **政策依据**

前期工程费，包括规划、设计、项目可行性研究和水文、地质、勘察、测绘、“三通一平”等支出。

（摘自《中华人民共和国土地增值税暂行条例实施细则》第七条第二款）

前期工程费的审核，应当包括下列内容：

（一）审核前期工程费的各项实际支出与概（预）算是否存在明显异常。

（二）审核纳税人是否虚列前期工程费，土地开发费用是否按税收规定扣除。

（摘自《土地增值税清算鉴证业务准则》国税发〔2007〕132 号第三十二条）

审核扣除项目是否符合下列要求：

（一）在土地增值税清算中，计算扣除项目金额时，其实际发生的支出应当取得但未取得合法凭据的不得扣除。

（二）扣除项目金额中所归集的各项成本和费用，必须是实际发生的。

（三）扣除项目金额应当准确地在各扣除项目中分别归集，不得混淆。

（四）扣除项目金额中所归集的各项成本和费用必须是在清算项目开发中直接发生的或应当分摊的。

（五）纳税人分期开发项目或者同时开发多个项目的，或者同一项目中建造不同类型房地产的，应按照受益对象，采用合理的分配方法，分摊共同的成本费用。

（六）对同一类事项，应当采取相同的会计政策或处理方法。会计核算与税务处理规定不一致的，以税务处理规定为准。

审核前期工程费、基础设施费时应当重点关注：

（一）前期工程费、基础设施费是否真实发生，是否存在虚列情形。

（二）是否将房地产开发费用记入前期工程费、基础设施费。

（三）多个（或分期）项目共同发生的前期工程费、基础设施费，是否按项目合理分摊。

（摘自《土地增值税清算管理规程》国税发〔2009〕91 号第二十一、二十三条）

八、单位面积测绘费用指标

1．风险指标描述

（1）指标公式：单位面积测绘费用 = 测绘费用 ÷ 建筑面积。

（2）预警值设置：单位面积测绘费用预警值 = Σ同时期、同区域、同类型房地产项目测绘费用 ÷ Σ同时期、同区域、同类型房地产项目建筑面积，该指标负偏离显示正常，正偏离显示异常。

（3）指标功能：该指标主要用于判断项目是否存在虚列测绘费用的情况，有无将其他项目的测绘费用列入本项目；该指标正偏离度越高，风险越大。

2．风险指标运用

该指标在系统中显示异常，表明存在风险。风险产生原因：

（1）多列支测绘费用：

① 以虚签合同或虚增测绘费用金额，以及开具虚假发票等方法，虚增测绘费用。

② 应分摊的测绘费用未进行合理分摊，或列支非本清算项目测绘费用，多列支成本。

（2）企业建筑面积计算有误。

3. **风险应对方法**

(1) 消除风险审阅资料参考：

① 经规划部门审核同意的规划图、规划许可证。

② 立项批准文件。

③ 总平面图。

④ 项目测绘合同、协议。

⑤ 施工许可证。

⑥ 政府规费收费文件、收费标准。

⑦ 测绘报告。

⑧ 其他相关票据、支付凭证、合同协议。

(2) 具体应对方法及要点：

在企业申报基础上审核确定真实发生的测绘费用。

① 到项目现场实地查核、询问，调查和核实相关当事人，了解其真实的测绘费用支出情况，剔除不属于清算项目所发生的测绘费用。

② 审查与扣除项目核算相关的内部控制是否存在、有效且被一贯遵守；根据与扣除项目有关的内部环境、风险评估、控制活动、信息与沟通、内部监督等内控要素，评价内部控制的设计、运行的有效性，判断是否存在重大漏洞。

③ 审核立项批复、工程规划许可证时间。测绘费一般发生在工程规划许可证下发之前，因此应特别注意对票据取得时间的审核，对建筑规划许可证下发后发生的测绘费，查看测绘费用是否真实存在。

④ 取得相关合同和资料，审核其执行情况和费用支出情况，比较、分析有关测绘费用资料与实际支出是否能够相互印证，验证规划费用是否真实发生，是否存在虚列情形。对照合同、协议，查看原始凭证、付款方式，从中发现异常；参照当地测绘费用的单位面积金额标准，验证测绘费用支出是否存在异常。常州市的地质勘察、测绘费参考标准为 5 元/m^2。

⑤ 审查发票、财政票据，审查发票和银行支付记录金额的一致性；对通过现金支付的大额发票，应关注其是否真实合理。

1) 可根据收款方的性质、支付款项的内容来判断鉴别凭据的合法有效性：其一，如对方单位是经营性企业，就必须提供税务局监制的发票；其二，如对方是行政机关或是政府行业管理机构，收取的是相关政府性规费，须提供省级财政部门监制的行政事业性收费收据。

2) 可查看相关合同，确认合同工程费用造价，关注合同中明确的前期工程款、材料费及单位用量等，来查验票据的真伪及开票方与领票方是否一致。

3) 对真伪不确定的发票，通过发票查询系统查询。

4）超过一定金额的可疑发票，可查阅银行对账单，确认是否实际支付。对通过现金支付的大额发票，应关注其是否真实合理。

4．政策依据

前期工程费，包括规划、设计、项目可行性研究和水文、地质、勘察、测绘、“三通一平”等支出。

（摘自《中华人民共和国土地增值税暂行条例实施细则》第七条第二款）

前期工程费的审核，应当包括下列内容：

（一）审核前期工程费的各项实际支出与概（预）算是否存在明显异常。

（二）审核纳税人是否虚列前期工程费，土地开发费用是否按税收规定扣除。

（摘自《土地增值税清算鉴证业务准则》国税发〔2007〕132号第三十二条）

审核扣除项目是否符合下列要求：

（一）在土地增值税清算中，计算扣除项目金额时，其实际发生的支出应当取得但未取得合法凭据的不得扣除。

（二）扣除项目金额中所归集的各项成本和费用，必须是实际发生的。

（三）扣除项目金额应当准确地在各扣除项目中分别归集，不得混淆。

（四）扣除项目金额中所归集的各项成本和费用必须是在清算项目开发中直接发生的或应当分摊的。

（五）纳税人分期开发项目或者同时开发多个项目的，或者同一项目中建造不同类型房地产的，应按照受益对象，采用合理的分配方法，分摊共同的成本费用。

（六）对同一类事项，应当采取相同的会计政策或处理方法。会计核算与税务处理规定不一致的，以税务处理规定为准。

审核前期工程费、基础设施费时应当重点关注：

（一）前期工程费、基础设施费是否真实发生，是否存在虚列情形。

（二）是否将房地产开发费用记入前期工程费、基础设施费。

（三）多个（或分期）项目共同发生的前期工程费、基础设施费，是否按项目合理分摊。

（摘自《土地增值税清算管理规程》国税发〔2009〕91 号第二十一、二十三条）

九、“三通一平”支出指标

（一）单位面积“三通一平”支出

1. 风险指标描述

（1）指标公式：单位面积“三通一平”支出 =“三通一平”支出 ÷ 建筑面积。

（2）预警值设置：单位面积“三通一平”支出预警值 = Σ同时期、同区域、同类型房地产项目“三通一平”支出 ÷ Σ同时期、同区域、同类型房地产项目建筑面积，该指标负偏离显示正常，正偏离显示异常。

（3）指标功能：该指标主要用于判断项目是否存在虚列“三通一平”支出的情况；该指标正偏离度越高，风险越大。

2. 风险指标运用

该指标在系统中显示异常，表明存在风险。风险产生原因：

（1）多列支“三通一平”支出：

① 以虚签合同或虚增“三通一平”支出金额，以及开具虚假发票等方法，虚增“三通一平”支出。

② 应分摊的“三通一平”支出未进行合理分摊，或列支非本清算项目“三通一平”支出，多列支成本。

③ 将房地产开发费用等其他成本费用记入“三通一平”支出。

（2）企业建筑面积计算有误。

（二）“三通一平”支出前期占比指标

1. 风险指标描述

（1）指标公式：“三通一平”支出前期占比 =“三通一平”支出 ÷ 前期工程费。

（2）预警值设置：“三通一平”支出前期占比预警值 = Σ同时期、同区域、同类型房地产项目“三通一平”支出 ÷ Σ同时期、同区域、同类型房地产项目前期工程费，该指标负偏离显示正常，正偏离显示异常。

（3）指标功能：该指标主要用于判断项目是否存在虚列“三通一平”支出的情况；该指标正偏离度越高，风险越大。

2. **风险指标运用**

该指标在系统中显示异常，表明存在风险。风险产生原因：

（1）多列支“三通一平”支出：

① 以虚签合同或虚增“三通一平”支出金额，以及开具虚假发票等方法，虚增“三通一平”支出。

② 应分摊的“三通一平”支出未进行合理分摊，或列支非本清算项目“三通一平”支出，多列支成本。

③ 将房地产开发费用等其他成本费用记入“三通一平”支出。

（2）多列支前期工程费。

（三）“三通一平”支出指标风险应对方法

1. **消除风险审阅资料参考**

（1）经规划部门审核同意的规划图、规划许可证。

（2）立项批准文件。

（3）总平面图。

（4）项目概（预）算资料、决算报告、工程造价审计资料、建造合同。

（5）施工许可证。

（6）政府规费收费文件、收费标准。

（7）其他相关票据、支付凭证、合同协议。

2. **具体应对方法及要点**

在企业申报基础上审核确定真实发生的“三通一平”工程支出。

（1）到项目现场实地查核、询问，调查和核实相关当事人，了解其真实的“三通一平”支出情况，剔除不属于清算项目所发生的“三通一平”支出。

（2）审查与扣除项目核算相关的内部控制是否存在、有效且被一贯遵守；根据与扣除项目有关的内部环境、风险评估、控制活动、信息与沟通、内部监督等内控要素，评价内部控制的设计、运行的有效性，判断是否存在重大漏洞。

（3）审核建设工程施工许可证时间。“三通一平”支出一般发生在建设工程施工许可证下发之前，因此应特别注意对票据取得时间的审核，对建设工程施工许可证下发后发生的“三通一平”支出，查看对应的“三通一平”支出是否真实存在。

（4）取得相关合同和资料，审核其执行情况和费用支出情况，比较、分析“三通一平”支出资料与实际支出是否能够相互印证，验证“三通一平”支出是否真实发生，是否存在虚列情形。对照合同、协议，查看原始凭证、付款方式，从中发现异常。这里要说明的是，如果纳税人取得的是已经进行了土地开发的“熟地”，即已经过“三通一平”，则这部分支出已体现在纳税人取得土地使用权所支付的金额中，这部分前期工程费在纳税人的房地产开发成本中就不允许再扣除。

（5）审查发票、财政票据，审查发票和银行支付记录金额的一致性；对通过现金支付的大额发票，应关注其是否真实合理。

① 可根据收款方的性质、支付款项的内容来判断鉴别凭据的合法有效性：1）如对方单位是经营性企业，就必须提供税务局监制的发票；2）如对方是行政机关或是政府行业管理机构，收取的是相关政府性规费，须提供省级财政部门监制的行政事业性收费收据。

② 可查看相关合同，确认合同工程费用造价，关注合同中明确的前期工程款、材料费及单位用量等，来查验票据的真伪及开票方与领票方是否一致。

③ 对真伪不确定的发票，通过发票查询系统查询。

④ 超过一定金额的可疑发票，可查阅银行对账单，确认是否实际支付。对通过现金支付的大额发票，应关注其是否真实合理。

（四）政策依据

前期工程费，包括规划、设计、项目可行性研究和水文、地质、勘察、测绘、“三通一平”等支出。

（摘自《中华人民共和国土地增值税暂行条例实施细则》第七条第二款）

第三十二条　前期工程费的审核，应当包括下列内容：

（一）审核前期工程费的各项实际支出与概（预）算是否存在明显异常。

（二）审核纳税人是否虚列前期工程费，土地开发费用是否按税收规定扣除。

（摘自《土地增值税清算鉴证业务准则》国税发〔2007〕132 号第三十二条）

第二十一条　审核扣除项目是否符合下列要求：

（一）在土地增值税清算中，计算扣除项目金额时，其实际发生的支出应当取得但未取得合法凭据的不得扣除。

（二）扣除项目金额中所归集的各项成本和费用，必须是实际发生的。

（三）扣除项目金额应当准确地在各扣除项目中分别归集，不得混淆。

（四）扣除项目金额中所归集的各项成本和费用必须是在清算项目开发中直接发生的或应当分摊的。

（五）纳税人分期开发项目或者同时开发多个项目的，或者同一项目中建造不同类型房地产的，应按照受益对象，采用合理的分配方法，分摊共同的成本费用。

（六）对同一类事项，应当采取相同的会计政策或处理方法。会计核算与税务处理规定不一致的，以税务处理规定为准。

第二十三条　审核前期工程费、基础设施费时应当重点关注：

（一）前期工程费、基础设施费是否真实发生，是否存在虚列情形。

（二）是否将房地产开发费用记入前期工程费、基础设施费。

（三）多个（或分期）项目共同发生的前期工程费、基础设施费，是否按项目合理分摊。

（摘自《土地增值税清算管理规程》国税发〔2009〕91号第二十一、二十三条）

第七节　建筑安装工程费类清算风险指标应对方法及要求

一、建筑安装工程费指标

（一）单位面积建筑安装工程费指标

1. 风险指标描述

（1）指标公式：单位面积建筑安装工程费＝建筑安装工程费÷建筑面积。

（2）预警值设置：单位面积建筑安装工程费预警值＝∑同时期、同区域、同类型房地产项目建筑安装工程费÷∑同时期、同区域、同类型房地产项目建筑面积，该指标负偏离显示正常，正偏离显示异常。

（3）指标功能：单位面积建筑安装工程费风险指标用于判断该项目建筑安装工程费支出是否偏高；该指标正偏离度越高，风险越大。

2. 风险指标运用

该指标在系统中显示异常，表明存在风险。风险产生原因：

（1）通过虚签合同，虚构建筑安装成本项目或虚增建筑安装工程合同金额，达到增加建筑安装工程费扣除金额的目的。

（2）通过虚列、重复列支甲供材增加建筑安装成本。

（3）虚构没有实际发生的业务，开具虚假发票，虚增成本。

（4）存在通过变更合同虚增建筑安装成本的情况。

（5）将售楼处等项目的营销设施费用计入建筑安装成本。

（6）精装修房通过虚列装修费用增加装饰成本。

（7）分期开发的，利用滚动开发项目故意混淆前后项目之间的建筑安装成本，提前列支建筑安装成本支出。

（8）开发多个项目的，对不属于本期清算项目的建筑安装工程费，未予以剔除。

（9）同一项目中建造不同类型房地产的，未按照受益对象，采用合理的分配方法，分摊共同的建筑安装成本。

（10）成本归集错误，混淆成本归集方向，企业将正在开发的未完工项目的成本费用计入已经决算的项目，加大已完工项目成本费用。

（11）部分房地产开发企业建筑面积可能计算有误。

（二）建筑安装工程费成本占比指标

1. 风险指标描述

（1）指标公式：建筑安装工程费成本占比 = 已售建筑安装工程费 ÷ 已售房地产开发成本。

（2）预警值设置：建筑安装工程费成本占比预警值 = ∑同时期、同区域、同类型房地产项目已售建筑安装工程费 ÷ ∑同时期、同区域、同类型房地产项目已售房地产开发成本，该指标负偏离显示正常，正偏离显示异常。

（3）指标功能：建筑安装工程费成本占比风险指标用于判断该项目建筑安装工程费支出是否偏高；该指标正偏离度越高，风险越大。

2. 风险指标运用

该指标在系统中显示异常，表明存在风险。风险产生的原因可能是：

（1）通过虚签合同，虚构建筑安装成本项目或虚增建筑安装工程合同金额，达到增加建筑安装工程费扣除金额的目的。

（2）通过虚列、重复列支甲供材增加建筑安装成本。

（3）虚构没有实际发生的业务，开具虚假发票，虚增成本。

（4）存在通过变更合同虚增建筑安装成本的情况。

（5）将售楼处等项目的营销设施费用计入建筑安装成本。

（6）精装修房通过虚列装修费用增加装饰成本。

（7）分期开发的，利用滚动开发项目故意混淆前后项目之间的建筑安装成本，提前列支建筑安装成本支出。

（8）开发多个项目的，对不属于本期清算项目的建筑安装工程费，未予以剔除。

(9) 同一项目中建造不同类型房地产的,未按照受益对象,采用合理的分配方法,分摊共同的建筑安装成本。

(10) 成本归集错误,混淆成本归集方向,企业将正在开发的未完工项目的成本费用计入已经决算的项目,加大已完工项目成本费用。

(11) 虚构开发成本项目,通过虚增某一项成本金额或虚构某一成本项目来达到虚增开发成本的目的。

(12) 多预提施工费用,虚增开发成本,或提前列支成本支出。

(13) 在结转成本时,虚增销售面积,多分摊开发成本。

(三) 建筑安装工程费收入比指标

1. 风险指标描述

(1) 指标公式:建筑安装工程费收入比 = 已售建筑安装工程费 ÷ 转让房地产收入总额。

(2) 预警值设置:建筑安装工程费收入比预警值 = ∑同时期、同区域、同类型房地产项目已售建筑安装工程费 ÷ ∑同时期、同区域、同类型房地产项目转让房地产收入总额,该指标负偏离显示正常,正偏离显示异常。

(3) 指标功能:建筑安装工程费收入比风险指标用于判断该项目建筑安装工程费支出是否偏高;该指标正偏离度越高,风险越大。

2. 风险指标运用

该指标在系统中显示异常,表明存在风险。风险产生原因:

(1) 通过虚签合同,虚构建筑安装成本项目或虚增建筑安装工程合同金额,达到增加建筑安装工程费扣除金额的目的。

(2) 通过虚列、重复列支甲供材增加建筑安装成本。

(3) 虚构没有实际发生的业务,开具虚假发票,虚增成本。

(4) 存在通过变更合同虚增建筑安装成本的情况。

(5) 将售楼处等项目的营销设施费用计入建筑安装成本。

(6) 精装修房通过虚列装修费用增加装饰成本。

(7) 分期开发的,利用滚动开发项目故意混淆前后项目之间的建筑安装成本,提前列支建筑安装成本支出。

(8) 开发多个项目的,对不属于本期清算项目的建筑安装工程费,未予以剔除。

(9) 同一项目中建造不同类型房地产的,未按照受益对象,采用合理的分配方法,分摊共同的建筑安装成本。

(10) 成本归集错误,混淆成本归集方向,企业将正在开发的未完工项目的成本费用计入已经决算的项目，加大已完工项目成本费用。

（11）部分房地产开发企业将预收购房款、售房款挂在往来账上，或隐匿收入，或不做、不及时做账务处理。

（12）部分房地产开发企业以房抵工程款、抵广告费、抵银行贷款，以动迁补偿费抵顶购房款等业务，不计收入。

（13）部分房地产开发企业采取特殊销售形式少记收入，如售后返租等方式。

（14）部分房地产开发企业以明显偏低的价格将商品房销售给本公司股东或关联企业及个人。

（15）部分房地产开发企业分解售房款收入，将部分款项开具收款收据，隐匿收入。

（四）建筑安装工程费指标风险应对方法

1. 消除风险审阅资料参考

（1）工程招标文件、投标书、工程施工合同等。

（2）可扣除建筑安装工程费明细表。

（3）建筑安装工程费造价申报明细表。

（4）建筑安装工程项目甲供材料明细分摊表。

（5）甲供材领用明细、发票。

（6）施工图审查意见书、预（决）算书、审定单、结算单、签证合同等。

（7）与清算项目有关的建筑安装发票、建筑安装工程费支付凭据。

（8）资产负债表和其他税务机关需要的资料。

（9）涉及项目分摊的，须提供分摊的依据、标准和计算方法。

（10）项目总平面图、房屋测绘报告、产权证，从中可以得知项目的规模及建筑面积等情况。

（11）商品房预销售证，该证可以用来确认项目可售房源的户数，与房源表中的户数进行核对。

（12）房源表，包括幢号、单元号、房号、买受人、合同号、合同签订日期、合同面积、测绘面积、单价、合同金额、已收款金额、转收入年度。

（13）销售合同，可获取部分合同与房源表中的面积、单价、合同总金额核对，同时可以确定结转营业收入的时点。

（14）测绘报告，获取该表可以用来核对房源表中测绘面积的正确性。

（15）大产权证（产权清册）、公建配套表，主要是用来确定测绘报告里面总建筑面积中的可售面积。

2. 具体应对方法及要点

在企业申报基础上审核确定真实发生的建筑安装工程费。

(1) 进行"实地查验",到施工现场了解其真实建筑安装工程开发情况。

(2) 审核企业内控制度,审查与成本核算相关的内部控制是否存在、有效且被一贯遵守;根据有关的内部环境、风险评估、控制活动、信息与沟通、内部监督等内控要素,评价内部控制的设计、运行的有效性,判断是否存在重大漏洞。

(3) 审核发生的建筑安装费用是否与决算报告、审计报告、工程结算报告、工程施工合同记载的内容相符。

(4) 采用出包方式的,重点审核完工决算成本金额与工作概(预)算成本金额是否存在明显异常。当二者差异较大时,一方面从合同管理部门获取施工单位与开发商签订的施工合同,并与相关账目进行核对,必要时向建筑监理公司取证;另一方面审核纳税人是否存在利用关联方承包或分包工程,增加或减少建筑安装成本造价的情形。

(5) 采用自营方式的,重点审核施工所发生的人工费、材料费、机械使用费、其他直接费和管理费支出是否取得合法有效凭证,是否按规定进行会计处理和税务处理,关注有无虚列、多列施工人工费、材料费、机械使用费等情况。

(6) 归集整理开发企业提供的成本资料,将合同金额、竣工决算金额与开发企业账面归集的建筑工程费用发票金额加以比对;结合合同、预决算资料、(甲方、乙方、监理方、设计方、建设主管部门)共同签字确认的记录和施工图纸等确认业务发生的真实性和金额的准确性;审核付款方式(追踪资金流向)。

(7) 特别关注是否存在多列支甲供材情况。可审核查看建筑安装工程合同中的工程名称和内容、《工程决(结)算书》中的工程明细、工程审定单的工程内容明细、工程项目甲供材料明细分摊表中各甲供材对应的工程项目。

(8) 关注是否存在大额现金支付的现象,审核发票和银行支付记录金额的一致性;确定大额现金支付业务是否真实发生。

(9) 对于房地产企业存在多个项目同时开发的,应着重划分清算项目的建筑安装工程费与其他项目的建筑安装工程费,对不属于清算项目的建筑安装工程费,应予以剔除。

(10) 对存在多个项目成本混合的,审核是否以合理的方法进行分摊以及分摊是否正确。

(11) 审核企业是否按要求归集建筑安装工程费,有无将前期工程费、基础设施费、公共配套设施费错误归集到建筑安装工程费目录下并重复扣除。

(12) 若存在变更合同的,重点审核合同的真实性以及金额的准确性。在审核中发现施工过程中涉及施工图纸或施工要求变更,使得建筑成本增加的,应提供由甲方、乙方、监理方、设计方、建设主管部门共同签字确认的记录和施工图纸，根据决算报告审核成本的真实性。查看向相关单位所付总款项与开票金额（剔除质量保证金）是否一致，对应付施工、供货单位款项长期挂账的应作为延伸审核的重点单位，通过延伸审核弄清有无开发商要求施工、供货单位虚开发票，导致“应付”工程款项长期挂账的问题。

（13）房地产开发企业在工程竣工验收后，根据合同约定，扣留建筑安装施工企业一定比例工程款，作为开发项目的质量保证金的，应当关注其是否开具发票，未开具发票的，扣留的质保金不得计算扣除。

（14）参照当地当期同类房地产开发项目单位平均建筑安装成本或当地建设部门公布的单位定额成本，验证建筑安装工程费支出是否存在异常，对超出一定幅度的，要求企业合理解释并提供依据，无正当理由的，按建设部门公布的单位定额成本标准核定企业的建筑安装成本。

（15）正确划分预售收入与销售收入，防止其影响清算数据的准确性，对销售合同所载商品房面积与有关部门实际测量面积不一致，而发生补、退房款的收入调整情况进行审核。

（16）对价格明显偏低的疑点指标，应重点进行审核，必要时可利用综合评税技术（市场价格法）或者利用专家的工作对销售价格进行评估；对纳税人转让房地产无法提供收入资料或提供收入资料不实造成成交价格明显偏低的，主管地方税务机关可进行核定。

（17）通过实地查验审查清算项目的收入总额，确认有无少计、漏计收入事项；有无将开发产品用于职工福利、奖励、对外投资、分配给股东或投资人、抵偿债务、换取其他单位和个人的非货币性资产等情况，此应在开发产品所有权转移时视同销售作收入。

（18）审查销售退回、销售折扣与折让业务是否真实发生、内容完整、手续合法，金额计算与会计处理是否正确；对销售退回业务应根据退回合同、收款单证、退款单证、产权证等证据，确认销售退回的真实性；重点关注关联方销售折扣与折让是否合理。

（19）审核是否将预收购房款、售房款挂在往来账上，或隐匿收入，或不做、不及时做账务处理。将商品房销（预）售许可证、物价部门核价批复、网上签约备案、房产部门房屋测绘面积、销售合同及合同登记簿和销售发票存根等资料，并结合售楼处现场销控表勘查情况，判定其是否存在未完全确认收入的情况。

（20）审核是否分解售房款收入，将部分款项开具收款收据，隐匿收入。（大单客户）查看销控表有无明显低价，将销控表与物价部门批复核对是否偏低（一房一价）。

(21) 审核是否无正当理由,以明显偏低的价格将商品房销售给本公司股东或关联企业及个人。按股东、高层姓名搜索销控表看价格情况,将销控表与物价部门批复核对看是否偏低。

(22) 审核售后返租业务,是否以冲减租金后实际收取的款项计收入。查看营销手册、售房合同,重点关注其后的补充协议或者经营合同。

(23) 审核是否以房抵工程款、抵广告费、抵银行贷款,以动迁补偿费抵顶购房款等业务,不计收入。核实预售证、测绘报告面积,查看有无应作收入未作收入的情况及应付账款"虚挂"大额余额的情况,必要时实地查看房产使用情况。

(24) 审核收到的购房人违约支付的违约金、滞纳金是否计入清算收入。检查"营业外收入"等科目。

(25) 特殊销售形式少记收入。特别注意,视同买断方式销售开发产品的、包销方式委托销售开发产品的、采取基价(保底价)并实行超基价双方分成方式委托销售开发产品的可能会少记收入。查看开发企业与受托销售方的合同内容,查看开发企业、受托销售方、购买方的合同,查看受托方已销开发产品清单,查看开发企业与受托销售方的货款结算。

(26) 发票审核:

① 建筑安装发票是否在项目所在地税务机关开具。

② 可根据收款方的性质、支付款项的内容来判断鉴别凭据的合法有效性:1) 如对方单位是经营性企业,就必须提供税务局监制的发票;2) 如对方是行政机关或是政府行业管理机构,收取的是相关政府性规费,须提供省级财政部门监制的行政事业性收费收据。

③ 可查看相关合同,确认合同工程造价,关注合同中明确的建筑工程款、材料费及单位用量等,来查验票据的真伪及开票方与领票方是否一致。

④ 对真伪不确定的发票,通过发票查询系统查询。

⑤ 超过一定金额的可疑发票,可查阅银行对账单,确认是否实际支付。对通过现金支付的大额发票,应关注其是否真实合理。

⑥ 开具的收入发票是否真实以及金额是否准确。

(五) 政策依据

建筑安装工程费,是指以出包方式支付给承包单位的建筑安装工程费,以自营方式发生的建筑安装工程费。

(摘自《中华人民共和国土地增值税暂行条例实施细则》第七条第二款)

房地产开发企业办理土地增值税清算时计算与清算项目有关的扣除项目金额，应根据土地增值税暂行条例第六条及其实施细则第七条的规定执行。除另有规定外，扣除房地产开发成本、费用，须提供合法有效凭证；不能提供合法有效凭证的，不予扣除。

（摘自《国家税务总局关于房地产开发企业土地增值税清算管理有关问题的通知》国税发〔2006〕187 号第四条第一款）

房地产开发企业办理土地增值税清算所附送的前期工程费、建筑安装工程费、基础设施费、开发间接费用的凭证或资料不符合清算要求或不实的，地方税务机关可参照当地建设工程造价管理部门公布的建安造价定额资料，结合房屋结构、用途、区位等因素，核定上述四项开发成本的单位面积金额标准，并据以计算扣除。具体核定方法由省税务机关确定。

（摘自《国家税务总局关于房地产开发企业土地增值税清算管理有关问题的通知》国税发〔2006〕187 号第四条第二款）

房地产开发企业未支付的质量保证金，其扣除项目金额的确定问题。

房地产开发企业在工程竣工验收后，根据合同约定，扣留建筑安装施工企业一定比例的工程款，作为开发项目的质量保证金，在计算土地增值税时，建筑安装施工企业就质量保证金对房地产开发企业开具发票的，按发票所载金额予以扣除；未开具发票的，扣留的质保金不得计算扣除。

（摘自《国家税务总局关于土地增值税清算有关问题的通知》国税函〔2010〕220 号第二条）

审核扣除项目是否符合下列要求：

1. 在土地增值税清算中，计算扣除项目金额时，其实际发生的支出应当取得但未取得合法凭据的不得扣除。

2. 扣除项目金额中所归集的各项成本和费用，必须是实际发生的。

3. 扣除项目金额应当准确地在各扣除项目中分别归集，不得混淆。

4. 扣除项目金额中所归集的各项成本和费用必须是在清算项目开发中直接发生的或应当分摊的。

5. 纳税人分期开发项目或者同时开发多个项目的，或者同一项目中建造不同类型房地产的，应按照受益对象，采用合理的分配方法，分摊共同的成本费用。

6. 对同一类事项，应当采取相同的会计政策或处理方法。会计核算与税务处理规定不一致的，以税务处理规定为准。

（摘自《土地增值税清算管理规程》国税发〔2009〕91号第二十一条）

审核建筑安装工程费时应当重点关注：

1. 发生的费用是否与决算报告、审计报告、工程结算报告、工程施工合同记载的内容相符。

2. 房地产开发企业自购建筑材料时，自购建材费用是否重复计算扣除项目。

3. 参照当地当期同类开发项目单位平均建安成本或当地建设部门公布的单位定额成本，验证建筑安装工程费支出是否存在异常。

4. 房地产开发企业采用自营方式自行施工建设的，还应当关注有无虚列、多列施工人工费、材料费、机械使用费等情况。

5. 建筑安装发票是否在项目所在地税务机关开具。

（摘自《土地增值税清算管理规程》国税发〔2009〕91号第二十五条）

审核收入情况时，应结合销售发票、销售合同（含房管部门网上备案登记资料）、商品房销售（预售）许可证、房产销售分户明细表及其他有关资料，重点审核销售明细表、房地产销售面积与项目可售面积的数据关联性，以核实计税收入；对销售合同所载商品房面积与有关部门实际测量面积不一致，而发生补、退房款的收入调整情况进行审核；对销售价格进行评估，审核有无价格明显偏低情况。必要时，主管税务机关可通过实地查验，确认有无少计、漏计事项，确认有无将开发产品用于职工福利、奖励、对外投资、分配给股东或投资人、抵偿债务、换取其他单位和个人的非货币性资产等情况。

（摘自《土地增值税清算管理规程》国税发〔2009〕91号第十八条）

非直接销售和自用房地产的收入确定：

（一）房地产开发企业将开发产品用于职工福利、奖励、对外投资、分配给股东或投资人、抵偿债务、换取其他单位和个人的非货币性资产等，发生所有权转移时应视同销售房地产，其收入按下列方法和顺序确认：

1. 按本企业在同一地区、同一年度销售的同类房地产的平均价格确定；

2. 由主管税务机关参照当地当年、同类房地产的市场价格或评估价值确定。

（二）房地产开发企业将开发的部分房地产转为企业自用或用于出租等商业用途时，如果产权未发生转移，不征收土地增值税，在税款清算时不列收入，不扣除相应的成本和费用。

（摘自《土地增值税清算管理规程》国税发〔2009〕91 号第十九条）

土地增值税清算时，已全额开具商品房销售发票的，按照发票所载金额确认收入；未开具发票或未全额开具发票的，以交易双方签订的销售合同所载的售房金额及其他收益确认收入。销售合同所载商品房面积与有关部门实际测量面积不一致，在清算前已发生补、退房款的，应在计算土地增值税时予以调整。

（摘自《土地增值税清算管理规程》国税函〔2010〕220 号第一条）

二、基本造价指标

（一）单位面积基本造价指标

1. 风险指标描述

（1）指标公式：单位面积基本造价 = 基本造价金额 ÷ 建筑面积。

（2）预警值设置：单位面积基本造价预警值 = Σ同时期、同区域、同类型房地产项目基本造价金额 ÷ Σ同时期、同区域、同类型房地产项目建筑面积，该指标负偏离显示正常，正偏离显示异常。

（3）指标功能：单位面积基本造价风险指标用于判断该项目单位面积基本造价是否偏高；该指标正偏离度越高，风险越大。

2. 风险指标运用

该指标在系统中显示异常，表明存在风险。风险产生原因：

（1）通过虚签合同，虚构建筑造价成本项目或虚增建筑造价工程合同金额，达到增加建筑造价工程费扣除金额的目的。

（2）虚构没有实际发生的业务，开具虚假发票，虚增成本。

（3）存在通过变更合同虚增建筑造价成本的情况。

（4）成本归集错误，混淆成本归集方向，把不属于建筑造价工程的成本列入。

（5）发生的造价成本与决算报告、审计报告、工程结算报告、工程施工合同记载的内容不相符。

(6) 房地产开发企业自购建筑材料时，自购建材费用重复计算造价扣除项目。

(7) 房地产开发企业采用自营方式自行施工建设的，通过虚列、多列施工人工费、材料费、机械使用费等来增加造价成本。

(8) 建筑面积计算可能存在错误。

(9) 多个项目分期开发的，对不属于本期清算项目的建筑安装工程费，未予以剔除。

(10) 对多个项目成本混合的，未按合理的方法分摊。

(二) 多层砖混单位面积基本造价指标

1. 风险指标描述

(1) 指标公式：多层砖混单位面积基本造价 = 确认申报造价金额 ÷ 建筑面积。

(2) 预警值设置：多层砖混单位面积基本造价预警值 = Σ同时期、同区域、同类型房地产项目确认申报造价金额 ÷ Σ同时期、同区域、同类型房地产项目建筑面积，该指标负偏离显示正常，正偏离显示异常。

(3) 指标功能：多层砖混单位面积基本造价指标用于判断该项目多层砖混单位面积基本造价是否偏高；该指标正偏离度越高，风险越大。

2. 风险指标运用

该指标在系统中显示异常，表明存在风险。风险产生原因：

(1) 通过虚签合同，虚构建筑造价成本项目或虚增建筑造价工程合同金额，达到增加建筑造价工程费扣除金额的目的。

(2) 虚构没有实际发生的业务，开具虚假发票，虚增成本。

(3) 存在通过变更合同虚增建筑造价成本的情况。

(4) 成本归集错误，混淆成本归集方向，把不属于建筑造价工程的成本列入。

(5) 发生的造价成本与决算报告、审计报告、工程结算报告、工程施工合同记载的内容不相符。

(6) 房地产开发企业自购建筑材料时，自购建材费用重复计算造价扣除项目。

(7) 房地产开发企业采用自营方式自行施工建设的，通过虚列、多列施工人工费、材料费、机械使用费等来增加造价成本。

（三）多层框架单位面积基本造价指标

1. 风险指标描述

（1）指标公式：多层框架单位面积基本造价 = 确认申报造价金额 ÷ 建筑面积。

（2）预警值设置：多层框架单位面积基本造价预警值 = ∑同时期、同区域、同类型房地产项目确认申报造价金额 ÷ ∑同时期、同区域、同类型房地产项目建筑面积，该指标负偏离显示正常，正偏离显示异常。

（3）多层框架单位面积基本造价指标用于判断该项目多层框架单位面积基本造价是否偏高；该指标正偏离度越高，风险越大。

2. 风险指标运用

该指标在系统中显示异常，表明存在风险。风险产生原因：

（1）通过虚签合同，虚构建筑造价成本项目或虚增建筑造价工程合同金额，达到增加建筑造价工程费扣除金额的目的。

（2）虚构没有实际发生的业务，开具虚假发票，虚增成本。

（3）存在通过变更合同虚增建筑造价成本的情况。

（4）成本归集错误，混淆成本归集方向，把不属于建筑造价工程的成本列入。

（5）发生的造价成本与决算报告、审计报告、工程结算报告、工程施工合同记载的内容不相符。

（6）房地产开发企业自购建筑材料时，自购建材费用重复计算造价扣除项目。

（7）房地产开发企业采用自营方式自行施工建设的，通过虚列、多列施工人工费、材料费、机械使用费等来增加造价成本。

（四）高层框架（14 层以下）单位面积基本造价指标

1. 风险指标描述

（1）指标公式：高层框架（14 层以下）单位面积基本造价 = 基本造价金额 ÷ 建筑面积。

（2）预警值设置：高层框架（14 层以下）单位面积基本造价预警值 = ∑同时期、同区域、同类型房地产项目基本造价金额 ÷ ∑同时期、同区域、同类型房地产项目建筑面积，该指标负偏离显示正常，正偏离显示异常。

（3）指标功能：高层框架（14 层以下）单位面积基本造价指标用于判断该高层框架（14 层以下）单位面积基本造价是否偏高；该指标正偏离度越高，风险越大。

2. **风险指标运用**

该指标在系统中显示异常,表明存在风险。风险产生原因:

(1) 通过虚签合同,虚构建筑造价成本项目或虚增建筑造价工程合同金额,达到增加建筑造价工程费扣除金额的目的。

(2) 虚构没有实际发生的业务,开具虚假发票,虚增成本。

(3) 存在通过变更合同虚增建筑造价成本的情况。

(4) 成本归集错误,混淆成本归集方向,把不属于建筑造价工程的成本列入。

(5) 发生的造价成本与决算报告、审计报告、工程结算报告、工程施工合同记载的内容不相符。

(6) 房地产开发企业自购建筑材料时,自购建材费用重复计算造价扣除项目。

(7) 房地产开发企业采用自营方式自行施工建设的,通过虚列、多列施工人工费、材料费、机械使用费等来增加造价成本。

(五) 高层框架(15~25层)单位面积基本造价指标

1. **风险指标描述**

(1) 指标公式:高层框架(15~25层)单位面积基本造价 = 基本造价金额 ÷ 建筑面积。

(2) 预警值设置:高层框架(15~25层)单位面积基本造价预警值 = Σ同时期、同区域、同类型房地产项目基本造价金额 ÷ Σ同时期、同区域、同类型房地产项目实际建筑面积,该指标负偏离显示正常,正偏离显示异常。

(3) 指标功能:高层框架(15~25层)单位面积基本造价指标用于判断该项目单位基本造价是否偏高;该指标正偏离度越高,风险越大。

2. **风险指标运用**

该指标在系统中显示异常,表明存在风险。风险产生原因:

(1) 通过虚签合同,虚构建筑造价成本项目或虚增建筑造价工程合同金额,达到增加建筑造价工程费扣除金额的目的。

(2) 虚构没有实际发生的业务,开具虚假发票,虚增成本。

(3) 存在通过变更合同虚增建筑造价成本的情况。

(4) 成本归集错误,混淆成本归集方向,把不属于建筑造价工程的成本列入。

(5) 发生的造价成本与决算报告、审计报告、工程结算报告、工程施工合同记载的内容不相符。

（6）房地产开发企业自购建筑材料时，自购建材费用重复计算造价扣除项目。

（7）房地产开发企业采用自营方式自行施工建设的，通过虚列、多列施工人工费、材料费、机械使用费等来增加造价成本。

（六）高层框架（26层以上）单位面积基本造价指标

1. 风险指标描述

（1）指标公式：高层框架（26层以上）单位面积基本造价＝基本造价金额÷建筑面积。

（2）预警值设置：高层框架（26层以上）单位面积基本造价预警值＝∑同时期、同区域、同类型房地产项目基本造价金额÷∑同时期、同区域、同类型房地产项目建筑面积，该指标负偏离显示正常，正偏离显示异常。

（3）指标功能：高层框架（26层以上）单位面积基本造价用于判断该项目单位基本造价是否偏高；该指标正偏离度越高，风险越大。

2. 风险指标运用

该指标在系统中显示异常，表明存在风险。风险产生原因：

（1）通过虚签合同，虚构建筑造价成本项目或虚增建筑造价工程合同金额，达到增加建筑造价工程费扣除金额的目的。

（2）虚构没有实际发生的业务，开具虚假发票，虚增成本。

（3）存在通过变更合同虚增建筑造价成本的情况。

（4）成本归集错误，混淆成本归集方向，把不属于建筑造价工程的成本列入。

（5）发生的造价成本与决算报告、审计报告、工程结算报告、工程施工合同记载的内容不相符。

（6）房地产开发企业自购建筑材料时，自购建材费用重复计算造价扣除项目。

（7）房地产开发企业采用自营方式自行施工建设的，通过虚列、多列施工人工费、材料费、机械使用费等来增加造价成本。

（七）基本造价成本占比指标

1. 风险指标描述

（1）指标公式：基本造价成本占比＝基本造价÷建筑安装工程费。

（2）预警值设置：基本造价成本占比预警值＝∑同时期、同区域、同类型房

地产项目基本造价 ÷ ∑同时期、同区域、同类型房地产项目建筑安装工程费，该指标负偏离显示正常，正偏离显示异常。

（3）指标功能：基本造价成本占比风险指标用于判断基本造价占总建筑安装工程费比例是否偏高；该指标正偏离度越高，风险越大。

2．**风险指标运用**

该指标在系统中显示异常，表明存在风险。风险产生原因：

（1）通过虚签合同，虚构建筑造价成本项目或虚增建筑造价工程合同金额，达到增加建筑造价工程费扣除金额的目的。

（2）虚构没有实际发生的业务，开具虚假发票，虚增成本。

（3）存在通过变更合同虚增建筑造价成本的情况。

（4）成本归集错误，混淆成本归集方向，把不属于建筑造价工程的成本列入。

（5）发生的造价成本与决算报告、审计报告、工程结算报告、工程施工合同记载的内容不相符。

（6）房地产开发企业自购建筑材料时，自购建材费用重复计算造价扣除项目。

（7）房地产开发企业采用自营方式自行施工建设的，通过虚列、多列施工人工费、材料费、机械使用费等来增加造价成本。

（八）基本造价指标风险应对方法

1．**消除风险审阅资料参考**

（1）工程招标文件、投标书、工程施工合同等。

（2）建筑安装工程费造价申报明细表。

（3）建筑安装工程项目甲供材料明细分摊表。

（4）甲供材领用明细、发票。

（5）施工图审查意见书、预（决）算书、审定单、结算单、签证合同等。

（6）与清算项目有关的建筑安装造价发票、建筑安装工程费支付凭据。

（7）资产负债表和其他税务机关需要的资料。

（8）涉及项目分摊的，须提供分摊的依据、标准和计算方法。

（9）项目总平面图、房屋测绘报告、产权证，从中可以得知项目的规模及建筑面积等情况。

2．**具体应对方法及要点**

在企业申报基础上审核确定真实发生的建筑安装工程费。

（1）进行“实地查验”，到施工现场了解其真实建筑工程开发情况。

(2) 审核企业内控制度，审查与成本核算相关的内部控制是否存在、有效且被一贯遵守；根据有关的内部环境、风险评估、控制活动、信息与沟通、内部监督等内控要素，评价内部控制的设计、运行的有效性，判断是否存在重大漏洞。

(3) 审核发生的造价成本与决算报告、审计报告、工程结算报告、工程施工合同记载的内容是否相符。

(4) 采用出包方式的，重点审核完工决算成本与工作概（预）算成本是否存在明显异常。当二者差异较大时，一方面从合同管理部门获取施工单位与开发商签订的施工合同，并与相关账目进行核对，必要时向建筑监理公司取证；另一方面审核纳税人是否存在利用关联方承包或分包工程，增加或减少建筑安装成本造价的情形。

(5) 采用自营方式的，重点审核施工所发生的人工费、材料费、机械使用费、其他直接费和管理费支出是否取得合法有效凭证，是否按规定进行会计处理和税务处理，关注有无虚列、多列施工人工费、材料费、机械使用费等情况。

(6) 归集整理开发企业提供的成本资料，将合同金额、竣工决算金额与开发企业账面归集的建筑工程费用发票金额加以比对；结合合同、预决算资料、（甲方、乙方、监理方、设计方、建设主管部门）共同签字确认的记录和施工图纸等确认业务发生的真实性和金额的准确性；审核付款方式（追踪资金流向）。

(7) 特别关注是否多列支甲供材。可审核查看建筑安装工程合同中的工程名称和内容、《工程决（结）算书》中的工程明细、工程审定单的工程内容明细、工程项目甲供材料明细分摊表中各甲供材对应的工程项目。

(8) 关注是否存在大额现金支付的现象，审核发票和银行支付记录金额的一致性；确定大额现金支付业务是否真实发生。

(9) 对于房地产企业存在多个项目同时开发的，应着重划分清算项目的建筑安装工程费与其他项目的建筑安装工程费，对不属于清算项目的建筑安装工程费，应予以剔除。

(10) 对存在多个项目造价成本混合的，审核是否确定合理的方法进行分摊以及分摊是否正确。

(11) 若存在变更造价合同的，重点审核合同的真实性以及金额的准确性。在审核中发现施工过程中涉及施工图纸或施工要求变更，使得建筑成本增加的，应提供由甲方、乙方、监理方、设计方、建设主管部门共同签字确认的记录和施工图纸，根据决算报告审核成本的真实性。查看向相关单位所付总款项与开票金额（剔除质量保证金）是否一致，对应付施工、供货单位款项长期挂账的应作为延伸审核的重点单位，通过延伸审核弄清有无开发商要求施工、供货单位虚开发票，导致“应付”工程款项长期挂账的问题。

（12）将企业的建筑安装基本造价与建设部门提供的各年度建筑安装工程造价参考表核对，对超出一定幅度的，要求企业合理解释并提供依据，无正当理由的，按建设部门公布的每平方米建筑安装造价金额标准核定企业的建筑安装成本。

（13）发票审核：

① 可根据收款方的性质、支付款项的内容来判断鉴别凭据的合法有效性：1）如对方单位是经营性企业，就必须提供税务局监制的发票；2）如对方是行政机关或是政府行业管理机构，收取的是相关政府性规费，须提供省级财政部门监制的行政事业性收费收据。

② 可查看相关合同，确认合同工程造价，关注合同中明确的建筑工程款、材料费及单位用量等，来查验票据的真伪及开票方与领票方是否一致。

③ 对真伪不确定的发票，通过发票查询系统查询。

④ 超过一定金额的可疑发票，可查阅银行对账单，确认是否实际支付。对通过现金支付的大额发票，应关注其是否真实合理。

（九）政策依据

房地产开发企业办理土地增值税清算时计算与清算项目有关的扣除项目金额，应根据土地增值税暂行条例第六条及其实施细则第七条的规定执行。除另有规定外，扣除房地产开发成本、费用，须提供合法有效凭证；不能提供合法有效凭证的，不予扣除。

房地产开发企业办理土地增值税清算所附送的前期工程费、建筑安装工程费、基础设施费、开发间接费用的凭证或资料不符合清算要求或不实的，地方税务机关可参照当地建设工程造价管理部门公布的建安造价定额资料，结合房屋结构、用途、区位等因素，核定上述四项开发成本的单位面积金额标准，并据以计算扣除。具体核定方法由省税务机关确定。

（摘自《国家税务总局关于房地产开发企业土地增值税清算管理有关问题的通知》国税发〔2006〕187 号第四条第一款、第二款）

审核扣除项目是否符合下列要求：

1. 在土地增值税清算中，计算扣除项目金额时，其实际发生的支出应当取得但未取得合法凭据的不得扣除。

2. 扣除项目金额中所归集的各项成本和费用，必须是实际发生的。

3. 扣除项目金额应当准确地在各扣除项目中分别归集，不得混淆。

4. 扣除项目金额中所归集的各项成本和费用必须是在清算项目开发中直接发生的或应当分摊的。

5. 纳税人分期开发项目或者同时开发多个项目的，或者同一项目中建造不同类型房地产的，应按照受益对象，采用合理的分配方法，分摊共同的成本费用。

6. 对同一类事项，应当采取相同的会计政策或处理方法。会计核算与税务处理规定不一致的，以税务处理规定为准。

（摘自《土地增值税清算管理规程》国税发〔2009〕91号第二十一条）

工程造价问题：

① 跨期工程基本造价标准问题

对于建设工程跨多个基本造价标准时间点的，其基本造价标准可根据工程竣工验收备案表上注明的竣工时间点对应的前一个基本造价标准时间点确定，也可按其他合理的方法进行确定。

② 单体工程中有框架与砖混相结合的建筑结构的，可按不同的结构面积分别适用不同的基本工程造价标准进行测算。

③ 门窗及防水工程价款问题

基本造价标准中不含门窗价款，但包含防水工程价款。

④ 甲供材料、动力问题

房地产企业自购的工程用材料（甲供材料）及工程合同或者协议确定由房地产企业承担的水电等工程动力价款，经中介机构鉴证及税务机关审核后可计入建筑安装工程费扣除项目，但应并入相应的工程项目计算造价，不得重复扣除。

开发过程中房地产企业已先行代垫，在工程结算时向施工企业收取的临时水电费不得计入建筑安装工程费扣除项目。

清算过程中取得的有关甲供材料、动力情况，主管税务机关应另行核查施工企业营业税等税种申报缴纳情况，未申报缴纳的应对施工企业按相关规定进行处理。

⑤ 售楼处和样板房工程造价问题

售楼处和样板房属永久建筑可对外销售或移交作为公建配套的，其建造成本可计入建筑安装费或公共配套设施费扣除项目；如为使用后应拆除的临时性建筑，其建造成本不得计入建筑安装费或公共配套设施费扣除项目。

（摘自《关于土地增值税若干征税问题的处理意见（二）》常地税一函

〔2008〕4号第四条)

三、单位面积消防工程支出指标

1. **风险指标描述**

(1) 指标公式:单位面积消防工程费=消防工程支出金额÷建筑面积。

(2) 预警值设置:单位面积消防工程费预警值=Σ同时期、同区域、同类型房地产项目消防工程支出金额÷Σ同时期、同区域、同类型房地产项目建筑面积,该指标负偏离显示正常,正偏离显示异常。

(3) 指标功能:单位面积消防工程支出风险指标用于判断该项目消防工程费支出是否偏高;该指标正偏离度越高,风险越大。

2. **风险指标运用**

该指标在系统中显示异常,表明存在风险。风险产生原因:

(1) 部分房地产开发企业虚构消防成本项目或虚增消防工程支出金额。

(2) 实际无消防项目工程的,以消防工程名义开具假发票,虚增消防工程支出。

(3) 成本归集错误,混淆成本归集方向,把不属于消防工程支出的列入。

(4) 将房地产开发费用计入消防工程支出。

(5) 多个项目共同发生的消防工程支出,未按照项目合理分摊。

3. **风险应对方法**

(1) 消除风险审阅资料参考:

① 消防工程施工合同、预(决)算书、审定单、结算单等。

② 消防工程费造价申报明细表。

③ 施工图审查意见书、工程预算书、工程招标文件、投标书。

④ 与清算项目有关的消防建筑安装发票、消防工程费支付凭据。

⑤ 建筑工程规划许可证、住宅小区公建配套项目建设完成情况备案表。

(2) 具体应对方法及要点:

① 采取“实地查验”,到施工现场了解其真实的消防工作,从而确定其是否有该消防工程。

② 审核企业内控制度,审查与成本核算相关的内部控制是否存在、有效且被一贯遵守;根据有关的内部环境、风险评估、控制活动、信息与沟通、内部监督等内控要素,评价内部控制的设计、运行的有效性,判断是否存在重大漏洞。

③ 查阅账簿凭证,查看相关工程的预算书、工程合同、决算书。

④ 查阅建筑工程规划许可证、住宅小区公建配套项目建设完成情况备案表。

⑤ 比较分析工程合同金额、预算金额、决算金额，是否存在明显异常。计算单位成本是否明显偏高。

⑥ 消防工程一般由专业施工企业施工，建筑单位成本具有较强的可比性。通过对合同、预(决)算书的审核，重点关注施工项目是否属于该清算项目，是否需要分摊，分摊的方法、依据、计算是否合理、准确。

⑦ 通过审核查看消防工程合同中的工程名称和内容、《工程决(结)算书》中的工程明细，工程审定单的工程内容明细，对可以扣除的但不属于消防安装工程费的成本费用进行重新分类，对于重复扣除的部分进行调减成本。

⑧ 对消防工程项目整体情况有所了解。关注扣除项目是否存在属于不同清算对象间的共同项目，并将查看结果与审定单等上面的施工面积审核比对，以寻找虚增项目、虚增工程量的切入点。

⑨ 发票审核：

1）房地产开发企业提供的消防支出发票是否符合发票开具的相关规定。

2）确认发票的真伪。注意开票方与购票方是否为同一主体，是否存在着代开、虚开发票的情况。评估人员可将金额较大的工程发票输入发票查询系统，以验证发票的领购方。

4. 政策依据

房地产开发企业办理土地增值税清算时计算与清算项目有关的扣除项目金额，应根据土地增值税暂行条例第六条及其实施细则第七条的规定执行。除另有规定外，扣除房地产开发成本、费用，须提供合法有效凭证；不能提供合法有效凭证的，不予扣除。

房地产开发企业办理土地增值税清算所附送的前期工程费、建筑安装工程费、基础设施费、开发间接费用的凭证或资料不符合清算要求或不实的，地方税务机关可参照当地建设工程造价管理部门公布的建安造价定额资料，结合房屋结构、用途、区位等因素，核定上述四项开发成本的单位面积金额标准，并据以计算扣除。具体核定方法由省税务机关确定。

（摘自《国家税务总局关于房地产开发企业土地增值税清算管理有关问题的通知》国税发〔2006〕187 号第四条第一款、第二款）

审核扣除项目是否符合下列要求：

1. 在土地增值税清算中，计算扣除项目金额时，其实际发生的支出应当取得但未取得合法凭据的不得扣除。

2. 扣除项目金额中所归集的各项成本和费用，必须是实际发生的。

3. 扣除项目金额应当准确地在各扣除项目中分别归集，不得混淆。

4. 扣除项目金额中所归集的各项成本和费用必须是在清算项目开发中直接发生的或应当分摊的。

5. 纳税人分期开发项目或者同时开发多个项目的，或者同一项目中建造不同类型房地产的，应按照受益对象，采用合理的分配方法，分摊共同的成本费用。

6. 对同一类事项，应当采取相同的会计政策或处理方法。会计核算与税务处理规定不一致的，以税务处理规定为准。

（摘自《土地增值税清算管理规程》国税发〔2009〕91号第二十一条）

四、单位面积桩基工程支出指标

1. 风险指标描述

（1）指标公式：单位面积桩基工程费 = 桩基工程支出金额 ÷ 建筑面积。

（2）预警值设置：单位面积桩基工程费预警值 = Σ同时期、同区域、同类型房地产项目桩基工程支出金额 ÷ Σ同时期、同区域、同类型房地产项目建筑面积，该指标负偏离显示正常，正偏离显示异常。

（3）指标功能：单位面积桩基工程费风险指标用于判断该项目桩基工程费支出是否偏高；该指标正偏离度越高，风险越大。

2. 风险指标运用

该指标在系统中显示异常，表明存在风险。风险产生原因：

（1）部分房地产开发企业借助桩基工程难以实地查看的特点，大幅虚增桩基扣除成本或虚构桩基成本项目。

（2）虚构没有实际发生的业务，开具虚假发票，虚增桩基工程支出。

（3）成本归集错误，混淆成本归集方向，把不属于桩基工程支出的列入。

3. 风险应对方法

（1）消除风险审阅资料参考：

① 桩基工程施工合同、预（决）算书、审定单、结算单等。

② 桩基工程费造价申报明细表。

③ 施工图审查意见书、工程预算书、工程招标文件、投标书。

④ 与清算项目有关的桩基建筑安装发票、桩基工程费支付凭据。

⑤ 涉及项目分摊的，须提供分摊的依据、标准和计算方法。

⑥ 桩基工程属于隐蔽工程，须提供由发包人或者其派驻的工地代表签字确认的隐蔽工程验收单据。

（2）具体应对方法及要点：

① 采取“实地查验”，到施工现场了解其桩基工程开发情况。

② 审核企业内控制度，审查与成本核算相关的内部控制是否存在、有效且被一贯遵守；根据有关的内部环境、风险评估、控制活动、信息与沟通、内部监督等内控要素，评价内部控制的设计、运行的有效性，判断是否存在重大漏洞。

③ 审核桩基工程的原始资料，结合房产的类型（低层、多层、小高层、高层）、结构（砖混、框架），查核相关合同、监理报告、发票、付款记录、决算报告，核实发票的合法性和业务的真实性，测算桩基工程占整个土建工程比例，看有无异常。

④ 查阅桩基购入发票，是否存在舍近求远等明显不符合商业常规的现象，桩基款是否已作甲供材料处理。

⑤ 确定是否发生桩基检测费、桩基测试费等相关支出，查看桩基测试报告，核对桩基工程量，确定桩基工程的合理性。

⑥ 测算桩基工程占整个土建工程比例，看有无异常。一般低密度住宅（别墅、联体、六层以下住宅）桩基工程造价占土建工程总额的7%左右，小高层、高层的为9%～10%；打桩费用占桩基价格的15%～20%。

⑦ 查看基坑及地下隐蔽工程验收、监理报告及工程造价决算书，存在明显差异的，以工程造价决算书的确定金额予以扣除。

⑧ 发票审核：

1）房地产开发企业提供的桩基工程支出发票是否符合发票开具的相关规定，特别关注外地发票。

2）确认发票的真伪。注意开票方与购票方是否为同一主体，是否存在着代开、虚开发票的情况。评估人员可将金额较大的工程发票输入发票查询系统，以验证发票的领购方。

4．政策依据

房地产开发企业办理土地增值税清算时计算与清算项目有关的扣除项目金额，应根据土地增值税暂行条例第六条及其实施细则第七条的规定执行。除另有规定外，扣除房地产开发成本、费用，须提供合法有效凭证；不能提供合法有效凭证的，不予扣除。

房地产开发企业办理土地增值税清算所附送的前期工程费、建筑安装工程费、基础设施费、开发间接费用的凭证或资料不符合清算要求或不实的，地方税务机关可参照当地建设工程造价管理部门公布的建安造价定额资料，结合房屋结构、用途、区位等因素，核定上述四项开发成本的单位面积金额标准，并据以计算扣除。具体核定方法由省税务机关确定。

（摘自《国家税务总局关于房地产开发企业土地增值税清算管理有关问题的通知》国税发〔2006〕187 号第四条第一款、第二款）

审核扣除项目是否符合下列要求：

1. 在土地增值税清算中，计算扣除项目金额时，其实际发生的支出应当取得但未取得合法凭据的不得扣除。

2. 扣除项目金额中所归集的各项成本和费用，必须是实际发生的。

3. 扣除项目金额应当准确地在各扣除项目中分别归集，不得混淆。

4. 扣除项目金额中所归集的各项成本和费用必须是在清算项目开发中直接发生的或应当分摊的。

5. 纳税人分期开发项目或者同时开发多个项目的，或者同一项目中建造不同类型房地产的，应按照受益对象，采用合理的分配方法，分摊共同的成本费用。

6. 对同一类事项，应当采取相同的会计政策或处理方法。会计核算与税务处理规定不一致的，以税务处理规定为准。

（摘自《土地增值税清算管理规程》国税发〔2009〕91 号第二十一条）

五、高档门窗支出收入比指标

1. 风险指标描述

（1）指标公式：高档门窗支出收入比 = 高档门窗支出 × 折算系数（已售/可售）÷ 转让房地产收入总额。

（2）预警值设置：高档门窗支出收入比预警值 = Σ同时期、同区域、同类型房地产项目高档门窗支出 × 折算系数（已售/可售）÷ Σ同时期、同区域、同类型房地产项目转让房地产收入总额，该指标负偏离显示正常，正偏离显示异常。

（3）指标功能：高档门窗支出收入比风险指标用于判断该项目高档门窗支出费是否偏高；该指标正偏离度越高，风险越大。

2. 风险指标运用

（1）部分房地产开发企业通过虚签合同，虚构门窗工程项目或虚增门窗工程支出金额。

（2）虚构没有实际发生的业务，开具虚假发票，虚增门窗工程支出。

（3）成本归集错误，混淆成本归集方向，把不属于门窗工程的支出列入。

3. 风险应对方法

（1）消除风险审阅资料参考：

① 高档门窗工程施工合同、预（决）算书、审定单、结算单等。

② 高档门窗工程费造价申报明细表。

③ 施工图审查意见书、工程预算书、工程招标文件、投标书。

④ 与清算项目有关的高档门窗发票、工程费支付凭据。

（2）具体应对方法及要点：

① 采取“实地查验”的方法，到施工现场了解其高档门窗使用情况，从而估算门窗使用数量。

② 审核企业内控制度，审查与成本核算相关的内部控制是否存在、有效且被一贯遵守；根据有关的内部环境、风险评估、控制活动、信息与沟通、内部监督等内控要素，评价内部控制的设计、运行的有效性，判断是否存在重大漏洞。

③ 审核高档门窗支出的相关原始资料。

④ 如果高档门窗采用甲供材方式自行提供材料的，应审查其是否存在重复列支成本问题。重点审核企业与施工企业签订的建筑安装合同中甲供材条款。核对房地产企业甲供材核算的记账凭证，同时查验建筑安装发票的开具金额是否包含甲供材部分，如果同时列支的，应予以调出。

⑤ 高档门窗工程量的审核。房地产企业必须提供相关工程图纸、测绘报告、预算等基础资料，以证明工程量发生的真实性。对房地产企业应该提供却不提供相关资料不能证实工程量发生真实性的，该成本不准扣除。根据相关资料审查认定的工程量小于结算工程量的，按照审查认定的工程量计算开发成本。

⑥ 发票审核：

1）房地产开发企业提供的门窗工程支出发票是否符合发票开具的相关规定。

2）确认发票的真伪。注意开票方与购票方是否为同一主体，是否存在着代开、虚开发票的情况。评估人员可将金额较大的发票输入发票查询系统，以验证发票的领购方。

4. 政策依据

房地产开发企业办理土地增值税清算时计算与清算项目有关的扣除项目金额,应根据土地增值税暂行条例第六条及其实施细则第七条的规定执行。除另有规定外,扣除房地产开发成本、费用,须提供合法有效凭证;不能提供合法有效凭证的,不予扣除。

房地产开发企业办理土地增值税清算所附送的前期工程费、建筑安装工程费、基础设施费、开发间接费用的凭证或资料不符合清算要求或不实的,地方税务机关可参照当地建设工程造价管理部门公布的建安造价定额资料,结合房屋结构、用途、区位等因素,核定上述四项开发成本的单位面积金额标准,并据以计算扣除。具体核定方法由省税务机关确定。

(摘自《国家税务总局关于房地产开发企业土地增值税清算管理有关问题的通知》国税发〔2006〕187 号第四条第一款、第二款)

审核扣除项目是否符合下列要求:

1. 在土地增值税清算中,计算扣除项目金额时,其实际发生的支出应当取得但未取得合法凭据的不得扣除。

2. 扣除项目金额中所归集的各项成本和费用,必须是实际发生的。

3. 扣除项目金额应当准确地在各扣除项目中分别归集,不得混淆。

4. 扣除项目金额中所归集的各项成本和费用必须是在清算项目开发中直接发生的或应当分摊的。

5. 纳税人分期开发项目或者同时开发多个项目的,或者同一项目中建造不同类型房地产的,应按照受益对象,采用合理的分配方法,分摊共同的成本费用。

6. 对同一类事项,应当采取相同的会计政策或处理方法。会计核算与税务处理规定不一致的,以税务处理规定为准。

(摘自《土地增值税清算管理规程》国税发〔2009〕91 号第二十一条)

六、精装饰工程支出收入比指标

1. 风险指标描述

(1) 指标公式:精装饰工程支出收入比 = 精装饰工程支出 × 折算系数(已售/可售) ÷ 转让房地产收入总额。

(2) 预警值设置:精装饰工程支出收入比预警值 = Σ同时期、同区域、同类型房地产项目精装饰工程支出×折算系数(已售/可售)÷∑同时期、同区域、同类型房地产项目转让房地产收入总额,该指标负偏离显示正常,正偏离显示异常。

(3)指标功能:精装饰工程支出收入比风险指标用于判断该项目精装修工程支出是否偏高;该指标正偏离度越高,风险越大。

2. 风险指标运用

(1)部分房地产开发企业通过虚签合同,虚构精装饰工程项目或虚增精装饰工程支出金额。

(2)虚构没有实际发生的业务,开具虚假发票,虚增精装饰工程支出。

(3)成本归集错误,混淆成本归集方向,把不属于精装饰工程的支出列入。

3. 风险应对方法

(1)消除风险审阅资料参考:

① 精装饰工程施工合同、预(决)算书、审定单、结算单等。

② 精装饰工程费造价申报明细表。

③ 施工图审查意见书、工程预算书、工程招标文件、投标书。

④ 与清算项目有关的精装饰工程发票、工程费支付凭据。

⑤ 涉及项目分摊的,须提供分摊的依据、标准和计算方法。

(2)具体应对方法及要点:

① 采取"实地查验"方法,到施工现场了解其真实装修情况,从而估算装修的标准。

② 审核企业内控制度,审查与成本核算相关的内部控制是否存在、有效且被一贯遵守;根据有关的内部环境、风险评估、控制活动、信息与沟通、内部监督等内控要素,评价内部控制的设计、运行的有效性,判断是否存在重大漏洞。

③ 资料审核:查看装修材料支出的各项原始资料。

④ 查看企业与客户签订的购房合同,企业实际列支的单位建筑面积装修费用一般应小于合同相关条款的金额。

⑤ 关注从装修市场取得的发票、手工票,舍近求远取得的发票,与付款记录不符的发票,只有金额而无明细内容的发票。

⑥ 核查是否存在纳税人将多个类似装修项目分开发包,分别审计后开票结算,然后总项目再审计开票,从而重复列支成本的情况。

⑦ 要求企业提供住宅装修清单及标准,包括装修项目的品牌、规格、单价等,核对企业提供的装修项目价格与产品市场平均价格,如果明显高于市场价格,要求企业解释原因或进行纳税调整。

⑧ 重点审核施工合同和预决算明细报告,根据建筑面积计算单位装修费

用，审核其真实性和合理性。应根据发票审查的要求，重点审查房地产企业购买的装修材料发票，审查发票的真实性。

⑨ 审核是否有不属于装修费、不属于房屋不可分割部分的费用支出进行了扣除，如样板房、会所、售楼处及物业中的家具、电器等可以移动的设备。该部分设备费用支出不得在建筑安装工程费项目中列支，不得进行加计扣除。

⑩ 发票审核：

1）房地产开发企业提供的装修工程支出发票是否符合发票开具的相关规定。

2）确认发票的真伪。注意是否存在代开、虚开发票的情况。评估人员可将金额较大的装修发票输入发票查询系统，以验证发票的领购方。

4．**政策依据**

房地产开发企业办理土地增值税清算时计算与清算项目有关的扣除项目金额，应根据土地增值税暂行条例第六条及其实施细则第七条的规定执行。除另有规定外，扣除房地产开发成本、费用，须提供合法有效凭证；不能提供合法有效凭证的，不予扣除。

房地产开发企业办理土地增值税清算所附送的前期工程费、建筑安装工程费、基础设施费、开发间接费用的凭证或资料不符合清算要求或不实的，地方税务机关可参照当地建设工程造价管理部门公布的建安造价定额资料，结合房屋结构、用途、区位等因素，核定上述四项开发成本的单位面积金额标准，并据以计算扣除。具体核定方法由省税务机关确定。

（摘自《国家税务总局关于房地产开发企业土地增值税清算管理有关问题的通知》国税发〔2006〕187 号第四条第一款、第二款）

审核扣除项目是否符合下列要求：

1．在土地增值税清算中，计算扣除项目金额时，其实际发生的支出应当取得但未取得合法凭据的不得扣除。

2．扣除项目金额中所归集的各项成本和费用，必须是实际发生的。

3．扣除项目金额应当准确地在各扣除项目中分别归集，不得混淆。

4．扣除项目金额中所归集的各项成本和费用必须是在清算项目开发中直接发生的或应当分摊的。

5．纳税人分期开发项目或者同时开发多个项目的，或者同一项目中建造不同类型房地产的，应按照受益对象，采用合理的分配方法，分摊共同的成本费用。

6. 对同一类事项，应当采取相同的会计政策或处理方法。会计核算与税务处理规定不一致的，以税务处理规定为准。

（摘自《土地增值税清算管理规程》国税发〔2009〕91号第二十一条）

第八节 基础设施费类清算风险指标应对方法及要求

一、基础设施费

（一）单位面积基础设施费

1. 风险指标描述

（1）指标公式：单位面积基础设施费 = 基础设施费 ÷ 开发项目报告表中建筑总面积。

（2）预警值设置：单位面积基础设施费预警值 = ∑同时期、同区域、同类型房地产项目基础设施费 ÷ ∑同时期、同区域、同类型房地产项目建筑面积，该指标负偏离显示正常，正偏离显示异常。

（3）指标功能：单位面积基础设施费风险指标用于判断该项目基础设施费是否偏高；该指标正偏离度越高，风险越大。

2. 风险指标运用

该指标在系统中显示异常，表明存在风险。风险产生原因：

（1）通过虚签合同，虚构基础设施费成本项目或虚增基础设施合同金额，达到增加基础设施费扣除金额的目的。

（2）通过虚列、重复列支甲供材增加基础设施费。

（3）虚构没有实际发生的业务，开具虚假发票，虚增成本。

（4）存在通过变更合同虚增基础设施费的情况。

（5）分期开发的，利用滚动开发项目故意混淆前后项目之间的基础设施费，提前列支基础设施费。

（6）开发多个项目的，对不属于本期清算项目的基础设施费，未予以剔除。

（7）同一项目中建造不同类型房地产的，未按照受益对象，采用合理的分配方法，分摊共同的基础设施费。

（8）成本归集错误，混淆成本归集方向，企业将正在开发的未完工项目的成本费用计入已经决算的项目，加大已完工项目成本费用。

(9) 企业建筑面积计算有误。

(二) 基础设施费成本占比

1. 风险指标描述

(1) 指标公式：基础设施费成本占比 = 基础设施费 ÷ 房地产开发成本。

(2) 预警值设置：基础设施费成本占比预警值 = ∑同时期、同区域、同类型房地产项目基础设施费 ÷ ∑同时期、同区域、同类型房地产项目房地产开发成本，该指标负偏离显示正常，正偏离显示异常。

(3) 指标功能：基础设施费成本占比风险指标用于判断该项目基础设施费成本占比是否偏高；该指标正偏离度越高，风险越大。

2. 风险指标运用

该指标系统显示异常，表明存在风险。该指标可用于同时期、同区域、同类型房地产开发项目之间基础设施费成本占比横向比较，所产生的多列支基础设施费或多列支房地产开发成本风险。风险产生原因：

(1) 通过虚签合同，虚构基础设施费成本项目或虚增基础设施合同金额，达到增加基础设施费扣除金额的目的。

(2) 通过虚列、重复列支甲供材增加基础设施费。

(3) 虚构没有实际发生的业务，开具虚假发票，虚增成本。

(4) 存在通过变更合同虚增基础设施费的情况。

(5) 分期开发的，利用滚动开发项目故意混淆前后项目之间的基础设施费，提前列支基础设施费。

(6) 开发多个项目的，对不属于本期清算项目的基础设施费，未予以剔除。

(7) 同一项目中建造不同类型房地产的，未按照受益对象，采用合理的分配方法，分摊共同的基础设施费。

(8) 成本归集错误，混淆成本归集方向，企业将正在开发的未完工项目的成本费用计入已经决算的项目，加大已完工项目成本费用。

(9) 该指标负偏离，表示多列支房地产开发成本金额，具体参阅房地产开发成本等各指标审阅要素。

(三) 基础设施费收入占比

1. 风险指标描述

(1) 指标公式：基础设施费收入比 = 基础设施费 ÷ 转让房地产收入。

(2) 预警值设置：基础设施费收入比预警值 = ∑同时期、同区域、同类型房地产项目基础设施费 ÷ ∑同时期、同区域、同类型房地产项目转让房地产收入，该指标负偏离显示正常，正偏离显示异常。

（3）指标功能：基础设施费收入占比风险指标用于判断该项目基础设施费收入占比是否偏高；该指标正偏离度越高，风险越大。

2. **风险指标运用**

该指标在系统中显示异常，表明存在风险。风险产生原因：

（1）通过虚签合同，虚构基础设施费成本项目或虚增基础设施合同金额，达到增加基础设施费扣除金额的目的。

（2）通过虚列、重复列支甲供材增加基础设施费。

（3）虚构没有实际发生的业务，开具虚假发票，虚增成本。

（4）存在通过变更合同虚增基础设施费的情况。

（5）分期开发的，利用滚动开发项目故意混淆前后项目之间的基础设施费，提前列支基础设施费。

（6）开发多个项目的，对不属于本期清算项目的基础设施费，未予以剔除。

（7）同一项目中建造不同类型房地产的，未按照受益对象，采用合理的分配方法，分摊共同的基础设施费。

（8）成本归集错误，混淆成本归集方向，企业将正在开发的未完工项目的成本费用计入已经决算的项目，加大已完工项目成本费用。

（9）是否存在规划外基础设施费在项目中列支的情形。

（10）企业是否存在少计收入、不计收入的情形。

（四）基础设施费指标风险应对方法

1. **消除风险审阅资料参考**

（1）经规划部门审核同意的规划图、规划许可证。

（2）立项批准文件。

（3）总平面图。

（4）项目概（预）算资料、决算报告、工程造价审计资料、建造合同。

（5）零星工程须提供施工日记或由建设方、施工方、监理方三方签字确认的签证单据。

（6）绿化工程，特别是涉及提供自产苗木的，须提供苗木清单。

（7）隐蔽工程（是指电气管线、供水供热管线等需要覆盖、掩盖的工程）须提供由发包人或者其派驻的工地代表签字确认的隐蔽工程验收单据。

（8）涉及项目分摊的，须提供分摊的依据、标准和计算方法。

（9）施工许可证。

（10）政府规费收费文件、收费标准。

(11) 测绘报告。

(12) 其他相关票据、支付凭证、合同协议。

2. 具体应对方法及要点

在企业申报基础上审核确定真实发生的基础设施费。

(1) 进行"实地查验",到施工现场了解其真实的基础设施建设情况。

(2) 审核企业内控制度,审查与成本核算相关的内部控制是否存在、有效且被一贯遵守;根据有关的内部环境、风险评估、控制活动、信息与沟通、内部监督等内控要素,评价内部控制的设计、运行的有效性,判断是否存在重大漏洞。

(3) 审核发生的基础设施费是否与决算报告、审计报告、工程结算报告、工程施工合同记载的内容相符。

(4) 采用出包方式的,重点审核完工决算成本金额与工作概(预)算成本金额是否存在明显异常,当二者差异较大时,一方面从合同管理部门获取施工单位与开发商签订的施工合同,并与相关账目进行核对,必要时向建筑监理公司取证;另一方面审核纳税人是否存在利用关联方承包或分包工程,增加或减少基础设施成本造价的情形。

(5) 归集整理开发企业提供的成本资料,将合同金额、竣工决算金额与开发企业账面归集的基础设施费发票金额加以比对;结合合同、预决算资料、(甲方、乙方、监理方、设计方、建设主管部门)共同签字确认的记录和施工图纸等确认业务发生的真实性和金额的准确性;审核付款方式(追踪资金流向)。

(6) 特别关注是否存在多列支甲供材。可审核查看建筑工程合同中的工程名称和内容、《工程决(结)算书》中的工程明细、工程审定单的工程内容明细、工程项目甲供材料明细分摊表中各甲供材对应的工程项目。

(7) 关注是否存在大额现金支付的现象,审核发票和银行支付记录金额的一致性;确定大额现金支付业务是否真实发生。

(8) 对于房地产企业存在多个项目同时开发的,应着重划分清算项目的基础设施费与其他项目的基础设施费,对不属于清算项目的建筑基础设施费,应予以剔除。

(9) 对存在多个项目成本混合的,审核是否以合理的方法进行分摊以及分摊是否正确。

(10) 审核企业是否按要求归集基础设施费,有无将前期工程费、建筑安装工程费、公共配套设施费错误地归集到基础设施费目录下并重复扣除。

(11) 若存在变更合同的,重点审核合同的真实性以及金额的准确性。在审核中发现施工过程中涉及施工图纸或施工要求变更,使得建筑成本增加的,应提供由甲方、乙方、监理方、设计方、建设主管部门共同签字确认的记录和施工图纸，根据决算报告审核成本的真实性。查看向相关单位所付总款项与开票金额（剔除质量保证金）是否一致，对应付施工、供货单位款项长期挂账的应作为延伸审核的重点单位，通过延伸审核弄清有无开发商要求施工、供货单位虚开发票，导致“应付”工程款项长期挂账的问题。

（12）正确划分预售收入与销售收入，防止影响清算数据的准确性，对销售合同所载商品房面积与有关部门实际测量面积不一致，而发生补、退房款的收入调整情况进行审核。

（13）发票审核：

① 基础设施费发票是否在项目所在地税务机关开具。

② 可根据收款方的性质、支付款项的内容来判断鉴别凭据的合法有效性：1）如对方单位是经营性企业，就必须提供税务局监制的发票；2）如对方是行政机关或是政府行业管理机构，收取的是相关政府性规费，须提供省级财政部门监制的行政事业性收费收据。

③ 可查看相关合同，确认合同工程造价，关注合同中明确的建筑工程款、材料费及单位用量等，来查验票据的真伪及开票方与领票方是否一致。

④ 对真伪不确定的发票，通过发票查询系统查询。

⑤ 超过一定金额的可疑发票，可查阅银行对账单，确认是否实际支付。对通过现金支付的大额发票，应关注其是否真实合理。

⑥ 开具的收入发票是否真实以及金额是否准确。

（五）政策依据

基础设施费，包括开发小区内道路、供水、供电、供气、排污、排洪、通讯、照明、环卫、绿化等工程发生的支出。公共配套设施费，包括不能有偿转让的开发小区内公共配套设施发生的支出。

（摘自《中华人民共和国土地增值税暂行条例实施细则》第七条第二款）

审核扣除项目是否符合下列要求：

（一）在土地增值税清算中，计算扣除项目金额时，其实际发生的支出应当取得但未取得合法凭据的不得扣除。

（二）扣除项目金额中所归集的各项成本和费用，必须是实际发生的。

（三）扣除项目金额应当准确地在各扣除项目中分别归集，不得混淆。

（四）扣除项目金额中所归集的各项成本和费用必须是在清算项目开发中直接发生的或应当分摊的。

（五）纳税人分期开发项目或者同时开发多个项目的，或者同一项目中建造不同类型房地产的，应按照受益对象，采用合理的分配方法，分摊共同的成本费用。

（六）对同一类事项，应当采取相同的会计政策或处理方法。会计核算与税务处理规定不一致的，以税务处理规定为准。

审核前期工程费、基础设施费时应当重点关注：

（一）前期工程费、基础设施费是否真实发生，是否存在虚列情形。

（二）是否将房地产开发费用记入前期工程费、基础设施费。

（三）多个（或分期）项目共同发生的前期工程费、基础设施费，是否按项目合理分摊。

（摘自《土地增值税清算管理规程》国税发〔2009〕91号第二十一、二十三条）

基础设施费和公共配套设施费的审核，应当包括下列内容：

（一）审核各项基础设施费和公共配套设施费用是否取得合法有效的凭证。

（二）如果有多个开发项目，基础设施费和公共配套设施费用是否分项目核算，是否将应记入其他项目的费用记入了清算项目。

（三）审核各项基础设施费和公共配套设施费用是否含有其他企业的费用。

（四）审核各项基础设施费和公共配套设施费用是否含有以明显不合理的金额开具的各类凭证。

（五）审核是否将期间费用记入基础设施费和公共配套设施费用。

（六）审核有无预提的基础设施费和公共配套设施费用。

（七）获取项目概预算资料，比较、分析概预算费用与实际费用是否存在明显异常。

（八）审核基础设施费和公共配套设施应负担各项开发成本是否已经按规定分摊。

（九）各项基础设施费和公共配套设施费的分摊和扣除是否符合有关税收规定。

（摘自《土地增值税清算鉴证业务准则》国税发〔2007〕132号第三十二条）

二、单位面积开发小区内道路支出指标

1. 风险指标描述

（1）指标公式：单位面积开发小区内道路支出 = 开发小区内道路支出 ÷ 建筑面积。

（2）预警值设置：单位面积开发小区内道路支出指标预警值 = Σ同时期、同区域、同类型房地产项目开发小区内道路支出 ÷ Σ同时期、同区域、同类型房地产项目建筑面积，该指标正偏离显示异常，负偏离显示正常。

（3）单位面积开发小区内道路支出指标用于判断开发小区道路工程支出是否偏高；该指标正偏离越高，风险越大。

2. 风险指标运用

该指标系统显示异常，表明存在风险。风险产生原因：

（1）多列支道路成本：

① 以虚签合同，虚构成本项目或虚增造价成本金额，以及开具虚假发票等方法，虚增道路工程成本。

② 应分摊的成本支出未进行合理分摊，或列支非本清算项目道路支出，多列支成本。

③ 通过多计面积虚增造价成本。

④ 通过虚列、重复列支甲供材增加道路建筑成本。

（2）企业建筑面积计算有误。

3. 风险应对方法

（1）消除风险审阅资料参考：

① 道路工程施工合同、预（决）算书、审定单、结算单等。

② 道路工程须提供施工日记或由建设方、施工方、监理方三方签字确认的签证单据。

③ 道路支出费等发票、付款凭证。

④ 道路支出涉及项目分摊的，须提供分摊的依据、标准和计算方法。

⑤ 测绘报告、项目总平面图。

（2）具体应对方法及要点：

① 实地查看，对道路整体情况有所了解。关注道路是否存在属于不同清算对象间的共同项目，估算道路面积，并将查看结果与审定单等上面的施工面积审核比对，以寻找虚增项目、虚增工程量的切入点。

② 审查与扣除项目核算相关的内部控制是否存在、有效且被一贯遵守。根

据与扣除项目有关的内部环境、风险评估、控制活动、信息与沟通、内部监督等内控要素，评价内部控制的设计、运行的有效性，判断是否存在重大漏洞。

③ 查看施工日记或由建设方、施工方、监理方三方签字确认的签证单据，审阅道路工程量是否属实。

④ 查看相关合同，确认道路合同工程造价，关注合同中明确的建筑工程款、材料费及单位用量等，来查验开票金额大小的真伪。

⑤ 查阅变更合同，关注合同变更内容及金额，结合现场查看道路情况，查验变更情况是否属实。变更需要调整合同价格时，是否按以下原则确定其单价或合价：

1)《工程量清单》中有适用于变更工作的项目时，应采用该项目的单价；

2)《工程量清单》中无适用于变更工作的项目时，则可在合理的范围内参考类似项目的单价或合价作为变更估价的基础，由监理人与承包人协商确定变更后的单价或合价；

3)《工程量清单》中无类似项目的单价或合价可供参考，则应由监理人与发包人和承包人协商确定新的单价或合价。

⑥ 特别关注是否多列支甲供材。通过审核道路工程合同中的工程名称和内容、《工程决(结)算书》中的工程明细、工程审定单的工程内容明细、工程项目甲供材料明细分摊表中各甲供材对应的工程项目，查看甲供材是否真实发生、金额是否准确。

⑦ 结合测绘报告、项目总平面图等资料，审核企业建筑面积统计是否有误。

4. 政策依据

基础设施费，包括开发小区内道路、供水、供电、供气、排污、排洪、通讯、照明、环卫、绿化等工程发生的支出。

（摘自《中华人民共和国土地增值税暂行条例实施细则》财法〔1995〕6 号第七条第二款）

房地产开发企业办理土地增值税清算时计算与清算项目有关的扣除项目金额，应根据土地增值税暂行条例第六条及其实施细则第七条的规定执行。除另有规定外，扣除取得土地使用权所支付的金额、房地产开发成本、费用及与转让房地产有关税金，须提供合法有效凭证；不能提供合法有效凭证的，不予扣除。

（摘自《国家税务总局关于房地产开发企业土地增值税清算管理有关问题的通知》国税发〔2006〕187 号第四条第一款）

审核扣除项目是否符合下列要求：

（一）在土地增值税清算中，计算扣除项目金额时，其实际发生的支出应当取得但未取得合法凭据的不得扣除。

（二）扣除项目金额中所归集的各项成本和费用，必须是实际发生的。

（三）扣除项目金额应当准确地在各扣除项目中分别归集，不得混淆。

（四）扣除项目金额中所归集的各项成本和费用必须是在清算项目开发中直接发生的或应当分摊的。

（五）纳税人分期开发项目或者同时开发多个项目的，或者同一项目中建造不同类型房地产的，应按照受益对象，采用合理的分配方法，分摊共同的成本费用。

（六）对同一类事项，应当采取相同的会计政策或处理方法。会计核算与税务处理规定不一致的，以税务处理规定为准。

（摘自《土地增值税清算管理规程》国税发〔2009〕91号第二十一条）

三、单位面积供水工程支出指标

1. 风险指标描述

（1）指标公式：单位面积供水工程支出 = 供水工程支出申报数 ÷ 建筑面积。

（2）预警值设置：单位面积供水工程支出指标预警值 = ∑同时期、同区域、同类型房地产开发项目供水工程支出申报数 ÷ ∑同时期、同区域、同类型房地产开发项目建筑面积，该指标正偏离显示异常，负偏离显示正常。

（3）指标功能：单位面积供水工程支出风险指标用于判断该项目供水工程支出是否偏高；该指标正偏离度越高，风险越大。

2. 风险指标运用

该指标系统显示异常，表明存在风险。风险产生原因：

（1）多列支供水工程成本：

① 以虚签合同，虚构成本项目或虚增造价成本金额，以及开具虚假发票等方法，虚增供水工程造价支出。

② 应分摊的成本支出未进行合理分摊，或列支不属于本清算项目的供水工程支出，多列支成本。

③ 利用隐蔽工程不易查看的特征，虚增工程量，增加供水工程成本。

④ 通过虚列、重复列支甲供材增加供水工程成本。

（2）企业建筑面积计算有误。

3. **风险应对方法**

（1）消除风险审阅资料参考：

① 供水工程施工合同、预(决)算书、审定单、结算单等。

② 隐蔽工程验收单据。

③ 供水工程等发票、付款凭证。

④ 涉及项目分摊的，须提供分摊的依据、标准和计算方法。

⑤ 测绘报告、项目总平面图、施工总平面图。

（2）具体应对方法及要点：

① 实地查看供水工程概况，结合项目总平面图、施工总平面图等资料，重点关注施工项目是否属于该清算项目，分摊的方法、依据、计算是否合理、准确。

② 审查与扣除项目核算相关的内部控制是否存在、有效且被一贯遵守。根据与扣除项目有关的内部环境、风险评估、控制活动、信息与沟通、内部监督等内控要素，评价内部控制的设计、运行的有效性，判断是否存在重大漏洞。

③ 审查供水工程涉及的土建工程、输配管道安装及防腐工程、供水设备购入及安装工程、阀门及阀门井、配属构筑物等相关施工合同、竣工决算报告、隐蔽工程验收单据、现场监理报告等资料，将合同金额、竣工决算金额与开发企业账面归集的供水工程金额加以比对，差异处应要求开发企业提供合理解释及依据。

④ 特别关注是否存在多列支甲供材。通过审核供水工程合同中的工程名称和内容、《工程决(结)算书》中的工程明细、工程审定单的工程内容明细、工程项目甲供材料明细分摊表中各甲供材对应的工程项目，查看甲供材是否真实发生、金额是否准确。

⑤ 结合测绘报告、项目总平面图等资料，审核企业建筑面积统计是否有误。

4. **政策依据**

基础设施费，包括开发小区内道路、供水、供电、供气、排污、排洪、通讯、照明、环卫、绿化等工程发生的支出。

（摘自《中华人民共和国土地增值税暂行条例实施细则》财法〔1995〕6 号第七条第二款）

房地产开发企业办理土地增值税时计算与清算项目有关的扣除项目金额,应根据土地增值税暂行条例第六条及其实施细则第七条的规定执行。除另有规定外,扣除取得土地使用权所支付的金额、房地产开发成本、费用及与转让房地产有关税金,须提供合法有效凭证;不能提供合法有效凭证的,不予扣除。

(摘自《国家税务总局关于房地产开发企业土地增值税清算管理有关问题的通知》国税发〔2006〕187 号第四条第一款)

审核扣除项目是否符合下列要求:

(一) 在土地增值税清算中,计算扣除项目金额时,其实际发生的支出应当取得但未取得合法凭据的不得扣除。

(二) 扣除项目金额中所归集的各项成本和费用,必须是实际发生的。

(三) 扣除项目金额应当准确地在各扣除项目中分别归集,不得混淆。

(四) 扣除项目金额中所归集的各项成本和费用必须是在清算项目开发中直接发生的或应当分摊的。

(五) 纳税人分期开发项目或者同时开发多个项目的,或者同一项目中建造不同类型房地产的,应按照受益对象,采用合理的分配方法,分摊共同的成本费用。

(六) 对同一类事项,应当采取相同的会计政策或处理方法。会计核算与税务处理规定不一致的,以税务处理规定为准。

(摘自《土地增值税清算管理规程》国税发〔2009〕91 号第二十一条)

四、单位面积供电工程支出指标

1. 风险指标描述

(1) 指标公式:单位面积供电工程支出 = 供电工程支出 ÷ 建筑面积。

(2) 预警值设置:单位面积供电工程支出指标预警值 = Σ同时期、同区域、同类型房地产开发项目供电工程支出 ÷ Σ同时期、同区域、同类型房地产开发项目建筑面积,该指标正偏离显示异常,负偏离显示正常。

(3) 指标功能:单位面积供电工程支出风险指标用于判断该项目供电工程支出是否偏高;该指标正偏离度越高,风险越大。

2. 风险指标运用

该指标系统显示异常,表明存在风险。风险产生原因:

(1) 多列支供电工程成本:

① 以虚签合同,虚构成本项目或虚增造价成本金额,以及开具虚假发票等方法,虚增造价成本。

② 应分摊的成本支出未进行合理分摊,或列支不属于本清算项目的供电工程支出,多列支成本。

③ 利用隐蔽工程不易查看的特征,虚增工程量,增加供电工程成本。

④ 通过虚列、重复列支甲供材增加供电工程成本。

(2) 企业建筑面积计算有误。

3. 风险应对方法

(1) 消除风险审阅资料参考:

① 项目总平面图、施工总平面图。

② 供电报装资料,包括用电申请书、用电负荷表、报装清单、平面图。

③ 供电工程施工合同、预(决)算书、审定单、工程价款结算单等。

④ 隐蔽工程验收单据。

⑤ 供电工程等发票、付款凭证。

⑥ 涉及项目分摊的,须提供分摊的依据、标准和计算方法。

(2) 具体应对方法及要点:

① 实地查看供电工程概况,结合项目总平面图、施工总平面图、企业用电申请书、用电负荷表、报装清单、平面图等供电报装资料,重点关注施工项目是否属于该清算项目,分摊的方法、依据、计算是否合理、准确。

② 审查与扣除项目核算相关的内部控制是否存在、有效且被一贯遵守。根据与扣除项目有关的内部环境、风险评估、控制活动、信息与沟通、内部监督等内控要素,评价内部控制的设计、运行的有效性,判断是否存在重大漏洞。

③ 查看设备安装及电缆铺设的施工合同、竣工决算报告、隐蔽工程验收单据、现场监理报告等资料,审阅变(配)电设备的购置费、供(配)电贴费、电源建设费、交纳的电增容费等票据,将合同金额、竣工决算金额、票据金额与开发企业账面归集的供电工程金额加以比对,差异处应要求开发企业提供合理解释及依据。

④ 特别关注是否多列支甲供材。通过审核供电工程合同中的工程名称和内容、《工程决(结)算书》中的工程明细、工程审定单的工程内容明细、工程项目甲供材料明细分摊表中各甲供材对应的工程项目,查看甲供材是否真实发生、金额是否准确。

⑤ 结合测绘报告、项目总平面图等资料,审核企业建筑面积统计是否有误。

4. **政策依据**

基础设施费，包括开发小区内道路、供水、供电、供气、排污、排洪、通讯、照明、环卫、绿化等工程发生的支出。

（摘自《中华人民共和国土地增值税暂行条例实施细则》财法〔1995〕6号第七条第二款）

房地产开发企业办理土地增值税清算时计算与清算项目有关的扣除项目金额，应根据土地增值税暂行条例第六条及其实施细则第七条的规定执行。除另有规定外，扣除取得土地使用权所支付的金额、房地产开发成本、费用及与转让房地产有关税金，须提供合法有效凭证；不能提供合法有效凭证的，不予扣除。

（摘自《国家税务总局关于房地产开发企业土地增值税清算管理有关问题的通知》国税发〔2006〕187号第四条第一款）

五、单位面积供气工程支出指标

1. **风险指标描述**

（1）指标公式：单位面积供气工程支出 = 供气工程支出申报数 ÷ 建筑面积。

（2）预警值设置：单位面积供气工程支出指标预警值 = ∑同时期、同区域、同类型房地产项目供气工程支出 ÷ ∑同时期、同区域、同类型房地产项目建筑面积，该指标正偏离显示异常，负偏离显示正常。

（3）指标功能：单位面积供气工程支出风险指标用于判断该项目供气工程支出是否偏高；该指标正偏离度越大，风险越大。

2. **风险指标运用**

该指标系统显示异常，表明存在风险。风险产生原因：

（1）开发企业以虚签合同、虚构成本项目等办法虚增造价成本金额。

（2）虚构没有实际发生的业务，开具虚假发票。

（3）应分摊的成本支出未进行合理分摊，多列支成本。

3. **风险应对方法**

（1）消除风险审阅资料参考：

① 供气工程施工合同、预（决）算书、审定单、结算单等。

② 供气工程属于隐蔽工程，须提供由发包人或者其派驻的工地代表签字确

认的隐蔽工程验收单据。

③ 供气工程等发票、付款凭证。

④ 涉及项目分摊的，须提供分摊的依据、标准和计算方法。

（2）具体应对方法及要点：

① 实地查看供气工程情况，了解供气管道分布、结构。

② 供气工程的审核：供气工程一般由专业施工企业施工，建筑单位成本具有较强的可比性。通过合同、预（决）算书的审核，重点关注施工项目是否属于该清算项目，是否需要分摊，分摊的方法、依据、计算是否合理、准确。

③ 管道燃气设施工程安装费的审核。管道燃气设施工程安装费用是指从管道燃气主干管至各住宅用户进户的计量表或进墙三通之间的所有费用〔表在户内的到计量表为止，表出户的到燃气立管进入墙面的三通为止（含三通）〕。审核时，重点关注列支的基础设施费是否超过收费标准，是否有不相关的施工单位、施工费用，是否有另行收取的费用。

④ 对单位面积成本较大的项目，须延伸调查施工单位，审核其所开具的发票是否全部列作本单位收入，所收款项与开发商付出款项是否一致，开票入账的收入与工程项目负责人结算的对应事项是否一致，有无虚开发票，帮助开发商虚增开发成本、转移资金的问题。

4. 政策依据

（一）房地产开发企业办理土地增值税清算时计算与清算项目有关的扣除项目金额，应根据土地增值税暂行条例第六条及其实施细则第七条的规定执行。除另有规定外，扣除取得土地使用权所支付的金额、房地产开发成本、费用及与转让房地产有关税金，须提供合法有效凭证；不能提供合法有效凭证的，不予扣除。

（二）房地产开发企业办理土地增值税清算所附送的前期工程费、建筑安装工程费、基础设施费、开发间接费用的凭证或资料不符合清算要求或不实的，地方税务机关可参照当地建设工程造价管理部门公布的建安造价定额资料，结合房屋结构、用途、区位等因素，核定上述四项开发成本的单位面积金额标准，并据以计算扣除。具体核定方法由省税务机关确定。

（摘自《国家税务总局关于房地产开发企业土地增值税清算管理有关问题的通知》国税发〔2006〕187号）

审核扣除项目是否符合下列要求：

（一）在土地增值税清算中，计算扣除项目金额时，其实际发生的支出应当取得但未取得合法凭据的不得扣除。

（二）扣除项目金额中所归集的各项成本和费用，必须是实际发生的。

（三）扣除项目金额应当准确地在各扣除项目中分别归集，不得混淆。

（四）扣除项目金额中所归集的各项成本和费用必须是在清算项目开发中直接发生的或应当分摊的。

（五）纳税人分期开发项目或者同时开发多个项目的，或者同一项目中建造不同类型房地产的，应按照受益对象，采用合理的分配方法，分摊共同的成本费用。

（六）对同一类事项，应当采取相同的会计政策或处理方法。会计核算与税务处理规定不一致的，以税务处理规定为准。

（摘自《土地增值税清算管理规程》国税发〔2009〕91 号第二十一条）

六、单位面积排污工程支出指标

1. 风险指标描述

（1）指标公式：单位面积排污工程支出 = 排污工程支出申报数 ÷ 建筑面积。

（2）预警值设置：单位面积排污工程支出指标预警值 = Σ同时期、同区域、同类型房地产项目排污工程支出 ÷Σ同时期、同区域、同类型房地产项目建筑面积，该指标正偏离显示异常，负偏离显示正常。

（3）指标功能：单位面积排污工程支出风险指标用于判断该项目排污工程支出是否偏高；该指标正偏离度越大，风险越大。

2. 风险指标运用

该指标系统显示异常，表明存在风险。风险产生原因：

（1）开发企业通过虚签合同，开具虚假发票，虚构成本项目或虚增造价成本金额。

（2）应分摊的成本支出未进行合理分摊，多列支成本。

（3）其他项目的支出列入本项目成本。

3. 风险应对方法

（1）消除风险审阅资料参考：

① 排污工程施工合同、预（决）算书、审定单、结算单等。

② 排污工程属于隐蔽工程，须提供由发包人或者其派驻的工地代表签字确认的隐蔽工程验收单据。

③ 排污工程等发票、付款凭证。

④ 涉及项目分摊的，须提供分摊的依据、标准和计算方法。

（2）具体应对方法及要点：

① 排污工程的审核：排污工程一般由专业施工企业施工，建筑单位成本具有较强的可比性。通过对合同、预（决）算书的审核，重点关注施工项目是否属于该清算项目，是否需要分摊，分摊的方法、依据、计算是否合理、准确。

② 应查看工程验收、监理报告及工程造价决算书，存在明显差异的，以工程造价决算书的确定金额予以扣除。

③ 对单位面积成本较大项目的施工单位进行延伸调查，审核其所开具的发票是否全部列作本单位收入，所收款项与开发商付出款项是否一致，开票入账的收入与工程项目负责人结算的对应事项是否一致，有无虚开发票，帮助开发商虚增开发成本、转移资金的问题。

4．政策依据

（一）房地产开发企业办理土地增值税清算时计算与清算项目有关的扣除项目金额，应根据土地增值税暂行条例第六条及其实施细则第七条的规定执行。除另有规定外，扣除取得土地使用权所支付的金额、房地产开发成本、费用及与转让房地产有关税金，须提供合法有效凭证；不能提供合法有效凭证的，不予扣除。

（二）房地产开发企业办理土地增值税清算所附送的前期工程费、建筑安装工程费、基础设施费、开发间接费用的凭证或资料不符合清算要求或不实的，地方税务机关可参照当地建设工程造价管理部门公布的建安造价定额资料，结合房屋结构、用途、区位等因素，核定上述四项开发成本的单位面积金额标准，并据以计算扣除。具体核定方法由省税务机关确定。

（摘自《国家税务总局关于房地产开发企业土地增值税清算管理有关问题的通知》国税发〔2006〕187号）

七、单位面积排洪工程支出指标

1．风险指标描述

（1）指标公式：单位面积排洪工程支出 = 排洪工程支出申报数 ÷ 建筑面积。

（2）预警值设置：单位面积排洪工程支出指标预警值 = ∑同时期、同区域、同类型房地产项目排洪工程支出 ÷ ∑同时期、同区域、同类型房地产项目建筑面积,该指标正偏离显示异常,负偏离显示正常。

(3) 指标功能:单位面积排洪工程支出风险指标用于判断该项目排洪工程支出是否偏高;该指标正偏离度越大,风险越大。

2. 风险指标运用

该指标系统显示异常,表明存在风险。风险产生原因:

(1) 开发企业通过虚签合同,开具虚假发票,虚构成本项目或虚增造价成本金额。

(2) 应分摊的成本支出未进行合理分摊,多列支成本。

3. 风险应对方法

(1) 消除风险审阅资料参考:

① 排洪工程施工合同、预(决)算书、审定单、结算单等。

② 排洪工程属于隐蔽工程,须提供由发包人或者其派驻的工地代表签字确认的隐蔽工程验收单据。

③ 排洪工程等发票、付款凭证。

④ 涉及项目分摊的,须提供分摊的依据、标准和计算方法。

(2) 具体应对方法及要点:

① 排洪工程的审核:通过对合同、预(决)算书的审核,重点关注施工项目是否属于该清算项目,是否需要分摊,分摊的方法、依据、计算是否合理、准确。

② 查看企业取得发票是否准确,金额是否与决算一致,发票是否真实。

③ 对单位面积成本较大项目的施工单位进行延伸调查,审核其所开具的发票是否全部列作本单位收入,所收款项与开发商付出款项是否一致,开票入账的收入与工程项目负责人结算的对应事项是否一致,有无虚开发票,帮助开发商虚增开发成本、转移资金的问题。

4. 政策依据

(一) 房地产开发企业办理土地增值税清算时计算与清算项目有关的扣除项目金额,应根据土地增值税暂行条例第六条及其实施细则第七条的规定执行。除另有规定外,扣除取得土地使用权所支付的金额、房地产开发成本、费用及与转让房地产有关税金,须提供合法有效凭证;不能提供合法有效凭证的,不予扣除。

(二) 房地产开发企业办理土地增值税清算所附送的前期工程费、建筑安装工程费、基础设施费、开发间接费用的凭证或资料不符合清算要求或不实的,地方税务机关可参照当地建设工程造价管理部门公布的建安造价定额资料,结合房屋结构、用途、区位等因素,核定上述四项开发成本的单位面积金额标准,并据以计算扣除。具体核定方法由省税务机关确定。

（摘自《国家税务总局关于房地产开发企业土地增值税清算管理有关问题的通知》国税发〔2006〕187号）

八、单位面积通信工程支出指标

1. 风险指标描述

（1）指标公式：单位面积通信工程支出＝通信工程支出申报数÷建筑面积。

（2）预警值设置：单位面积通信工程支出预警值＝∑同时期、同区域、同类型房地产项目通信工程支出申报数÷∑同时期、同区域、同类型房地产项目建筑面积，该指标负偏离显示正常，正偏离显示异常。

（3）指标功能：单位面积通信工程支出风险指标用于判断该项目通信工程支出是否偏高；该指标正偏离度越高，风险越大。

2. 风险指标运用

（1）部分房地产开发企业通过虚签合同，虚构通信工程项目或虚增通信工程支出金额。

（2）虚构没有实际发生的业务，开具虚假发票，虚增通信工程支出。

（3）成本归集错误，混淆成本归集方向，把不属于通信工程的支出列入。

（4）将房地产开发费用计入通信工程支出。

（5）多个项目共同发生的通信工程支出，未按照项目合理分摊。

3. 风险应对方法

（1）消除风险审阅资料参考：

① 通信工程施工合同、预（决）算书、审定单、结算单等。

② 通信工程须提供由发包人或者其派驻的工地代表签字确认的隐蔽工程验收单据。

③ 通信工程等发票、付款凭证。

④ 建筑工程规划许可证、住宅小区公建配套项目建设完成情况备案表。

（2）具体应对方法及要点：

① 采取"实地查验"方法，到施工现场了解其通信工程开发情况，从而估算项目工程量。

② 审核企业内控制度，审查与成本核算相关的内部控制是否存在、有效且被一贯遵守；根据有关的内部环境、风险评估、控制活动、信息与沟通、内部监督等内控要素，评价内部控制的设计、运行的有效性，判断是否存在重大漏洞。

③ 查阅账簿凭证，查看相关工程的预算书、工程合同、决算书。

④ 查阅建筑工程规划许可证、住宅小区公建配套项目建设完成情况备案表。

⑤ 比较分析工程合同金额、预算金额、决算金额，看是否存在明显异常，计算单位成本看是否明显偏高。

⑥ 通信工程一般由专业施工企业施工，建筑单位成本具有较强的可比性。通过对合同、预(决)算书的审核，重点关注施工项目是否属于该清算项目，是否需要分摊，分摊的方法、依据、计算是否合理、准确。

⑦ 加强对大额发票(10 万元以上)的比对，特别是对同批次、同一代码段的发票的审核比对；对于频繁发生事项、类似开票项目、同一施工单位应重点关注。

⑧ 发票审核：

1）房地产开发企业提供的通信工程支出发票是否符合发票开具的相关规定。

2）确认发票的真伪。注意是否存在代开、虚开发票的情况。评估人员可将金额较大的发票输入发票查询系统，以验证发票的领购方。

4. **政策依据**

房地产开发企业办理土地增值税清算时计算与清算项目有关的扣除项目金额，应根据土地增值税暂行条例第六条及其实施细则第七条的规定执行。除另有规定外，扣除房地产开发成本、费用，须提供合法有效凭证；不能提供合法有效凭证的，不予扣除。

房地产开发企业办理土地增值税清算所附送的前期工程费、建筑安装工程费、基础设施费、开发间接费用的凭证或资料不符合清算要求或不实的，地方税务机关可参照当地建设工程造价管理部门公布的建安造价定额资料，结合房屋结构、用途、区位等因素，核定上述四项开发成本的单位面积金额标准，并据以计算扣除。具体核定方法由省税务机关确定。

（摘自《国家税务总局关于房地产开发企业土地增值税清算管理有关问题的通知》国税发〔2006〕187 号第四条第一款、第二款）

（二）审核扣除项目是否符合下列要求：

1. 在土地增值税清算中，计算扣除项目金额时，其实际发生的支出应当取得但未取得合法凭据的不得扣除。

2. 扣除项目金额中所归集的各项成本和费用，必须是实际发生的。

3. 扣除项目金额应当准确地在各扣除项目中分别归集，不得混淆。

4. 扣除项目金额中所归集的各项成本和费用必须是在清算项目开发中

直接发生的或应当分摊的。

5. 纳税人分期开发项目或者同时开发多个项目的,或者同一项目中建造不同类型房地产的,应按照受益对象,采用合理的分配方法,分摊共同的成本费用。

6. 对同一类事项,应当采取相同的会计政策或处理方法。会计核算与税务处理规定不一致的,以税务处理规定为准。

(摘自《土地增值税清算管理规程》国税发〔2009〕91 号第二十一条)

九、单位面积照明工程支出指标

1. 风险指标描述

(1) 指标公式:单位面积照明工程支出 = 照明工程支出申报数 ÷ 建筑面积。

(2) 预警值设置:单位面积照明工程支出预警值 = Σ同时期、同区域、同类型房地产项目照明工程支出申报数 ÷ Σ同时期、同区域、同类型房地产项目建筑面积,该指标负偏离显示正常,正偏离显示异常。

(3) 指标功能:单位面积照明工程支出风险指标用于判断该项目照明工程支出是否偏高;该指标正偏离度越高,风险越大。

2. 风险指标运用

(1) 部分房地产开发企业通过虚签合同,虚构照明工程项目或虚增照明工程支出金额。

(2) 虚构没有实际发生的业务,开具虚假发票,虚增照明工程支出。

(3) 成本归集错误,混淆成本归集方向,把不属于照明工程的支出列入。

(4) 将房地产开发费用计入照明工程支出。

(5) 多个项目共同发生的照明工程支出,未按照项目合理分摊。

3. 风险应对方法

(1) 消除风险审阅资料参考:

① 照明工程施工合同、预(决)算书、审定单、结算单等。

② 照明工程须提供由发包人或者其派驻的工地代表签字确认的隐蔽工程验收单据。

③ 照明工程等发票、付款凭证。

④ 建筑工程规划许可证、住宅小区公建配套项目建设完成情况备案表。

（2）具体应对方法及要点：

① 采取“实地查验”方法，到施工现场了解其真实开发情况，从而估算项目工程量。

② 审核企业内控制度，审查与成本核算相关的内部控制是否存在、有效且被一贯遵守；根据有关的内部环境、风险评估、控制活动、信息与沟通、内部监督等内控要素，评价内部控制的设计、运行的有效性，判断是否存在重大漏洞。

③ 查阅账簿凭证，查看相关工程的预算书、工程合同、决算书。

④ 查阅建筑工程规划许可证、住宅小区公建配套项目建设完成情况备案表。

⑤ 比较分析工程合同金额、预算金额、决算金额，看是否存在明显异常，计算单位成本看是否明显偏高。

⑥ 通过甲供材料采购签收入库数量与施工单位领用出库数量、工程实际需要量进行核对，看其是否基本相符，对误差较大的工程材料，应作为审核关注的重点事项，从材料来源、资金去向方面进行重点审核。

⑦ 通过对施工企业开票结算金额与施工合同（最初）约定金额对比分析，结合市场材料价格变化情况，将开票金额大于施工合同约定金额较大的作为重点关注对象。

⑧ 对单位面积成本较大项目的施工单位进行延伸调查，有无虚开发票，帮助开发商虚增开发成本、转移资金的问题。

⑨ 发票审核：

1）房地产开发企业提供的照明工程支出发票是否符合发票开具的相关规定。

2）确认发票的真伪。注意是否存在代开、虚开发票的情况。评估人员可将金额较大的发票输入发票查询系统，以验证发票的领购方。

4. 政策依据

房地产开发企业办理土地增值税清算时计算与清算项目有关的扣除项目金额，应根据土地增值税暂行条例第六条及其实施细则第七条的规定执行。除另有规定外，扣除房地产开发成本、费用，须提供合法有效凭证；不能提供合法有效凭证的，不予扣除。

房地产开发企业办理土地增值税清算所附送的前期工程费、建筑安装工程费、基础设施费、开发间接费用的凭证或资料不符合清算要求或不实的，地方税务机关可参照当地建设工程造价管理部门公布的建安造价定额资料，结合房屋结构、用途、区位等因素，核定上述四项开发成本的单位面积金额标准，并据以计算扣除。具体核定方法由省税务机关确定。

（摘自《国家税务总局关于房地产开发企业土地增值税清算管理有关问题的通知》国税发〔2006〕187号第四条第一款、第二款）

审核扣除项目是否符合下列要求：

1. 在土地增值税清算中，计算扣除项目金额时，其实际发生的支出应当取得但未取得合法凭据的不得扣除。

2. 扣除项目金额中所归集的各项成本和费用，必须是实际发生的。

3. 扣除项目金额应当准确地在各扣除项目中分别归集，不得混淆。

4. 扣除项目金额中所归集的各项成本和费用必须是在清算项目开发中直接发生的或应当分摊的。

5. 纳税人分期开发项目或者同时开发多个项目的，或者同一项目中建造不同类型房地产的，应按照受益对象，采用合理的分配方法，分摊共同的成本费用。

6. 对同一类事项，应当采取相同的会计政策或处理方法。会计核算与税务处理规定不一致的，以税务处理规定为准。

（摘自《土地增值税清算管理规程》国税发〔2009〕91号第二十一条）

十、单位面积环卫工程支出指标

1. 风险指标描述

（1）指标公式：单位面积环卫工程支出 = 环卫工程支出申报数 ÷ 建筑面积。

（2）预警值设置：单位面积环卫工程支出预警值 = Σ同时期、同区域、同类型房地产项目环卫工程支出申报数 ÷ Σ同时期、同区域、同类型房地产项目建筑面积，该指标负偏离显示正常，正偏离显示异常。

（3）指标功能：单位面积环卫工程支出风险指标用于判断该项目环卫工程支出是否偏高；该指标正偏离度越高，风险越大。

2. 风险指标运用

（1）部分房地产开发企业通过虚签合同，虚构环卫工程项目或虚增环卫工程支出金额。

（2）虚构没有实际发生的业务，开具虚假发票，虚增环卫工程支出。

（3）成本归集错误，混淆成本归集方向，把不属于环卫工程的支出列入。

（4）将房地产开发费用计入环卫工程支出。

（5）多个项目共同发生的环卫工程支出，未按照项目合理分摊。

3. 风险应对方法

（1）消除风险审阅资料参考：

① 环卫工程施工合同、预（决）算书、审定单、结算单等。

② 环卫工程须提供由发包人或者其派驻的工地代表签字确认的隐蔽工程验收单据。

③ 环卫工程等发票、付款凭证。

④ 建筑工程规划许可证、住宅小区公建配套项目建设完成情况备案表。

（2）具体应对方法及要点：

① 采取“实地查验”方法，到施工现场了解其真实开发情况，从而估算项目工程量。

② 审核企业内控制度，审查与成本核算相关的内部控制是否存在、有效且被一贯遵守；根据有关的内部环境、风险评估、控制活动、信息与沟通、内部监督等内控要素，评价内部控制的设计、运行的有效性，判断是否存在重大漏洞。

③ 查阅账簿凭证，查看相关工程的预算书、工程合同、决算书。

④ 查阅建筑工程规划许可证、住宅小区公建配套项目建设完成情况备案表。

⑤ 比较分析工程合同金额、预算金额、决算金额，看是否存在明显异常，计算单位成本看是否明显偏高。

⑥ 环卫工程一般由专业施工企业施工，建筑单位成本具有较强的可比性。通过对合同、预（决）算书的审核，重点关注施工项目是否属于该清算项目，是否需要分摊，分摊的方法、依据、计算是否合理、准确。

⑦ 加强对大额发票（10 万元以上）的比对，特别是对同批次、同一代码段的发票的审核比对；对于频繁发生事项、类似开票项目、同一施工单位应重点关注。

⑧ 对单位面积成本较大项目的施工单位进行延伸调查，有无虚开发票，帮助开发商虚增开发成本、转移资金的问题。

⑨ 发票审核：

1）房地产开发企业提供的环卫工程支出发票是否符合发票开具的相关规定。

2）确认发票的真伪。注意是否存在代开、虚开发票的情况。评估人员可将金额较大的发票输入发票查询系统，以验证发票的领购方。

4. **政策依据**

房地产开发企业办理土地增值税清算时计算与清算项目有关的扣除项目金额,应根据土地增值税暂行条例第六条及其实施细则第七条的规定执行。除另有规定外,扣除房地产开发成本、费用,须提供合法有效凭证;不能提供合法有效凭证的,不予扣除。

房地产开发企业办理土地增值税清算所附送的前期工程费、建筑安装工程费、基础设施费、开发间接费用的凭证或资料不符合清算要求或不实的,地方税务机关可参照当地建设工程造价管理部门公布的建安造价定额资料,结合房屋结构、用途、区位等因素,核定上述四项开发成本的单位面积金额标准,并据以计算扣除。具体核定方法由省税务机关确定。

(摘自《国家税务总局关于房地产开发企业土地增值税清算管理有关问题的通知》国税发〔2006〕187 号第四条第一款、第二款)

审核扣除项目是否符合下列要求:

1. 在土地增值税清算中,计算扣除项目金额时,其实际发生的支出应当取得但未取得合法凭据的不得扣除。

2. 扣除项目金额中所归集的各项成本和费用,必须是实际发生的。

3. 扣除项目金额应当准确地在各扣除项目中分别归集,不得混淆。

4. 扣除项目金额中所归集的各项成本和费用必须是在清算项目开发中直接发生的或应当分摊的。

5. 纳税人分期开发项目或者同时开发多个项目的,或者同一项目中建造不同类型房地产的,应按照受益对象,采用合理的分配方法,分摊共同的成本费用。

6. 对同一类事项,应当采取相同的会计政策或处理方法。会计核算与税务处理规定不一致的,以税务处理规定为准。

(摘自《土地增值税清算管理规程》国税发〔2009〕91 号第二十一条)

十一、单位面积绿化工程支出指标

1. **风险指标描述**

(1) 指标公式:单位面积绿化工程支出 = 绿化工程支出申报数 ÷ 建筑面积。

(2) 预警值设置:单位面积绿化工程支出预警值 = Σ同时期、同区域、同类型房地产项目绿化工程费支出 ÷∑同时期、同区域、同类型房地产项目建筑面积,该指标负偏离显示正常,正偏离显示异常。

(3) 指标功能:单位面积绿化工程支出风险指标用于判断该项目绿化工程支出是否偏高。

2. 风险指标运用

该指标在系统中显示异常,表明存在风险。风险产生原因:

(1) 虚签合同,虚报苗木价格,虚增苗木数量或增加绿化工程量。

(2) 重复列支,同一笔绿化工程费用重复扣除。

(3) 虚开发票,开票金额大于实际支付金额。

(4) 项目分摊混乱,涉及多个项目分摊绿化费的,可能将其他项目的绿化费混入本项目进行扣除。

3. 风险应对方法

(1) 消除风险审阅资料参考:

① 绿化工程施工合同、苗木清单、预(决)算书、审定单、结算单、竣工验收表等。

② 绿化工程相关发票、付款凭证。

③ 涉及项目分摊的,须提供分摊的依据、标准和计算方法。

(2) 具体应对方法及要点:

① 实地查看绿化面积、苗木数量、苗木种类,并将查看结果与审定单等上面的施工面积、绿化面积、苗木清单审核比对,以寻找虚增项目、虚增工程量的切入点。

② 通过走访绿化部门或市场了解苗木价格。

③ 审核企业内部控制是否存在、有效且被一贯遵守。

④ 通过对施工企业开票结算金额与施工合同(最初)约定金额的对比分析,结合市场材料价格变化情况,将开票金额大于施工合同约定金额较大的作为重点关注对象。

⑤ 查核相关的合同及发票,核对票据的合法性,同时考虑其支出的合理性。绿化工程的成本费用一般约为 35 ~ 50 元/平方米(按整个项目的建筑面积计算)。

⑥ 通过实地查看及调阅施工日记,了解一些规模较大的绿化工程是否确实存在,有无开发商以绿化工程名义虚开发票、虚增开发成本的问题。

⑦ 审核绿化工程是否取得合法有效的凭证,相关款项是否已经支付。审查发票和银行支付记录金额的一致性;对通过现金支付的大额发票,应关注其是否真实合理。

4. **政策依据**

基础设施费包括开发小区内道路、供水、供电、供气、排污、排洪、通讯、照明、环卫、绿化等工程发生的支出。

（摘自《中华人民共和国土地增值税暂行条例实施细则》财法〔1995〕6号第七条第二款）

审核前期工程费、基础设施费时应当重点关注：前期工程费、基础设施费是否真实发生，是否存在虚列情形。是否将房地产开发费用记入前期工程费、基础设施费。多个（或分期）项目共同发生的前期工程费、基础设施费，是否按项目合理分摊。

（摘自《土地增值税清算管理规程》国税发〔2009〕91号第二十三条）

十二、单位面积其他设施工程支出指标

1. **风险指标描述**

（1）指标公式：单位面积其他设施工程支出 = 其他设施工程支出申报数 ÷ 建筑面积。

（2）预警值设置：单位面积其他设施工程支出预警值 = Σ同时期、同区域、同类型房地产项目其他设施工程支出 ÷ Σ同时期、同区域、同类型房地产项目建筑面积，该指标负偏离显示正常，正偏离显示异常。

（3）指标功能：单位面积其他设施工程支出风险指标用于判断该项目其他设施工程支出是否偏高。

2. **风险指标运用**

该指标在系统中显示异常，表明存在风险。风险产生原因：

（1）虚签合同，虚增其他设施工程项目或虚列其他设施工程金额。

（2）重复列支甲供材金额。

（3）虚开发票，开票金额大于审定金额，或者大于实际支付金额。

3. **风险应对方法**

（1）消除风险审阅资料参考：

① 工程施工合同、预（决）算书、审定单、结算单等。

② 隐蔽工程（是指电气管线、供水供热管线等需要覆盖、掩盖的工程）须提供由发包人或者其派驻的工地代表签字确认的隐蔽工程验收单据。

③ 其他设施工程等发票、付款凭证。

④ 涉及项目分摊的，须提供分摊的依据、标准和计算方法。

（2）具体应对方法及要点：

① 实地查看其他设施工程，与企业申报的项目是否一致，与审定单等上面的施工项目进行审核比对，以寻找虚增项目、虚增工程量的切入点。

② 审核企业内部控制是否存在、有效且被一贯遵守。

③ 通过对甲供材料采购签收入库数量与施工单位领用出库数量、工程实际需要量进行核对，看其是否基本相符，对误差较大的工程材料，应作为审核关注的重点事项，从材料来源、资金去向方面进行重点审核。

④ 通过对施工企业开票结算金额与施工合同（最初）约定金额对比分析，结合市场材料价格变化情况，将开票金额大于施工合同约定金额较大的作为重点关注对象。

⑤ 对单位面积成本较大项目的施工单位进行延伸调查，审核其所开发票是否全部列作本单位收入，所收款项与开发商付出款项是否一致，开票入账的收入与工程项目负责人结算的对应事项是否一致，有无虚开发票，帮助开发商虚增开发成本、转移资金的问题。

4. 政策依据

基础设施费包括开发小区内道路、供水、供电、供气、排污、排洪、通讯、照明、环卫、绿化等工程发生的支出。

（摘自《中华人民共和国土地增值税暂行条例实施细则》财法〔1995〕6 号第七条第二款）

审核前期工程费、基础设施费时应当重点关注：前期工程费、基础设施费是否真实发生，是否存在虚列情形。是否将房地产开发费用记入前期工程费、基础设施费。多个（或分期）项目共同发生的前期工程费、基础设施费，是否按项目合理分摊。

（摘自《土地增值税清算管理规程》国税发〔2009〕91 号第二十三条）

第九节 公共配套设施费类清算风险指标应对方法及要求

一、公共配套设施费指标

(一) 单位面积公共配套设施费指标

1. 风险指标描述

(1) 指标公式:单位面积公共配套设施费 = 公共配套设施费 ÷ 建筑面积。

(2) 预警值设置:单位面积公共配套设施费预警值 = Σ同时期、同区域、同类型房地产项目公共配套设施费 ÷ Σ同时期、同区域、同类型房地产项目建筑面积,该指标负偏离显示正常,正偏离显示异常。

(3) 指标功能:单位面积公共配套设施费(扣除学校、人防)风险指标用于判断公共配套设施费(扣除学校、人防)支出是否偏高。

2. 风险指标应用

该指标在系统中显示异常,表明存在风险。风险产生原因:

(1) 虚签合同,虚列公配金额,或将规划范围外的项目列入其中。

(2) 虚开发票,开票金额大于实际支付金额。

(3) 虚列不可扣除项目:将移交给政府用于营利性社会公共事业或产权不属于全体业主的项目进行了费用列支;或是将企业自用或出租的公共配套设施进行了费用列支。

(二) 公共配套设施费成本占比指标

1. 风险指标描述

(1) 指标公式:公共配套设施费成本占比 = 公共配套设施费 ÷ 房地产开发成本。

(2) 预警值设置:公共配套设施费成本占比预警值 = Σ同时期、同区域、同类型房地产项目公共配套设施费 ÷ Σ同时期、同区域、同类型房地产项目房地产开发成本,该指标偏离值越大,风险越大。

(3) 指标功能:公共配套设施费(扣除学校、人防)成本占比风险指标用于判断公共配套设施费(扣除学校、人防)支出是否偏高。

2. 风险指标应用

该指标在系统中显示异常,表明存在风险。风险产生原因:

(1) 虚签合同,虚列公配金额,或存在规划中未列明的项目。

(2) 虚开发票,开票金额大于实际支付金额。

(3) 虚列不可扣除项目:将移交给政府用于营利性社会公共事业或产权不属于全体业主的项目进行了费用列支;或是将企业自用或出租的公共配套设施进行了费用列支。

(4) 成本费用归集错误,将应列入其他类目的成本费用列入了公共配套设施费中。

(5) 虚构房地产开发成本,通过虚增某一项成本金额或虚构某一成本项目来达到虚增开发成本的目的。

(三) 公共配套设施费收入占比指标

1. 风险指标描述

(1) 指标公式:公共配套设施费收入占比 = 公共配套设施费 ÷ 转让房地产收入总额。

(2) 预警值设置:公共配套设施费收入占比预警值 = $\sum$同时期、同区域、同类型房地产项目公共配套设施费 ÷ $\sum$同时期、同区域、同类型房地产项目售房收入,该指标偏离值越大,风险越大。

(3) 指标功能:公共配套设施费(扣除学校、人防)收入占比风险指标用于判断公共配套设施费(扣除学校、人防)支出是否偏高。

2. 风险指标应用

该指标在系统中显示异常,表明存在风险。风险产生原因:

(1) 虚签合同,虚列公配金额,或存在规划中未列明的项目。

(2) 重复列支,同一笔公配设施费用重复扣除。

(3) 虚开发票,开票金额大于实际支付金额。

(4) 虚列不可扣除项目:将移交给政府用于营利性社会公共事业或产权不属于全体业主的项目进行了费用列支;或是将企业自用或出租的公共配套设施进行了费用列支。

(5) 成本费用归集错误,混淆成本归集方向,把不属于公共配套设施费的成本列入。

(6) 将预收购房款、售房款挂在往来账上,或隐匿收入,或不做、不及时做账务处理。

(7) 以明显偏低的价格将商品房销售给本公司股东或关联企业及个人,减少收入。

(8) 分解售房款收入,对部分款项只开具收款收据,隐匿收入。

(四) 公共配套设施费指标风险应对方法

1. 消除风险审阅资料参考

(1) 项目规划书、销售合同和具有法律效力的有关证明文件,无偿移交给政府、公用事业单位用于非营利性社会公共事业的相关文件及证明材料。

(2) 公共配套设施工程施工合同、预(决)算书、审定单、结算单等。

(3) 公共配套设施变更合同工程施工日记或由建设方、施工方、监理方三方签字确认的签证单据。

(4) 住宅小区公建配套项目建设完成情况备案表。

(5) 公共配套设施费的发票、票据和银行支付记录。

2. 具体应对方法及要点

(1) 实地查看公共配套设施,并将查看结果与项目规划书、住宅小区公建配套项目建设完成情况备案表上的信息进行比对,审核公共配套设施的界定是否准确,有无预提的公共配套设施费情况。

(2) 查看相关工程的预算书、工程合同、决算书,审核公共配套设施费是否真实发生。

(3) 审核是否将房地产开发费用记入公共配套设施费。

(4) 多个(或分期)项目共同发生的公共配套设施费,是否按项目合理分摊。

(5) 查看公告或其他证明资料,判断公共配套设施产权是否交由全体业主。

(6) 查看产权所有人的房产证,判断是否存在建成后无偿移交给政府、公用事业单位用于非营利性社会公共事业的情况。如果是移交给学校,须查看学校是否存在财政补贴收入。

(7) 审核公共配套设施费是否取得合法有效的凭证,相关款项是否已经支付。审查发票和银行支付记录金额的一致性;对通过现金支付的大额发票,应关注其是否真实合理。

(五) 政策依据

公共配套设施费,包括不能有偿转让的开发小区内公共配套设施发生的支出。

(摘自《中华人民共和国土地增值税暂行条例实施细则》第七条第二款)

房地产开发企业开发建造的与清算项目配套的居委会和派出所用房、会所、停车场(库)、物业管理场所、变电站、热力站、水厂、文体场馆、学校、幼儿园、托儿所、医院、邮电通讯等公共设施,按以下原则处理:1. 建成后产权属于全体业主所有的,其成本、费用可以扣除;2. 建成后无偿移交给政府、公用事业单位用于非营利性社会公共事业的,其成本、费用可以扣除;3. 建成后有偿转让的,应计算收入,并准予扣除成本、费用。

(摘自《国家税务总局关于房地产开发企业土地增值税清算管理有关问题的通知》国税发〔2006〕187 号第三条第(三)款)

公共配套设施成本费用的扣除。房地产开发企业建造的各项公共配套设施,建成后移交给全体业主或无偿移交给政府、公共事业单位用于非营利性社会公共事业的,准予扣除相关成本、费用;未移交的,不得扣除相关成本、费用。项目规划范围之外的,其开发成本、费用一律不予扣除。人防工程的使用权和收益权未无偿移交给全体业主的,其相关成本、费用不予扣除。

(摘自《关于土地增值税有关业务问题的公告》苏地税规〔2012〕1 号第五条第二款)

二、单位面积学校用房建筑安装成本指标

1. 风险指标描述

(1) 指标公式:单位面积学校用房建筑安装成本 = 学校用房建筑安装成本 ÷ 学校用房建筑面积。

(2) 预警值设置:单位面积学校用房建筑安装成本预警值 = Σ同时期、同结构学校用房建筑安装成本 ÷ Σ同时期、同结构学校用房建筑面积,该指标负偏离显示正常,正偏离显示异常。

(3) 指标功能:单位面积学校用房费用风险指标用于判断学校用房费用支出是否偏高。

2. 风险指标应用

该指标在系统中显示异常,表明存在风险。风险产生原因:

(1) 虚签合同,虚列金额,或存在规划中未列明的项目。

(2) 虚开发票,开票金额大于实际支付金额。

(3) 成本费用归集错误,混淆成本归集方向,把不属于学校用房费用的成本列入。

3．风险应对方法

（1）消除风险审阅资料参考：

① 项目规划书、销售合同和具有法律效力的有关证明文件，无偿移交给政府、公用事业单位用于非营利性社会公共事业的相关文件及证明材料。

② 学校用房施工合同、预（决）算书、审定单、结算单等。

③ 学校用房变更工程施工日记或由建设方、施工方、监理方三方签字确认的签证单据。

④ 学校用房施工工程的发票、票据和银行支付记录。

⑤ 房屋产权证。

（2）具体应对方法及要点：

① 实地查看学校用房面积，并将查看结果与项目规划书、审定单上的面积审核比对，以寻找虚增项目、虚增工程量的切入点。

② 查看学校是否存在财政补贴收入。

③ 查看项目规划书，核对学校用房工程是否在规划中列明，未列入规划的不可扣除。查看是否存在多个项目，相关的学校用房工程费是否应在各项目之间进行合理分摊。

④ 查看相关工程的预算书、工程合同、决算书，核对工程项目金额是否准确。

⑤ 审核学校用房工程是否取得合法有效的凭证，相关款项是否已经支付。审查发票和银行支付记录金额的一致性；对通过现金支付的大额发票，应关注其是否真实合理。

4．政策依据

房地产开发企业开发建造的与清算项目配套的居委会和派出所用房、会所、停车场（库）、物业管理场所、变电站、热力站、水厂、文体场馆、学校、幼儿园、托儿所、医院、邮电通讯等公共设施，按以下原则处理：建成后产权属于全体业主所有的，其成本、费用可以扣除；建成后无偿移交给政府、公用事业单位用于非营利性社会公共事业的，其成本、费用可以扣除；建成后有偿转让的，应计算收入，并准予扣除成本、费用。

（摘自《国家税务总局关于房地产开发企业土地增值税清算管理有关问题的通知》国税发〔2006〕187 号第三条第（三）款）

三、单位面积人防设施费用指标

1. 风险指标描述

（1）指标公式：单位面积人防设施费用＝人防工程支出÷建筑面积。

（2）预警值设置：单位面积人防设施费用预警值＝∑同时期、同区域、同类型房地产项目人防设施费用÷∑同时期、同区域、同类型房地产项目建筑面积，该指标负偏离显示正常，正偏离显示异常。

（3）指标功能：单位面积人防设施费用风险指标用于判断人防设施费用支出是否偏高。

2. 风险指标应用

该指标在系统中显示异常，表明存在风险。风险产生原因：

（1）虚签合同，虚列人防设施费金额或增加工程量。

（2）虚开发票，开票金额大于实际支付金额。

（3）成本费用归集错误，混淆成本归集方向，把不属于人防设施费的成本列入。

（4）将其他配建设施支出列入人防设施费用。

3. 风险应对方法

（1）消除风险审阅资料参考：

① 人防设施规划书、设计图纸及人防工程和设施开发利用项目行政许可证明。

② 人防设施施工合同、预（决）算书、审定单、结算单等。

③ 人防设施变更工程施工日记或由建设方、施工方、监理方三方签字确认的签证单据。

④ 人防施工工程的发票、票据和银行支付记录。

（2）具体应对方法及要点：

① 实地查看人防设施，并将查看结果与项目规划书、审定单上的面积审核比对，以寻找虚增项目、虚增工程量的切入点。

② 审核企业内部控制是否存在、有效且被一贯遵守。

③ 查看规划书，核对人防施工工程是否在规划中列明，是否将其他公配项目列入了人防扣除项目。

④ 查看相关工程的预算书、工程合同、决算书，审核工程项目是否真实存在。

⑤ 审核人防施工工程是否取得合法有效的凭证，相关款项是否已经支付。

审查发票和银行支付记录金额的一致性；对通过现金支付的大额发票，应关注其是否真实合理。

4. **政策依据**

公共配套设施费，包括不能有偿转让的开发小区内公共配套设施发生的支出。

（摘自《中华人民共和国土地增值税暂行条例实施细则》财法〔1995〕6号第七条）

公共配套设施成本费用的扣除。房地产开发企业建造的各项公共配套设施，建成后移交给全体业主或无偿移交给政府、公共事业单位用于非营利性社会公共事业的，准予扣除相关成本、费用；未移交的，不得扣除相关成本、费用。项目规划范围之外的，其开发成本、费用一律不予扣除。人防工程的使用权和收益权未无偿移交给全体业主的，其相关成本、费用不予扣除。

（摘自《关于土地增值税有关业务问题的公告》苏地税规〔2012〕1号第五条第二款）

第十节　开发间接费用类清算风险指标应对方法及要求

一、开发间接费用指标

（一）单位面积开发间接费用指标

1. **风险指标描述**

（1）指标公式：单位面积开发间接费用＝开发间接费用÷建筑面积。

（2）预警值设置：单位面积开发间接费用预警值＝∑同时期、同区域、同类型房地产项目开发间接费用÷∑同时期、同区域、同类型房地产项目建筑面积，该指标负偏离显示正常，正偏离显示异常。

（3）指标功能：单位面积开发间接费用风险指标用于判断开发间接费用支出是否偏高。

2. **风险指标应用**

该指标在系统中显示异常，表明存在风险。风险产生原因：

（1）虚列支出，虚增人数，虚列工资福利费金额，虚增办公费用。

（2）成本费用归集错误，混淆成本归集方向，把管理部门的管理费用列入开发间接费。

（二）开发间接费用成本占比指标

1. 风险指标描述

（1）指标公式：开发间接费用成本占比 = 开发间接费用 ÷ 房地产开发成本。

（2）预警值设置：开发间接费用成本占比预警值 = Σ同时期、同区域、同类型房地产项目开发间接费用 ÷ Σ同时期、同区域、同类型房地产项目房地产开发成本，该指标偏离值越大，风险越大。

（3）指标功能：开发间接费用成本占比风险指标用于判断开发间接费用支出是否偏高。

2. 风险指标应用

该指标在系统中显示异常，表明存在风险。风险产生原因：

（1）虚列支出，虚增人数，虚列工资福利费金额，虚增办公费用。

（2）成本费用归集错误，混淆成本归集方向，把不属于间接开发费的成本列入。

（三）开发间接费用收入占比指标

1. 风险指标描述

（1）指标公式：开发间接费用收入占比 = 开发间接费用 ÷ 转让房地产收入总额。

（2）预警值设置：开发间接费用收入占比预警值 = Σ同时期、同区域、同类型房地产项目开发间接费用 ÷ Σ同时期、同区域、同类型房地产项目售房收入，该指标偏离值越大，风险越大。

（3）指标功能：开发间接费用收入占比风险指标用于判断开发间接费用支出是否偏高。

2. 风险指标应用

该指标在系统中显示异常，表明存在风险。风险产生原因：

（1）虚列支出，虚增人数，虚列工资福利费金额，虚增办公费用。

（2）成本费用归集错误，混淆成本归集方向，把不属于开发间接费的成本列入。

（3）将预收购房款、售房款挂在往来账上，或隐匿收入，或不做、不及时做账务处理。

（4）以明显偏低的价格将商品房销售给本公司股东或关联企业及个人，减少收入。

（5）分解售房款收入，对部分款项只开具收款收据，隐匿收入。

（四）开发间接费用指标风险应对方法

1. 消除风险审阅资料参考

（1）企业工资制度、企业董事会或职工代表大会通过的规章制度。

（2）企业个人所得税的申报资料。

（3）各个开发项目的管理人员工作安排及变更表。

（4）企业福利费明细表。

（5）企业各年度的办公费用使用情况分配表。

（6）发放劳保用品的规章制度。

2. 具体应对方法及要点

（1）实地查看工程项目部现场，结合项目部文件及其他配合制度说明，确定项目部人员、资产构成，重点关注项目人员、资产是否属于该清算项目，分摊的方法、依据、计算是否合理、准确。

（2）审查与扣除项目核算相关的内部控制是否存在、有效且被一贯遵守。根据与扣除项目有关的内部环境、风险评估、控制活动、信息与沟通、内部监督等内控要素，评价内部控制的设计、运行的有效性，判断是否存在重大漏洞。

（3）查看企业工资制度：企业必须提供经企业董事会或职工代表大会通过的规章制度，主要审核工资的合理性。

（4）查看全员全额申报明细表：企业必须提供该项目开发以来的全员全额申报明细资料，主要是审核该企业直接组织、管理开发项目的人员是否纳入企业个人所得税的申报，申报金额和企业提供资料的金额是否一致。

（5）查看企业的福利费、办公费用等明细表或相关凭证，判断是否存在将企业行政管理部门为组织和管理生产经营活动而发生的管理费用记入开发间接费用的情形。

（6）审核开发间接费用是否真实发生，有无预提开发间接费用的情况，取得的凭证是否合法有效。

（五）政策依据

开发间接费用，指直接组织、管理开发项目发生的费用，包括工资、职工福利费、折旧费、修理费、办公费、水电费、劳动保护费、周转房摊销等。

（摘自《中华人民共和国土地增值税暂行条例实施细则》财法〔1995〕6号第七条）

二、项目现场管理人员人数比指标

1. 风险指标描述

（1）指标公式：项目现场管理人员人数比=项目现场管理人员人数÷同类型房地产项目现场管理人员人数均值。

（2）预警值设置：100%，该指标偏离值越大，风险越大。

（3）指标功能：项目现场管理人员人数比风险指标用于判断项目现场管理人员工资及其费用支出是否偏高。

2. 风险指标应用

该指标在系统中显示异常，表明存在风险。风险产生原因：

（1）虚列现场管理人员人数，明显超过一般工程所需管理人员人数。

（2）将非项目现场管理人员混入其中。

3. 风险应对方法

（1）消除风险审阅资料参考：

① 企业工资制度、企业董事会或职工代表大会通过的规章制度。

② 企业个人所得税的申报资料。

③ 各个开发项目的管理人员工作安排及变更表。

（2）具体应对方法及要点：

① 实地查看工程项目部现场，结合项目部文件及其他配合制度说明，确定项目部人员构成，重点关注项目人员是否属于该清算项目。

② 审查与扣除项目核算相关的内部控制是否存在、有效且被一贯遵守。根据与扣除项目有关的内部环境、风险评估、控制活动、信息与沟通、内部监督等内控要素，评价内部控制的设计、运行的有效性，判断是否存在重大漏洞。

4. 政策依据

开发间接费用，指直接组织、管理开发项目发生的费用，包括工资、职工福利费、折旧费、修理费、办公费、水电费、劳动保护费、周转房摊销等。

（摘自《中华人民共和国土地增值税暂行条例实施细则》财法〔1995〕6号第七条）

第十一节 房地产开发费用及其他扣除类清算风险指标应对方法及要求

一、房地产开发费用指标

（一）房地产开发费用收入比指标

1. 风险指标描述

（1）指标公式：房地产开发费用收入比 = 房地产开发费用 ÷ 转让房地产收入总额。

（2）预警值设置：房地产开发费用收入占比预警值 = ∑同时期、同区域、同类型房地产项目开发费用 ÷ ∑同时期、同区域、同类型房地产项目售房收入，该指标偏离值越大，风险越大。

（3）指标功能：房地产开发费用收入比指标用于判断房地产开发费用收入比是否偏高。

2. 风险指标运用

该指标在系统中显示异常，表明存在风险。风险产生的原因可能有：

（1）将利息支出列入了房地产开发成本中。

（2）利息支出不合理，超过商业银行同类同时期贷款利率计算利息或无法提供相关证明资料。

（3）其他房地产开发费用列支超过规定比例。

（4）分期开发项目或者同时开发多个项目的，其取得的一般性贷款的利息支出，未按照项目合理分摊。

（5）利用闲置专项借款对外投资取得的收益未冲减利息支出。

（6）将代收费用计入加计扣除以及房地产开发费用计算基数中。

（7）将预收购房款、售房款挂在往来账上，或隐匿收入，或不做、不及时做账务处理。

（8）以明显偏低的价格将商品房销售给本公司股东或关联企业及个人，减少收入。

（9）分解售房款收入，对部分款项只开具收款收据，隐匿收入。

3. 风险应对方法

（1）消除风险审阅资料参考：

① 金融机构借款凭证。

② 支付利息相关原始凭证。

（2）具体应对方法及要点：

① 查看企业是否将利息支出从房地产开发成本中调整至开发费用。

② 审核财务费用中的利息支出，凡能够按转让房地产项目计算分摊并提供金融机构证明的，允许据实扣除，但最高不能超过按商业银行同类同时期贷款利率计算的金额。其他房地产开发费用，在按照“取得土地使用权所支付的金额”与“房地产开发成本”金额之和的5%以内计算扣除。

③ 凡不能按转让房地产项目计算分摊利息支出或不能提供金融机构证明的，房地产开发费用在按“取得土地使用权所支付的金额”与“房地产开发成本”金额之和的10%以内计算扣除。全部使用自有资金，没有利息支出的，按照以上方法扣除。

④ 分期开发项目或者同时开发多个项目的，其取得的一般性贷款的利息支出，是否按照项目合理分摊。

⑤ 利用闲置专项借款对外投资取得收益，其收益是否冲减利息支出。

⑥ 对于县级以上人民政府要求房地产开发企业在售房时代收的各项费用，审核其代收费用是否计入房价并向购买方一并收取；当代收费用计入房价时，审核有无将代收费用计入加计扣除以及房地产开发费用计算基数的情形。

4. 政策依据

开发土地和新建房及配套设施的费用（以下简称房地产开发费用），是指与房地产开发项目有关的销售费用、管理费用、财务费用。财务费用中的利息支出，凡能够按转让房地产项目计算分摊并提供金融机构证明的，允许据实扣除，但最高不能超过按商业银行同类同时期贷款利率计算的金额。其他房地产开发费用，按“取得土地使用权所支付的金额”与“房地产开发成本”的金额之和的5%以内计算扣除。凡不能按转让房地产项目计算分摊利息支出或不能提供金融机构证明的，房地产开发费用按“取得土地使用权所支付的金额”与“房地产开发成本”的金额之和的10%以内计算扣除。

（摘自《中华人民共和国土地增值税暂行条例实施细则》第七条第（三）款）

（二）房地产开发费用扣除比

1. 风险指标描述

（1）指标公式：房地产开发费用扣除比 = 房地产开发费用 ÷（取得土地使用权所支付的金额 + 房地产开发成本）。

（2）预警值设置：10%，该指标大于等于预警值则可能存在风险。

（3）指标功能：房地产开发费用扣除比指标用于判断房地产开发费用扣除比是否偏高。

2．风险指标运用

该指标在系统中显示异常，表明存在风险。风险产生原因：

（1）利息支出不合理，超过按商业银行同类同时期贷款利率计算的利息或无法提供相关证明资料。

（2）其他房地产开发费用列支超过规定比例。

（3）分期开发项目或者同时开发多个项目的，其取得的一般性贷款的利息支出，未按照项目合理分摊。

（4）利用闲置专项借款对外投资取得的收益未冲减利息支出。

（5）将代收费用计入加计扣除以及房地产开发费用计算基数中。

（6）成本费用归集错误，混淆成本归集方向。

3．风险应对方法

（1）消除风险审阅资料参考：

① 金融机构借款凭证。

② 支付利息相关原始凭证。

（2）具体应对方法及要点：

① 查看企业是否将利息支出从房地产开发成本中调整至开发费用。

② 审核财务费用中的利息支出，凡能够按转让房地产项目计算分摊并提供金融机构证明的，允许据实扣除，但最高不能超过按商业银行同类同时期贷款利率计算的金额。其他房地产开发费用，在按照“取得土地使用权所支付的金额”与“房地产开发成本”金额之和的5%以内计算扣除。

③ 凡不能按转让房地产项目计算分摊利息支出或不能提供金融机构证明的，房地产开发费用在按“取得土地使用权所支付的金额”与“房地产开发成本”金额之和的10%以内计算扣除。全部使用自有资金，没有利息支出的，按照以上方法扣除。

④ 分期开发项目或者同时开发多个项目的，其取得的一般性贷款的利息支出，是否按照项目合理分摊。

⑤ 利用闲置专项借款对外投资取得收益，其收益是否冲减利息支出。

⑥ 对于县级以上人民政府要求房地产开发企业在售房时代收的各项费用，审核其代收费用是否计入房价并向购买方一并收取；当代收费用计入房价时，审核有无将代收费用计入加计扣除以及房地产开发费用计算基数的情形。

4. **政策依据**

开发土地和新建房及配套设施的费用（以下简称房地产开发费用），是指与房地产开发项目有关的销售费用、管理费用、财务费用。财务费用中的利息支出，凡能够按转让房地产项目计算分摊并提供金融机构证明的，允许据实扣除，但最高不能超过按商业银行同类同时期贷款利率计算的金额。其他房地产开发费用，按“取得土地使用权所支付的金额”与“房地产开发成本”的金额之和的5%以内计算扣除。凡不能按转让房地产项目计算分摊利息支出或不能提供金融机构证明的，房地产开发费用按“取得土地使用权所支付的金额”与“房地产开发成本”的金额之和的10%以内计算扣除。

（摘自《中华人民共和国土地增值税暂行条例实施细则》第七条第（三）款）

二、与转让房地产有关的税金指标

（一）与转让房地产有关的税金税负率指标

1. **风险指标描述**

（1）指标公式：与转让房地产有关的税金税负率 = 与转让房地产有关的税金 ÷ 转让房地产收入总额。

（2）预警值设置：与转让房地产有关的税金 = 营业税 + 城建税 + 教育费附加 + 地方教育费附加，该指标偏离值越大，风险越高。

（3）指标功能：与转让房地产有关的税金税负率风险指标用于判断税金税负支出是否偏高。

2. **风险指标应用**

该指标在系统中显示异常，表明存在风险。风险产生原因：

（1）企业申报税金时计税依据错误。

（2）将其他业务的税金混入了该房地产项目。

（3）将印花税列入其中进行税金扣除。

3. **风险应对方法**

（1）消除风险审阅资料参考：

① 企业纳税申报资料。

② 减免税申请审批表。

③ 税收缴款书或银行扣款凭证。

（2）具体应对方法及要点：

① 查看企业纳税申报资料，主要审核与转让房地产有关的税金，具体指在转让房地产时缴纳的营业税、城市维护建设税、印花税。因转让房地产缴纳的教育费附加，也可视同税金予以扣除。

② 查看纳税申报表，主要审核已纳税金是否与项目相关。

③ 查看减免税申请审批资料，主要是审核减免税金在清算时是否可以扣除。

④ 查看税收缴款书或银行扣款凭证，确认是否实际缴纳。

4. 政策依据

与转让房地产有关的税金是指在转让房地产时缴纳的营业税、城市维护建设税、印花税。因转让房地产缴纳的教育费附加，也可视同税金予以扣除。

（摘自《中华人民共和国土地增值税暂行条例实施细则》财法〔1995〕6 号第七条）

细则中规定允许扣除的印花税，是指在转让房地产时缴纳的印花税。房地产开发企业按照《施工、房地产开发企业财务制度》的有关规定，其缴纳的印花税列入管理费用，已相应予以扣除。其他的土地增值税纳税义务人在计算土地增值税时允许扣除在转让时缴纳的印花税。

（摘自《财政部国家税务总局关于土地增值税一些具体问题规定的通知》财税字〔1995〕48 号第九条）

（二）与转让房地产有关的税金扣除比指标

1. 风险指标描述

（1）指标公式：与转让房地产有关的税金扣除比 = 与转让房地产有关的税金 ÷ 扣除项目总额。

（2）预警值设置：与转让房地产有关的税金扣除比预警值 = Σ同时期、同区域、同类型房地产项目转让房地产的税金 ÷ Σ同时期、同区域、同类型房地产项目扣除项目总额，该指标偏离值越大，风险越大。

（3）指标功能：与转让房地产有关的税金扣除比风险指标用于判断税金支出是否偏高。

2. 风险指标应用

该指标在系统中显示异常，表明存在风险。风险产生原因：

（1）企业申报税金时计税依据错误。

（2）将其他业务的税金混入了该房地产项目。

（3）将印花税列入其中进行税金扣除。

（4）取得土地使用权所列支的金额大于支付的金额。

（5）房地产开发成本列支的金额大于支付的金额或存在分摊错误。

（6）房地产开发费用列支的金额大于支付的金额或存在分摊错误。

（7）其他扣除项目列支的金额大于支付的金额。

3．风险应对方法

（1）消除风险审阅资料参考：

① 企业纳税申报资料。

② 减免税申请审批表。

③ 税收缴款书或银行扣款凭证。

（2）具体应对方法及要点：

① 查看企业纳税申报资料，主要审核与转让房地产有关的税金，具体指在转让房地产时缴纳的营业税、城市维护建设税、印花税。因转让房地产缴纳的教育费附加，也可视同税金予以扣除。

② 查看纳税申报表，主要审核已纳税金是否与项目相关。

③ 查看减免税申请审批资料，主要是审核减免税金在清算时是否可以扣除。

④ 查看税收缴款书或银行扣款凭证，确认是否实际缴纳。

⑤ 结合土地成本指标、房地产开发成本指标、开发费用指标，审核扣除项目总额。

4．政策依据

与转让房地产有关的税金是指在转让房地产时缴纳的营业税、城市维护建设税、印花税。因转让房地产缴纳的教育费附加，也可视同税金予以扣除。

（摘自《中华人民共和国土地增值税暂行条例实施细则》财法〔1995〕6 号第七条）

细则中规定允许扣除的印花税，是指在转让房地产时缴纳的印花税。房地产开发企业按照《施工、房地产开发企业财务制度》的有关规定，其缴纳的印花税列入管理费用，已相应予以扣除。其他的土地增值税纳税义务人在计算土地增值税时允许扣除在转让时缴纳的印花税。

（摘自《财政部国家税务总局关于土地增值税一些具体问题规定的通知》财税字〔1995〕48 号第九条）

三、其他扣除项目指标

(一) 其他扣除项目收入比指标

1. 风险指标描述

(1) 指标公式：其他扣除项目收入比 = 其他扣除项目 ÷ 转让房地产收入总额。

(2) 预警值设置：其他扣除项目收入比预警值 = Σ同时期、同区域、同类型房地产项目其他扣除金额 ÷ Σ同时期、同区域、同类型房地产项目售房收入，该指标偏离值越大，风险越大。

(3) 指标功能：其他扣除项目收入比指标用于判断其他扣除项目收入比是否偏高。

2. 风险指标运用

该指标在系统中显示异常，表明存在风险。风险产生原因：

(1) 扣除金额超过规定比例。

(2) 不符合规定的代收费用作为扣除基数。

(3) 将代收费用计入加计扣除基数中。

3. 风险应对方法

(1) 消除风险审阅资料参考：参见土地成本和房地产开发成本须审核的资料。

(2) 具体应对方法及要点：

① 根据土地成本及房地产开发成本指标，审核该项目的这两项支出是否合理，计算是否正确。

② 对于县级及县级以上人民政府要求房地产开发企业在售房时代收的各项费用，可以根据代收费用是否计入房价和是否作为转让收入，确定能否扣除：1) 如果代收费用计入房价向购买方一并收取，则可作为转让房地产所取得的收入计税。相应地，在计算扣除项目金额时，代收费用可以扣除，但不得作为加计 20% 扣除的基数。2) 如果代收费用未计入房价中，而是在房价之外单独收取，可以不作为转让房地产的收入征税。相应地，在计算扣除项目金额时代收费用就不得在收入中扣除。

4. 政策依据

对从事房地产开发的纳税人可按“取得土地使用权所支付的金额”与“房地产开发成本”金额之和，加计 20% 的扣除。

(摘自《中华人民共和国土地增值税暂行条例实施细则》第七条第(六)款)

（二）其他扣除项目扣除比指标

1．**风险指标描述**

（1）指标公式：其他扣除项目扣除比 = 其他扣除项目 ÷ 扣除项目总额。

（2）预警值设置：其他扣除项目扣除比预警值 = ∑同时期、同区域、同类型房地产项目其他扣除项目金额 ÷ ∑同时期、同区域、同类型房地产项目扣除项目总额，该指标偏离值越大风险越大。

（3）指标功能：其他扣除项目扣除比指标用于判断其他扣除项目扣除比是否偏高。

2．**风险指标运用**

该指标在系统中显示异常，表明存在风险。风险产生原因：

（1）其他扣除项目扣除金额超过规定比例。

（2）不符合规定的代收费用作为扣除基数。

（3）取得土地使用权所列支的金额大于支付的金额。

（4）房地产开发成本列支的金额大于支付的金额或存在分摊错误。

（5）房地产开发费用列支的金额大于支付的金额或存在分摊错误。

（6）与转让房地产有关的税金存在差异。

3．**风险应对方法**

（1）消除风险审阅资料参考：参见土地成本和房地产开发成本须审核的资料。

（2）具体应对方法及要点：

① 根据土地成本及房地产开发成本指标，审核该项目的这两项支出是否合理，计算是否正确。

② 对于县级及县级以上人民政府要求房地产开发企业在售房时代收的各项费用，可以根据代收费用是否计入房价和是否作为转让收入，确定能否扣除：1）如果代收费用计入房价向购买方一并收取，则可作为转让房地产所取得的收入计税。相应地，在计算扣除项目金额时，代收费用可以扣除，但不得作为加计 20% 扣除的基数。2）如果代收费用未计入房价中，而是在房价之外单独收取，可以不作为转让房地产的收入征税。相应地，在计算扣除项目金额时代收费用就不得在收入中扣除。

4．**政策依据**

> 对从事房地产开发的纳税人可按“取得土地使用权所支付的金额”与“房地产开发成本”金额之和，加计 20% 的扣除。

（摘自《中华人民共和国土地增值税暂行条例实施细则》第七条第（六）款）

第十二节　后续管理风险指标应对方法及要求

一、继续销售申报及时性指标

1. 风险指标描述

（1）指标公式：纳税人开具销售不动产发票当月最后一日到系统当前日期的间接天数 ÷ 本期申报期天数。

（2）预警值设置：预警值为1，指标值大于1，显示异常；小于等于1，显示正常。

（3）指标运用：该指标主要用于审核纳税人已清算但销售比例未达到100%的项目发生继续销售的，是否按规定时限报送后续销售报表。

2. 风险指标运用

该指标系统显示异常，表明存在风险。风险产生原因：纳税人已清算但销售比例未达到100%的项目发生继续销售，未按规定时间报送后续销售报表。

3. 风险应对方法

（1）消除风险审阅资料参考：销售不动产网上开票系统。

（2）风险应对方法及要点：

① 查看销售不动产网上开票系统开票明细，确认发生后续销售的时间，是否在开具不动产发票次月的申报期内，进行后续销售申报。

② 纳税人已清算但销售比例未达到100%的项目发生继续销售，未在次月申报期内进行后续销售申报的，下达责令限期改正通知书，要求企业及时报送报表。

4. 政策依据

在土地增值税清算时未转让的房地产，清算后销售或有偿转让的，纳税人应按规定进行土地增值税的纳税申报，扣除项目金额按清算时的单位建筑面积成本费用乘以销售或转让面积计算。单位建筑面积成本费用 = 清算时的扣除项目总金额 ÷ 清算的总建筑面积。

（摘自《国家税务总局关于房地产开发企业土地增值税清算管理有关问题的通知》国税发〔2006〕187号第八条）

二、销售收入准确率指标

1. 风险指标描述

（1）指标公式：销售收入准确率 = 企业申报销售收入 ÷ 3.0 网开票系统中

的预售收入。

（2）预警值设置：预警值为1，该指标值大于等于1，显示正常；小于1则显示异常。

（3）指标功能：该指标主要用于核实企业申报的销售收入是否准确，是否存在少申报预售收入、少缴纳税款的风险。

2. 风险指标运用

该指标系统显示异常，表明存在风险。风险产生原因：

（1）企业申报销售收入时填写错误。

（2）企业故意隐瞒预销售收入金额。

3. 风险应对方法

（1）消除风险审阅资料参考：

① 销售不动产网上开票系统开票明细。

② 房屋销售网上备案合同。

③ 企业销售收入科目。

④ 销售收入清单。

（2）具体应对方法及要点：

① 审核销售不动产网上开票系统开票明细，将销售发票载明金额与企业申报销售收入比对，找出差异原因。

② 审核企业销售科目金额、销售收入清单、房屋销售网上备案合同金额，与企业申报销售金额进行比对，看是否一致，找出差异原因。

③ 企业隐瞒预售收入或少申报预售收入的，及时要求企业补缴相关税款，并按规定加收滞纳金，情节严重的可以移送稽查局查处。

三、销售价格指数指标

1. 风险指标描述

（1）指标描述：销售价格指数＝清算后销售的房屋均价÷同时期同类型房屋销售均价。

（2）预警值设置：预警值为1，该指标大于等于1，显示正常；小于1，显示异常。

（3）指标功能：该指标主要用于判断企业后续销售申报是否准确，是否存在隐瞒收入的情况。

2. 风险指标运用

该指标系统显示异常，表明存在风险。风险产生原因：

① 企业后续销售收入申报不准确。

② 后续销售均价明显偏低。

3．风险应对方法

(1) 消除风险审阅资料参考：

① 房地产销售合同。

② 销售不动产发票。

(2) 风险应对方法及要点：

① 将房地产转让收入明细表与财务报表、主营业务收入明细账、记账凭证、销售发票等原始凭证及土地增值税纳税申报表进行核对，是否存在将应记入本清算项目销售收入错记入其他清算项目，或将应记入其他清算项目销售收入错记入本清算项目的情况。

② 结合销售发票、销售合同(含房管部门网上备案登记资料)、商品房销售(预售)许可证、房产销售分户明细表及其他有关资料，重点审核销售明细表、房地产销售面积与项目可售面积的数据关联性，以核实计税收入；重点审核未开具发票或未全额开具发票的售房款是否计入清算收入。查看网上签约备案情况，核对销售合同或发票的金额与销售明细表中的金额是否一致。

③ 审核是否分解售房款收入，对部分款项开具收款收据，隐匿收入。(大单客户)查看销控表有无明显低价，将销控表与物价部门批复核对看是否偏低(一房一价)。

④ 对价格明显偏低的应重点进行审核，必要时可利用综合评税技术(市场价格法)或者利用专家的工作对销售价格进行评估；对纳税人清算后转让房地产无法提供收入资料或提供收入资料不实造成成交价格明显偏低的，可按清算时确定的单位面积售价确定。

4．政策依据

纳税人转让房地产所取得的收入，包括货币收入、实物收入和其他收入。

(摘自《中华人民共和国土地增值税暂行条例》第五条)

条例第二条所称的收入，包括转让房地产的全部价款及有关的经济收益。

(摘自《中华人民共和国土地增值税暂行条例实施细则》第五条)

土地增值税清算时，已全额开具商品房销售发票的，按照发票所载金额确认收入；未开具发票或未全额开具发票的，以交易双方签订的销售合同所载的售房金额及其他收益确认收入。销售合同所载商品房面积与有关部门实际测量面积不一致，在清算前已发生补、退房款的，应在计算土地增值税时予以调整。

（摘自《国家税务总局关于土地增值税清算有关问题的通知》国税函〔2010〕220号第一条）

第五章

土地增值税风险管理系统运用案例介绍

案例一

综合分析锁定疑点　内查外核水落石出

——常州某公司某项目一期土地增值税清算的专项评估

一、案件的基本情况

（一）公司基本情况

常州市××公司成立于2002年2月28日，注册地址：常州新北区通江中路；登记注册类型：港澳台商独资经营企业；注册资本500.059 99万美元，台湾地区××股份有限公司出资500.059 99万美元，占注册资本的100%。主要经营范围为：房地产开发；房地产出租、出售、转让及配套服务。企业所得税在国税征收。

（二）项目基本情况

该项目为常州市××公司开发建设的住宅、商铺及配套设施。该项目于2003年1月取得了常开经计〔2003〕27号“关于××住宅小区项目建设的立项”的批复，该项目位于新区河海东路167号，占地面积23 876.50m^2，总建筑面积66 923.19m^2。该项目共7幢，商住一体，其中：住宅54 328.71m^2，商铺3 856.86m^2，有产权车库及储藏室6 193.66m^2，配套设施2 543.96m^2（物业管理用房150.93m^2、门卫17.64m^2、居委会用房69.07m^2、社区中心96.76m^2、防保站20.08m^2、配电房151.00m^2、车库4 038.48m^2）。该项目可售建筑面积64 379.23m^2，其中：住宅54 328.71m^2，商铺3 856.86m^2，车库6 193.66m^2。该项目于2004年6月开工，于2006年9月8日办理竣工验收备案。房屋类型为框架、框剪，容积率2.80。该项目截至2011年9月30日已售出60 978.18m^2，占可售建筑面积比例为94.72%。

（三）通知清算

根据《国家税务总局关于房地产开发企业土地增值税清算管理有关问题的通知》的规定，该项目销售面积占可销售面积的94.72%，已符合清算条件，经分局集体研究，决定对该项目进行土地增值税清算。分局于2011年10月向该公司送达了《土地增值税清算通知书》和《报送资料清单》，要求企业在接到通知后90日内向分局报送《土地增值税清算申报表》、《申报表附表1—12》及其他附列资料。

（四）清算受理

该企业在规定的期限内进行了自行清算，并通过常州××税务师事务所对企业土地增值税的清算事项进行了中介机构的鉴证，按时报送了《土地增值税清算申报表》、《申报表附表1—12》及其他附列资料以及常州××税务师事务所的鉴证报告。

根据《土地增值税清算管理规程》的要求，项目清算需要报送的资料齐全，分局按规定进行受理，根据江苏省地方税务局《关于加强土地增值税征管工作的通知》（苏地税发〔2011〕53号）规定，决定对该项目进行纳税评估。

二、评估分析

（一）确定评估方法

评估人员根据该项目的特点，制订了一套有针对性的评估方案，通过系统预警分析、系统比对分析、案头审核分析三种方法初定疑点，针对疑点进行询问核实，对无法确认或消除的疑点进行实地调查、重点评估，最终确认或消除疑点。特别是分析阶段的三种方法一改过去传统、单一的人工分析，变为现在的人机结合分析，使评估更加全面、系统、科学。

（二）比对分析，初定疑点

首先，系统预警分析。评估人员根据《土地增值税风险管理系统》有关预警指标排查评估对象涉税风险。系统分析结果如图1所示。

根据系统分析结果可以看出，单位面积建筑安装工程费及建筑安装工程费成本占比分别超过预警区间上限13.22和2个百分点，评估对象的建筑安装工程费存在涉税风险。

其次，系统比对分析。评估人员根据企业报送的资料，选取了两个开工时间、竣工时间、销售均价等与评估对象相近的项目，对评估对象有关指标进行了横向比对分析（图2）。

预警指标排查评估对象涉税风险

预警值	单位面积预警区间			成本占比预警区间			收入比预警区间		
指标	评估对象	区间上限	区间下限	评估对象	区间上限	区间下限	评估对象	区间上限	区间下限
1、取得土地使用权所支付的金额	214.84	475.78	336.42	0.0783	0.1994	0.1015	0.0641	0.1920	0.0957
1、取得土地使用权所支付的金额	214.84	475.78	336.42	0.0783	0.1994	0.1015	0.0641	0.1920	0.0957
2、房地产开发成本	1764.41	1756.79	1520.10	0.6434	0.6517	0.5194	0.5265	0.6194	0.4859
(1)土地征用及拆迁补偿费	15.12	379.97	253.35	0.0086	0.1847	0.0753	0.0045	0.1185	0.0325
(2)前期工程费	124.54	136.52	89.56	0.0706	0.0983	0.0322	0.0372	0.0619	0.0115
3)建筑安装工程费	1279.10	1129.70	978.61	0.7249	0.7054	0.5759	0.3817	0.4193	0.2896
(4)基础设施费	294.47	297.38	236.49	0.1669	0.2018	0.1040	0.0879	0.1251	0.0484
(5)公共配套设施费	4.31	66.03	48.43	0.0024	0.0618	0.0078	0.0013	0.0403	0.0008
(6)开发间接费用				0.0266	0.0333	0.0030	0.0140	0.0224	0.0052
3、房地产开发费用				0.0722	0.1026	0.0349	0.0591	0.0986	0.0323
5、财政部规定的其他扣除项目				0.1444	0.1868	0.0939	0.1181	0.1772	0.0865

图 1　系统分析结果

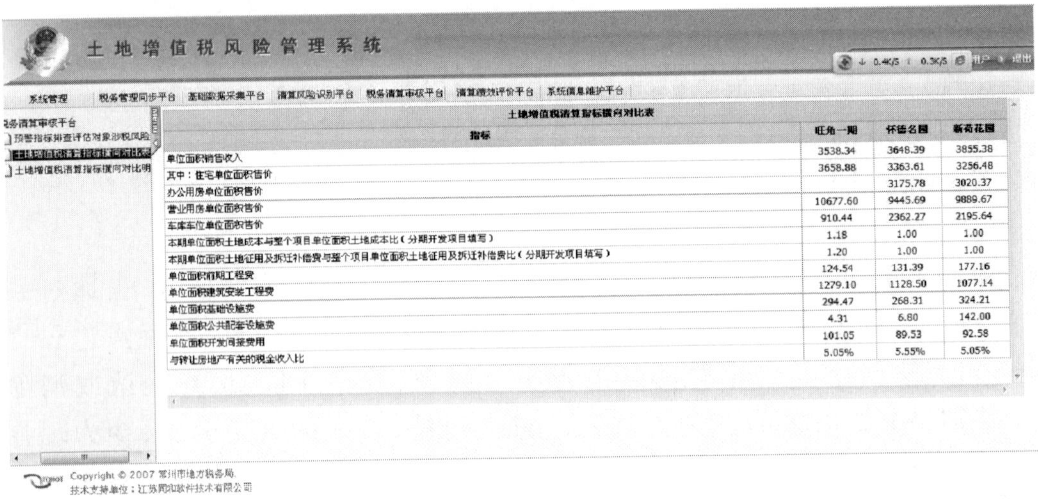

土地增值税清算指标横向对比表

指标	旺角一期	怀德名园	新荷花园
单位面积销售收入	3538.34	3648.39	3855.38
其中：住宅单位面积售价	3658.88	3363.61	3256.48
办公用房单位面积售价		3175.78	3020.37
营业用房单位面积售价	10677.60	9445.69	9889.67
车库车位单位面积售价	910.44	2362.27	2195.64
本期单位面积土地成本与整个项目单位面积土地成本比（分期开发项目填写）	1.18	1.00	1.00
本期单位面积土地征用及拆迁补偿费与整个项目单位面积土地征用及拆迁补偿费比（分期开发项目填写）	1.20	1.00	1.00
单位面积前期工程费	124.54	131.39	177.16
单位面积建筑安装工程费	1279.10	1128.50	1077.14
单位面积基础设施费	294.47	268.31	324.21
单位面积公共配套设施费	4.31	6.80	142.00
单位面积开发间接费用	101.05	89.53	92.58
与转让房地产有关的税金收入比	5.05%	5.55%	5.05%

图 2　土地增值税清算指标横向对比表

根据图 2 可以看出，评估对象存在以下涉税风险：

（1）车库车位单位面积售价明显偏低。

（2）评估对象单位面积土地成本高于整个项目单位面积土地成本。

（3）单位面积建筑安装工程费明显偏高。

其中单位面积建筑安装工程费明显偏高也再次印证了《土地增值税指标综合评价分析系统》的分析结果。

为了进一步弄清单位面积建筑安装工程费偏高的具体原因，评估人员对建筑安装工程费的明细情况进一步作了对比分析（图 3）。

土地增值税清算指标横向对比明细表

指标	旺角一期	怀德名园	新荷花园
单位面积建筑安装工程费	1279.10	1128.50	1177.14
其中:基本造价	1095.93	980.35	1080.89
1、多层砖混			
2、多层框架	728.00		
3、高层框架（14层以下）	906.17	903.44	929.34
4、高层框剪（15-25层）	1267.00	1186.23	1148.89
5、高层框剪（26层以上）			
其他造价	183.17	148.15	96.25
桩基工程支出	15.23	19.18	16.73
高档门窗支出	48.17	87.39	48.47
电梯工程支出			
非初装饰工程支出	67.43	28.04	38.16
其他支出	18.95	13.54	12.89

图3　土地增值税清算指标横向对比明细表

最后，案头审核分析。通过对纳税人报送的资料全面查阅、核对，发现该项目到2011年9月底仍然有未售面积3 401m²。

评估人员根据系统的风险提示及同地区同类项目的比对结果，结合对企业报送资料的全面审核情况，确定了以下疑点：

疑点一：销售明细表中，有6套住宅销售价格在2 100元/m²～2 800元/m²区间，明显低于3 600元/m²的销售均价，另有5 727.74m²的车库以明显低于另外两个同类项目车库的销售价格销售，并且购买方为同一人。

疑点二：该项目2011年9月底未售面积为3 401.05m²，其中住宅922.26m²、商铺2 478.79m²。该项目2006年年底交付，到2011年9月底尚有未售住宅，评估人员认为这与前几年房地产市场的销售形势不符，企业可能存在应计未计收入的疑点。

疑点三：从鉴证报告中可以看出，该开发公司本次评估对象为××花园一期项目，二期尚未开发，而且《土地增值税清算指标横向比对分析表》中本期单位面积土地成本、土地征用及拆迁补偿费与整个地块单位面积土地征用及拆迁补偿费比大于1，企业可能存在混淆一、二期土地成本、土地征用及拆迁补偿费的疑点。

疑点四：单位面积建筑安装工程费1 279.1元，高于同类项目的单位面积建筑安装工程费。评估人员通过分析后发现，引起单位面积建筑安装工程费明显偏高的原因主要是单位面积基本造价及非初装饰工程支出偏高。具体为：

（1）根据企业提供的基本工程造价标准计算表，总建筑面积为66 923.19m²，其中高层框剪35 268.84m²，占比为52.7%。评估人员在请教建筑专家和网络查询后得知，框剪结构一般在既要求建筑平面布置提供较大的使用空间(如地下室或一层大商场)，又要求具有良好的抗侧力性能(如层高较高)的情况下采用，但框剪结构造价较高。该评估对象并不是每幢建筑下面都建有地下室，且房屋层数均在10层以下，但其框剪结构比例却达到52.7%，不符合建筑设计常规，并且项目的基本工程造价为73 343 125.66元，与企业提供的《基本工程造价标准计算表》计算的基本工程造价标准限额74 197 425.24元相差无几，企业可能存在人为改变房屋结构来提高基本造价标准限额的疑点。

(2) 评估对象单位面积非初装饰工程支出明显高于其他同类项目，可能存在将初装饰工程支出计入非初装饰工程支出来调节基本造价标准限额问题。

(三) 约请谈话，核实疑点

针对以上疑点，评估人员向企业发出了《询问核实通知书》，对企业财务会计人员进行询问核实。企业财务人员解释如下：

针对疑点一：该项目的地下车库设计上存在着缺陷，而且有部分地下室并不是真正意义上的车库，只是具备了储藏室或仓库的功能，所以销售状况不佳，只销售出465.83m^{2}位置比较好的车位，企业准备在2011年启动二期开发，但资金周转困难，因此公司决定将剩余车库及储藏室整体转让，所以销售价格可能比其他企业车库销售价会略低。另外，关于6套住宅销售价格明显偏低的问题，因为销售价格都是老板亲自过问，自己不是很清楚。

针对疑点二：未售面积为3 401.05m^2，其中住宅922.26m^2、商铺2 478.79m^{2}均未销售。

针对疑点三：土地征用及拆迁补偿费一期大于二期，一是因为土地成本是按照建筑面积在一、二期之间分摊；二是因为一期部分拆迁户的拆迁补偿费远大于一般的拆迁补偿费水平，因此全部计入了一期的拆迁补偿费。上述原因可能会引起分摊入一、二期的土地成本、土地征用及拆迁补偿费有出入。

针对疑点四：由于该项目是由台湾地区设计师设计，对房屋抗震强度等设计标准要求较高，因此框剪的比例比一般项目高，不存在人为改变房屋结构来提高基本造价标准问题，同时，企业也没有将初装饰工程支出计入非初装饰工程支出以降低基本工程造价的问题。

针对疑点三的解释，评估人员向企业财务人员宣传了土地增值税有关税收政策后，确认应调减土地增值税扣除成本，但调减金额需进一步核实，企业财务人员对此也无异议。但对于疑点一、二、四，评估人员认为企业财务人员提供的解释无法消除或证实疑点，因此，评估人员决定对疑点一、二、四进行重点调查核实。

（四）调查核实，水落石出

1. 收入审核

审核项目总平面图、商品房预销售证、房源表、销售合同、测绘报告、大产权证（产权清册）、公建配套表等相关资料。

（1）关于车库销售价格明显偏低的问题，评估人员针对企业财务人员的解释到实地进行了查看，发现企业财务人员的解释部分情况属实。有产权的地下室面积共为 6 193.66m^2，其中 5 727.74m^2 销售给了同一个人，经实地查看，这其中 4 幢、5 幢的地下室 908.04m^2 确实只能作为储藏室使用，其他 4 819.79m^2 为汽车库，共设置了 186 个停车位，其中 28 个车位设计上存在着缺陷，进出不方便，而且该 28 个车位只能停长度在 4.5m 以内的汽车。评估人员在综合以上情况后，认为 158 个车位价格明显偏低，且无正当理由，根据《中华人民共和国税收征收管理法》第三十五条（六）款规定，应按同期同类车库的销售价进行调增。对此调整方案企业也无异议，合计调增转让房地产收入 4 843 793.94 元。

（2）关于有 6 套住宅平均单价偏低的问题，企业负责人解释：该 6 套住宅的购买人在开盘前两年已向公司预订，价格也按照当时的市场价进行了约定，所以该 6 套住宅的单价比其他住宅的单价低，但当时都是口头约定，也没有支付定金，所以不能提供相关书面证明资料。评估人员认为该解释理由不充分，根据《中华人民共和国税收征收管理法》第三十五条（六）款规定，应按同期同类住宅销售价格进行调整，应调增收入 1 028 931.00 元。

至此，疑点一得到了确认，合计调增房地产收入 5 872 724.94 元。

（3）关于未售房屋真实性的问题，评估人员查看了企业提供的未售房屋明细表，显示该楼盘尚有未售房屋 22 套，面积为 3 401.05m^2，其中：住宅 7 套，面积为 922.26m^2；商铺 15 套，面积为 2 478.79m^2。

评估人员为了证实企业财务人员解释的真实性，根据企业未售房屋明细表上的未售房屋采取了以下核查措施：一是向小区保安了解情况，小区保安反映其中 7 丁 502 号住宅已有人入住，其他尚未有人入住；二是对未售商铺进行了实地查看，发现其中 6－4、6－5 号商铺已有商家开店营业，且从商家处了解到该房屋的房东姓名为陈××，并不是房地产公司。评估人员意识到企业财务人员针对未售房屋的解释情况不实，应该另有隐情。评估人员随即登录常州房地产信息网，从新建商品房信息公示中查看该楼盘销售情况，查询结果如图 4。

项目详细信息

房屋用途	套数			面积(平方米)		累计均价(元)
	总套数	已备案	可售(未备案)	总面积	已售已备案	
商业	30	29	1	4,609.70	4,489.31	6,824.00
住宅	426	423	3	54,276.91	53,882.96	3,666.21

楼幢列表

10	4#房	7#房
9	10#房	6#房
8#房	4	5
9#房	5#房	

图 4　项目详细信息

从网上查询结果来看,该楼盘尚未备案房屋面积 = (4 609.70 - 4 489.31) + (54 276.91 - 53 882.96) = 514.34m²,其中住宅 393.95m²、商铺 120.39m²。其他均已在网上进行了合同备案,与企业提供的未售房屋明细表的差异为 2 886.71m²,其中住宅 528.31m²、商铺2 358.40m²。对于该查询结果,评估人员对企业财务人员再次进行了约谈,企业财务人员在评估人员出示查询结果后,表示上述房屋尚没有办理交付手续,也没有开具销售发票,因此没有纳入本次土地增值税清算收入总额。

至此,疑点二得到了确认,根据国税函〔2010〕220 号国家税务总局《关于土地增值税清算有关问题的通知》第一条规定,评估人员按合同金额调增房地产销售收入 17 353 342.5 元,同时将已售面积由 60 978.18m² 调整为63 864.89m²,将已售面积占总可售面积的比例由 94.72% 调整为 99.20% 。

以上(1) ~ (3)项合计调增房地产收入 23 226 067.44 元。

2. 成本审核

审核土地成本、前期开发费、基础设施费、公共配套费、建筑安装费、开发间接费用等。

(1) 土地成本审核情况。土地出让(转让)金及契税、土地证办证费申报金额为13 831 173.20 元,评估人员查看了土地使用权证、经规划部门审核同意的规划图、立项批准文件、总平面图等资料,确认企业将二期土地成本混入一期,根据苏地税发〔2009〕72 号《关于印发土地增值税清算管理规程的通知》第二十二条规定,应调减属于二期的土地出让金4 448 581.82元。

（2）土地征用及拆迁补偿费审核情况。土地征用及拆迁补偿费申报金额为973 521.10元，经审核，其中有支付给单位的拆迁补偿费813 521.10元未取得合法票据，根据苏地税发〔2009〕72号《关于印发土地增值税清算管理规程的通知》第二十二条规定，应调减拆迁成本813 521.10元；另应调减二期所占的拆迁成本51 456.00元，合计调减土地征用及拆迁补偿费864 977.10元。

至此，疑点三得到了确认，应调减取得土地使用权所支付的金额、土地征用及拆迁补偿费合计5 313 558.92元。

（3）前期工程费审核情况。前期工程费申报金额为8 017 871.10元，经审核无调整事项。

（4）建筑安装工程费审核情况。建筑安装工程费申报金额为82 347 712.55元，其中基本工程造价73 343 125.66元，企业提供的《基本工程造价标准计算表》计算的基本工程造价标准限额为74 197 425.24元，企业未超基本工程造价标准限额。

① 评估人员根据企业提供的《建设工程规划许可证》等资料，对房屋结构进行了全面统计核对，并到实地查看后，发现企业在计算基本工程造价标准限额时人为增加了高层框剪结构面积，重新计算出的基本工程造价标准限额为72 004 024.68元，对超基准造价的建筑安装费1 339 100.98元应予以调减，具体情况见表1、表2。

表1　企业提供的基本工程造价标准计算表

房屋类型	面积	开工时间	竣工时间	平均造价标准	造价金额
高层框剪	35 269	2004年6月	2006年9月1日	1 286	45 355 728.24
高层框架	31 504	2004年6月	2006年9月1日	912	28 731 748.32
多层框架	150.24	2004年6月	2006年9月1日	732	109 975.68
合计	66 923				74 197 452.24
计算说明	本表中的造价标准已含1.05的系数，为基本工程造价上限标准。公司申报基准造价总额为73 343 125.66元，其中包括土建73 000 384.66元、防水200 000.00元、初装饰142 741.00元。				

表2　评估人员计算的基本工程造价标准计算表

房屋类型	面积	开工时间	竣工时间	平均造价标准	造价金额
高层框剪	29 404	2004年6月	2006年9月1日	1 286	37 813 621.71
高层框架	37 369	2004年6月	2006年9月1日	912	34 080 427.29
多层框架	150.24	2004年6月	2006年9月1日	732	109 975.68
合计	66 923				72 004 024.68
计算说明	本表中的造价标准已含1.05的系数，为基本工程造价上限标准。公司账面基准造价总额为73 343 125.66元，其中包括土建73 000 384.66元、防水200 000.00元、初装饰142 741.00元。				

② 因为评估对象单位面积非初装饰工程支出明显高于其他同类项目，评估人员对企业账面非初装饰工程支出及装饰工程合同进行了逐笔核对，未发现企业将初装饰支出计入非初装饰工程的情况，但评估人员发现企业将售楼处的建造及装修支出 2 786 943.67 元计入了非初装饰工程支出。评估人员对售楼处进行实地查看后发现该售楼处坐落在二期土地范围内，通过查看二期规划及对企业财务人员的进一步询问，企业财务人员最终承认该售楼处为临时建筑，将会在二期动工前拆除，评估人员对该项支出调减 2 786 943.67 元。

至此，疑点四得到了确认或消除，并确认了部分新的疑点，根据苏地税发〔2009〕72 号《关于印发土地增值税清算管理规程的通知》第二十五条规定，合计应调减建筑安装工程费 4 126 044.65 元。

（5）基础设施费审核情况。基础设施费申报金额为 18 957 439.04 元，经审核无调整事项。

（6）公共配套设施费审核情况。公共配套设施费申报金额为 277 350 元，经审核无调整事项。

（7）开发间接费用审核情况。开发间接费申报金额为 3 017 263.75 元，应调整以下事项：其中利息支出 394 050.25 元应调入房地产开发费用，未取得合法票据的支出359 526.61元不得扣除，合计应调减开发间接费用 753 576.86 元。但企业财务人员提出，工程人员工资等费用没有计入开发间接费用，对于该部分费用，评估人员在核对企业花名册、劳动合同等相关资料后，对开发间接费用进行了调整，调增应计入开发间接费用的工程人员工资支出4 499 652.82 元。根据苏地税发〔2009〕72 号《关于印发土地增值税清算管理规程的通知》第二十六条规定，合计调增开发间接费用 3 746 075.96 元。

3. 房地产开发费用审核情况

根据国税函[2010]220 号国家税务总局《关于土地增值税清算有关问题的通知》第三条规定，房地产开发费用按取得土地使用权所支付的金额及房地产开发成本的 10% 扣除。

（1）利息支出 = 121 593 849.63 × 5% = 6 079 692.48（元）。

（2）其他房地产开发费用 = 121 593 849.63 × 5% = 6 079 692.48（元）。

4. 财政部规定的加计扣除

根据财税〔1995〕48 号规定，加计扣除金额 = 可加计扣除项目金额 × 20% = 24 318 769.93（元）。其中，可加计扣除项目金额为取得土地使用权所支付的金额与房地产开发成本之和扣除政府代收费用 134 953.5 元。

5. 与转让房地产有关的税金

与转让房地产有关的营业税金及附加 12 154 951.44 元，其中营业税为

11 949 367.77元，城建税为 54 784.54，教育费附加为 23 479.09 元，地方教育费附加为 127 320.04 元。以上营业税按调增后的实际销售收入 ×5%，地方附加费附加分别按 1%、2% 的附征率计算得出。调增收入相应的税金及附加 1 259 006.40 元。企业实际已交纳 930 133.80 元。经评估后的土地增值税纳税清算表如表 3 所示。

表 3 土地增值税纳税清算表

项 目	行次	金 额			
		申报数	调整数	审定数	结转数
		1	2	3 = 1 + (−)2	4 = 3 × 结转比例
一、转让土地使用权或房地产收入总额	1	215 761 288.00	23 226 067.44	238 987 355.44	238 987 355.44
其中:货币收入	2	215 761 288.00	23 226 067.44	238 987 355.44	238 987 355.44
二、扣除项目金额合计	5	176 517 984.31	−6 156 074.85	170 361 909.46	169 096 253.79
1. 取得土地使用权所支付的金额	6	13 831 173.20	−4 448 581.82	9 382 591.38	9 307 530.65
2. 房地产开发成本	7	113 591 157.54	−1 244 945.79	112 346 211.75	111 447 442.06
土地征用及拆迁补偿费	8	973 521.10	−864 977.10	108 544.00	107 675.65
前期工程费	9	8 017 871.10		8 017 871.10	7 953 728.13
建筑安装工程费	10	82 347 712.55	−4 126 044.65	78 221 667.90	77 595 894.56
基础设施费	11	18 957 439.04		18 957 439.04	18 805 779.53
公共配套设施费	12	277 350.00		277 350.00	275 131.20
开发间接费用	13	3 017 263.75	3 746 075.96	6 763 339.71	6 709 232.99
3. 房地产开发费用	14	12 742 233.07	−582 848.11	12 159 384.96	12 062 109.88
利息支出	15	6 371 116.54	−291 424.06	6 079 692.48	6031054.94
其他房地产开发费用	16	6 371 116.54	−291 424.06	6 079 692.48	6 031 054.94
4. 与转让房地产有关的税金等	17	10 895 945.04	1 259 006.40	12 154 951.44	12 154 951.44
营业税	18	10788064.40	1161303.37	11949367.77	11949367.77
城市维护建设税	19		54 784.54	54 784.54	54 784.54
教育费附加	20		23 479.09	23 479.09	23 479.09
地方教育费附加	21	107 880.64	19 439.40	127 320.04	127 320.04
5. 财政部规定的其他扣除项目	22	25 457 475.45	−1 138 705.52	24 318 769.93	24 124 219.77
三、增值额 23 = 1 − 5	23	39 243 303.69	0.00	68 625 445.98	69 891 101.65

续表

项　　目	行次	金　　额			
		申报数	调整数	审定数	结转数
		1	2	3 = 1 + (-)2	4 = 3 × 结转比例
四、增值额与扣除项目金额之比	24				41.33%
五、适用税率(%)	25				30.00%
六、速算扣除系数(%)	26				0.00
七、应缴土地增值税税额	27				20 967 330.49
八、缓缴土地增值税税额	28				
九、已缴土地增值税税额	29				7 724 487.89
十、应补(退)土地增值税税额	30				13 242 842.60

三、评定处理

经过案头分析、比对分析、询问核实、账面核实、实地调查，疑点均得到了确认或消除，经分局集体审理，确认上述事实。

1. 土地增值税

转让房地产收入调增 23 226 067.44 元，土地价款及开发成本合计调减 6 150 612.89元，相应调减其他房地产开发费用及加计扣除项目。本次评估对象增值额 69 891 101.62 元，增值额与扣除项目金额之比为 41.33%，应缴土地增值税税额 20 967 330.49 元，已缴土地增值税税额 7 724 487.89 元，应补的土地增值税为 13 242 842.60 元，税负率为 8.77%。通过评估，项目应征土地增值税由 1 439.64 万元增加到 2 096.73 万元，增加 657.09 万元，税负率由 6.67% 增加到 8.77%。

2. 营业税、城建税及教育费附加等

应补缴：

营业税：5 872 724.94 ×5% =293 636.25(元)

城建税：293 636.25 ×7% =20 554.54(元)

教育费附加：293 636.25 ×3% =8 809.09(元)

地方教育费附加：293 636.25 ×2% =5 872.72(元)

其他调增收入所涉及的营业税、城建税及教育费附加均已申报缴纳。

企业所得税在国税征管，按综合治税的有关要求向国税传递相关涉税信息。

四、指标还原

评估人员根据清算调整后的有关数据，再次对《土地增值税风险管理系统》中有关预警指标进行印证：

（1）评估调整后的单位面积建筑安装工程费为1 215元，仍然超出单位面积预警区间上限7.55个百分点。

（2）评估调整后的建筑安装工程费成本占比为69.63%，已低于系统反映的成本占比预警区间上限。

五、管理建议

1. 依托分析系统，增加清算预警功能

本案中，清算人员就是通过常州市开发的《土地增值税风险管理系统》中的系统指标风险提醒比对分析及同类项目的横向比对确定了评估审核重点，对评估工作起到了有的放矢、事半功倍的作用；另外，土地增值税清算专业性强、扣除项目多、时间跨度大、计算较为复杂，清算审核人员需要审核的内容繁多，仅靠人工进行全面审核难免会有疏漏，一个集科学性、便捷性、实效性于一体的土地增值税清算风险管理系统，通过可比的项目模型预警指标对企业申报资料进行全面分析比对，为评估审核工作指明方向。

2. 科学划分指标，增加指标修正系数

本案中，单位面积建筑安装工程费指标经评估调整后仍然超过预警区间上限，所以建议将《土地增值税风险管理系统》部分预警指标区间或均值按受到其他因素影响大小分为可比指标与不可比指标，对不可比指标在设定预警指标区间或均值时要考虑修正系数。比如：取得土地使用权所支付的金额受所在地区、出让年份的影响较大；土地征用及拆迁补偿费受毛地出让还是净地出让的影响较大；公共配套设施费受规划的公共配套设施面积多少的影响较大；等等。

3. 规范成本核算，加强成本归集辅导

房地产企业土地增值税清算及指标分析比对均要建立在成本规范核算、各项扣除准确归集的基础上，如果房地产企业对成本的核算和归集不是同一标准，土地增值税清算预警分析系统将失去其作用。本案中，评估人员在横向比对的过程中就碰到归集科目不一致导致比对结果失实，最终需要通过重新归集再进行比对的情况。

4. 用好外部信息，解决信息失真难题

本案中，一是通过登录常州房地产信息网，从新建商品房信息公示栏的合同备案情况最终确认了企业应计未计收入情况；二是通过建设工程规划许可证上的房屋结构类型最终查清了企业通过人为改变房屋结构来提高基本造价标准限额的事实。

5. 适时调整方案,适情运用审核方法

本案中,评估人员在调查将初装饰工程支出计入非初装饰工程支出来调节基本造价标准限额问题时,发现了售楼处的建造及装修支出计入装饰工程支出的问题,所以要针对审核过程中出现的新情况、新问题,能及时调整审核方案,深入挖掘,最终确认或消除疑点。

6. 注重知识学习,推动案例经验交流

加强土地增值税清算评估审核工作的交流学习。土地增值税清算评估审核过程中遇到的问题千变万化,审核方法也多种多样,这就要求评估审核人员不仅要有较高的税收政策业务水平,而且要有丰富的行业专业知识及实践工作经验,所以建议评估审核人员要加强典型案例的交流学习及相关行业知识的学习。

案例二

瞒天过海施"高招"　弄巧成拙一场空

——对常州某公司A项目土地增值税清算的专项评估

一、案件的基本情况

（一）通知清算

2011年5月，根据常州市土地增值税风险管理系统风险提示，常州某公司A项目已售面积占可售面积93.13%，符合《国家税务总局关于房地产开发企业土地增值税清算管理有关问题的通知》的规定，该项目已全部竣工，且已售面积占可售面积85%以上，符合可清算条件。经分局集体研究，决定对该项目进行土地增值税清算。在2011年6月下发清算通知书，通知该企业进行土地增值税清算，要求企业在规定的时间内，按照《常州市土地增值税清算申报应报送及留存备查资料告知书》上列明的内容将相关清算数据录入风险管理系统并提供有关资料。

（二）清算受理

该公司在规定的期限内按照要求在系统中录入了《土地增值税清算申报表》、《申报表附表1—12》等表证单书的数据，并将相关附列资料影印件报送税务机关。

1. 开发公司基本情况

常州××置业有限公司于2006年12月由××集团公司投资成立，现有职工41人，注册资金6 200万元，经营范围为房地产投资、开发、销售，企业所得税国税征收。

2. 开发项目情况

2007年与常州××建设开发有限公司签订国有土地使用权转让合同，取得转让土地面积10 649平方米，转让价11 500万元，开发项目名称"××国际广场"，项目主体结构为地上三层、地下二层，其中地上三层和负一层为商铺，负二层为车库，还有部分沿街店面房。项目位于中心城区，2009年1月开工，2010年6月竣工，竣工验收总建筑面积32 721.4m^2，可销售总建筑面积29 786.59m^2，至清算日已售面积为27 741.23m^2，其中商业用房19 343.63m^2，车库8 397.6m^2，占可销售总建筑面积93.13%，收入为52 107.53万元。

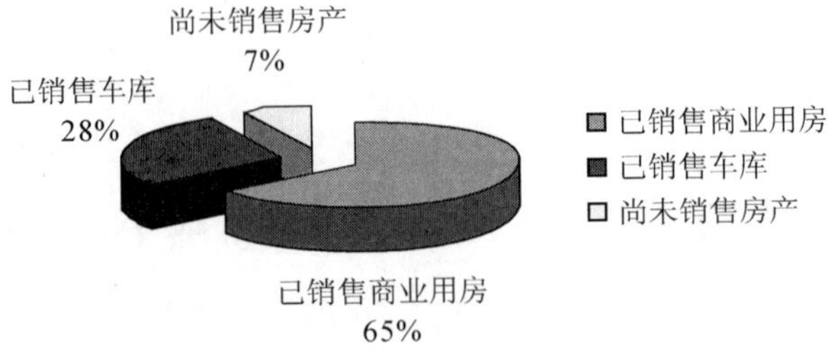

不同类型房产已售建筑面积占可售建筑面积比例

3. 企业清算情况

该企业在规定的期限内进行了自行清算，通过常州××税务师事务所进行了土地增值税的清算鉴证，出具了税务师事务所的鉴证报告，鉴证应补交土地增值税3 018.25万元，已补交3 000万元，税负率为7.73%。

根据《土地增值税清算管理规程》的要求，项目清算需要报送的资料齐全，分局按规定进行受理。根据江苏省地方税务局《关于加强土地增值税征管工作的通知》(苏地税发〔2011〕53号)规定，决定对该项目进行纳税评估。

二、评估分析

(一) 系统分析，初现疑点

在系统中通过系统自动分析比对，发现以下指标数据存在异常。

(1) 总建筑面积与测绘面积比反映异常。总建筑面积比测绘面积要大，进一步查找建筑项目类别比对后发现，该项目中，有1 832.77m^2为历史文物街区修缮项目，测绘报告及公建配套完成情况通知单中无此项目。据此提出疑点一：该修缮项目属何性质？产权归属怎样？涉及的成本费用如何归集？

(2) 单位面积销售收入指标反映异常。该项目一楼有两套商铺，售价约为4.8万元/m^2，低于一楼商铺的平均售价。系统进一步反映出相邻的商铺售价达10万元/m^2左右，相邻两套商铺价差达一倍以上。据此提出疑点二：这两套商铺售价是否偏低？

(3) 系统反映该项目每间商铺售价比较均衡，与一般常理相悖，一般情况下，地理位置较好的商铺，销售价格应较高。但从提供的资料看，未发现有售价特别高的铺位。据此提出疑点三：地理位置较好的商铺是哪几间？售价如何？是否据实结转收入？

(4) 单位面积建筑安装工程费指标反映异常，与同类工程相比造价偏高。该项目发生建筑安装工程费中土建、水电、甲供材等基本造价发生数为54 110 405.07元，按照实际建筑面积30 888.63m^2计算，平均造价为1 751.79元/m^2，风险管理系统中的均价是1 236.35元/m^2，差异很大，而常州市基本工程多层框架造价标准2009年12月为901元/m^2，该项目建筑成本明显超过基本造价标准。据此提出疑点四：该项目是否存在多列扣除项目的情况？甲供材是否重复列支？

(5) 精装饰工程支出收入比指标反映异常，费用偏多。从该企业销售情况看基本上为非装修销售，但该项目其他建筑工程费用——装修费为33 738 429.10元，明显异常。其中一份合同签订时间为2010年6月24日，施工工期为2010年6月至2011年2月，合同金额为7 386 801.65元。该楼盘于2010年6月1日竣工交付，装修行为发生在项目交付之后。另据了解，该项目销售后由常州××商业管理有限公司与业主签订了返租协议，约定在10年内由常州××商业管理有限公司对项目统一经营，业主只收取租金。据此提出疑点五：该装修费用是开发公司负担还是常州××商业管理有限公司负担？

(6) 项目现场管理人员人数比指标反映异常，人员偏多。该项目开发间接费中，列支现场管理人员41人2009年1月—2010年7月份工资、奖金等费用4 339 870元。对风险管理系统中已清算的项目分析发现，开发间接费列支项目现场管理人员一般为7～8人，最多不超过10人，该项目现场管理人员明显偏多。据此提出疑点六：该项目是否存在多列开发间接费用的问题？

(二) 实地查看，又现疑点

在系统发现异常的基础上，评估人员认为有些情况尚不清晰，有必要进行实地查看，重点查看项目的开发范围，建筑面积包括织补、修缮面积，公建配套及装修情况，以便对项目有一个整体了解。通过实地查看又发现以下疑问：

(1) 该企业提供的测绘报告、权属登记清册、公建配套完成情况通知单等资料显示该项目主体为地上三层商铺，地下二层（地下一层是商铺，地下二层是车库），但实地查看时发现，该项目地上建筑为局部四层，四层建筑面积约为280～300m^2左右，四层建筑很可能为违章建筑。据此提出疑点七：是否存在多列违章建筑成本费用的问题？

(2) 该项目列支LED显示屏工程费用为1 136 151元，该显示屏安装于商场大门上方，该费用是开发公司负担还是××商业管理有限公司负担，有待进一步确认。据此提出疑点八。

(三) 完善方法，准确应对

根据系统和实地查看发现的疑点问题，评估小组根据每个人的工作能力以及对收入成本类核算的水平，对小组人员进行了分组，分别从收入、成本、费用等方面来消除疑问。

1. 对收入类异常采用的应对方法

以下资料必须审阅：

① 项目总平面图、经规划部门审核同意的规划图。

② 商品房预销售证。

③ 房源表。

④ 销售发票、销售合同(含房管部门网上备案登记资料)。

⑤ 测绘报告。

⑥ 物价部门核价批复。

⑦ 房产销售分户明细表、房产销控表。

⑧ 大产权证(产权清册)、公建配套表。

风险应对程序和方法为:

① 实地查看清算项目的销售情况,将商品房销(预)售许可证、物价部门核价批复、网上签约备案、房产部门房屋测绘面积、销售合同及合同登记簿和销售发票存根、申报表等资料,结合售楼处现场销控表勘查情况,判定其是否存在未完全确认收入的情况。

② 审查有关收入的内部控制是否存在、有效且一贯遵守。根据与收入有关的内部环境、风险评估、控制活动、信息与沟通、内部监督等内控要素,评价内部控制的设计、运行有效性,判断是否存在重大漏洞。

③ 将房地产转让收入明细表与财务报表、主营业务收入明细账、记账凭证及销售发票等原始凭证及土地增值税纳税申报表等进行核对,看是否存在应记入本清算项目销售收入而错记入其他清算项目的情况。

④ 结合销售发票、销售合同(含房管部门网上备案登记资料)、商品房销售(预售)许可证、房产销售分户明细表及其他有关资料,重点审核销售明细表、房地产销售面积与项目可售面积的数据关联性,以核实计税收入;重点审核未开具发票或未全额开具发票的售房款是否计入清算收入。查看网上签约备案情况,核对销售合同或发票的金额与销售明细表中的金额是否一致。

⑤ 对销售合同所载商品房面积与有关部门实际测量面积不一致,而发生补、退房款的收入调整情况进行审核,核对调整情况是否属实。

⑥ 对价格明显偏低的疑点指标,应重点进行审核,必要时可利用综合评税技术(市场价格法)或者利用专家的工作对销售价格进行评估;对纳税人转让房地产无法提供收入资料或提供收入资料不实造成成交价格明显偏低的,主管地方税务机关可进行核定。

⑦ 审查销售退回、销售折扣与折让业务是否真实发生、内容完整、手续合法,金额计算与会计处理是否正确;对销售退回业务应根据退回合同、收款单证、退款单证、产权证等证据,确认销售退回的真实性;重点关注关联方销售折扣与折让是否合理。

⑧ 审核是否将预收购房款、售房款挂在往来账上隐匿收入。

⑨ 审核是否分解售房款收入，将部分款项开具收款收据，隐匿收入。（大单客户）查看销控表有无明显低价，将销控表与物价部门批复核对看是否偏低（一房一价）。

⑩ 审核是否无正当理由，以明显偏低的价格将商品房销售给本公司股东或关联企业及个人。按股东、高层姓名搜索销控表看价格情况，将销控表与物价部门批复核对看是否偏低。审核企业是否将开发产品用于职工福利、奖励、对外投资、分配给股东或投资人、抵偿债务、换取其他单位和个人的非货币性资产等应视同销售行为未确认收入。

⑪ 审核售后返租业务，看是否以冲减租金后实际收取的款项计收入。查看营销手册、售房合同（重点关注其后的补充协议或者经营合同）。

⑫ 审核是否以房抵工程款、抵广告费、抵银行贷款，以动迁补偿费抵顶购房款等业务，不计收入。核实预售证、测绘报告面积，查看有无应作收入而未作收入及应付账款“虚挂”大额余额的情况，必要时实地查看房产使用情况。

2. 对建筑安装成本类异常采用的应对方法

以下资料必须审阅：

① 工程招标文件、投标书、工程施工合同等。

② 可扣除建筑安装工程费明细表。

③ 建筑安装工程费造价申报明细表。

④ 建筑安装工程项目甲供材料明细分摊表。

⑤ 甲供材领用明细、发票。

⑥ 施工图审查意见书、预（决）算书、审定单、结算单、签证合同等。

⑦ 与清算项目有关的建筑安装发票、建筑安装工程费支付凭据。

⑧ 资产负债表和其他税务机关需要的资料。

⑨ 涉及项目分摊的，须提供分摊的依据、标准和计算方法。

⑩ 项目总平面图、房屋测绘报告、产权证，从中可以得知项目的规模及建筑面积等情况。

风险应对程序和方法为：

① 进行“实地查验”，到施工现场了解其真实建筑安装工程开发情况。

② 审核企业内控制度，审查与成本核算相关的内部控制是否存在、有效且一贯遵守；根据有关的内部环境、风险评估、控制活动、信息与沟通、内部监督等内控要素，评价内部控制的设计、运行有效性，判断是否存在重大漏洞。

③ 审核发生的建筑安装费用是否与决算报告、审计报告、工程结算报告、工程施工合同记载的内容相符。

④ 采用出包方式的，重点审核完工决算成本金额与工作概预算成本金额是

否存在明显异常，当二者差异较大时，一方面从合同管理部门获取施工单位与开发商签订的施工合同，并与相关账目进行核对，必要时向建筑监理公司取证；另一方面审核纳税人是否存在利用关联方承包或分包工程，增加或减少建筑安装成本造价的情形。

⑤ 归集整理开发企业提供的成本资料，将合同金额、竣工决算金额与开发企业账面归集的建筑工程费用发票金额加以比对；结合合同、预决算资料、（甲方、乙方、监理方、设计方、建设主管部门）共同签字确认的记录和施工图纸等确认业务发生的真实性和金额的准确性；审核付款方式（追踪资金流向）。

⑥ 特别关注是否多列支甲供材。可审核查看建筑安装工程合同中的工程名称和内容、《工程决（结）算书》中的工程明细、工程审定单的工程内容明细、工程项目甲供材料明细分摊表中各甲供材对应的工程项目。

⑦ 关注是否存在大额现金支付的现象，审核发票和银行支付记录金额的一致性；确定大额现金支付业务是否真实发生。

⑧ 对于房地产企业存在多个项目同时开发的，应着重划分清算项目的建筑安装工程费与其他项目的建筑安装工程费，对不属于清算项目的建筑安装工程费，应予以剔除。

⑨ 对存在多个项目成本混合的，审核是否确定合理的方法进行分摊以及分摊是否正确。

⑩ 审核企业是否按要求归集建筑安装工程费，是否将前期工程费、基础设施费、公共配套设施费错误归集到建筑安装工程费目录下并重复扣除。

⑪ 若存在变更合同的，重点审核合同的真实性以及金额的准确性。在审核中发现施工过程中涉及施工图纸或施工要求变更，使得建筑成本增加的，应提供由甲方、乙方、监理方、设计方、建设主管部门共同签字确认的记录和施工图纸，根据决算报告审核成本的真实性。查看向相关单位所付总款项与开票金额（剔除质量保证金）是否一致，对应付施工、供货单位款项长期挂账的，应作为延伸审核的重点单位，通过延伸审核弄清有无开发商要求施工、供货单位虚开发票，导致“应付”工程款项长期挂账的问题。

⑫ 房地产开发企业在工程竣工验收后，根据合同约定，扣留建筑安装施工企业一定比例的工程款，作为开发项目的质量保证金的，应当关注其是否开具发票，未开具发票的，扣留的质保金不得计算扣除。

⑬ 参照当地当期同类房地产开发项目单位平均建筑安装成本或当地建设部门公布的单位定额成本，验证建筑安装工程费支出是否存在异常，对超出一定幅度的，要求企业合理解释并提供依据，无正当理由的，按建设部门公布的单位定额成本标准核定企业的建安成本。

3. **对人员费用类异常采用的应对方法**

以下资料必须审阅：

① 企业工资制度、企业董事会或职工代表大会通过的规章制度。

② 企业的个人所得税的申报资料。

③ 各个开发项目的管理人员工作安排及变更表。

风险应对程序和方法为：

① 查看各个开发项目的管理人员工作安排及变更表。企业必须提供所有项目的直接管理人员的岗位安排情况表及变更表，主要是为了审核该项目的主要管理人员是否是该项目的直接管理人员。

② 查看企业岗位设置及花名册中的人员工作岗位。

（四）诡对询问，隐瞒真相

根据以上疑点，评估人员在对企业相关资料审核的基础上，对企业财务人员进行约谈，企业财务人员对评估人员提出的疑点一一进行了解释：

针对疑点一：该修缮项目为旧城改造，涉及历史文化街区的修缮。市发改委有文件，要求开发企业对将军楼等进行修缮，这是开发该项目的附加条件，修缮后移交文物保护中心。修缮费用单独归集，应列入公建配套，修缮面积应作为建筑面积。

针对疑点二：商场外围两套商铺位于项目的拐角处，位置较偏、面积较小、形状不规则，故售价相对较低。

针对疑点三：关于地理位置较好的商铺，企业没有进行特别划分，销售价格都是一样的。

针对疑点四：基本造价偏高主要由于该项目为地上三层、地下二层，地上部分需与周边文物建筑风格相匹配，同时由于该项目是大型百货商场，跨度大，预应力板较常规做法成本增加；地下建筑基坑、支护等费用较多，且地下建筑占总建筑面积比例比较高，因而建造成本相对较高。企业财务人员坚持认为，该企业甲供材无重复列支，施工方甲供材营业税已大部分交纳，尚有部分未交纳。

针对疑点五：购房合同约定交付日期为2010年12月31日前，后根据实际进度将交付日期提前至2010年6月1日，开发公司与业主约定，二、三楼吊顶、安装灯具等装饰工程在交付后实施，装修费用应该由开发公司承担。

针对疑点六：××集团成立本公司就是为了开发本项目，公司人员都是项目现场管理人员，工资、奖金等都是按实列支的。

针对疑点七：地上建筑局部四层的原因是这些地方顶层挑高5.8米，所以测绘报告无此面积。公司通过装饰改造隔成四层，四层部分由公司自用，不存在违章建筑，因此也不存在多列违章建筑成本费用的问题。

针对疑点八：LED 显示屏的费用，是开发公司开发的商业项目基础设施配套费用。

（五）调查取证，破解“高招”

针对企业财务人员的解释，评估人员认为过于简单，且没有充足的理由和足够的依据来消除疑点，需要进一步进行账面核实和调查取证。

针对疑点一：企业提供了市发改委《关于核准××历史文化街区保护与整治项目的通知》，该通知要求开发企业对历史文物进行修缮，且修缮项目位于项目红线图之内，产权属文物保护中心，故修缮费用可以列入公建配套费用，但修缮面积不应归在总建筑面积之内，调整后总建筑面积为 30 888.63m^2。

针对疑点二：销售明细表中，有 2 套外围商铺售价分别为 48 857.66 元/m^2、47 180.55 元/m^2，而相邻商铺售价为 10 万元/m^2 左右。经核对测绘报告中房屋分层平面图，该商铺形状确实稍不规则，但售价也不应低这么多。评估人员提出，这两套商铺应根据外围商铺平均售价8.7 万元/m^2 ×55.27m^2 调增收入 2 103 110 元，企业财务人员认可调整。

针对疑点三：地理位置较好的商铺，按照常理推断，企业应会大张旗鼓地造势公开出售铺王。很明显，从企业提供的资料里面是不太可能找到令人信服的证据的，必须换个角度，从外围寻找突破口。评估人员分析认为：① 如果铺王已经销售，那么按照常州市房地产销售备案制度的规定，购房合同应报房管部门备案。② 如果铺王是通过公开拍卖方式销售的，那么新闻媒体、网络或者企业的宣传资料上必然会有蛛丝马迹。首先，评估人员通过法定程序，在房管部门未能发现铺王销售的备案记录。其次，评估人员通过网络查询该项目铺王拍卖的有关信息，通过网络搜索，发现该项目有很多宣传报道，从媒体的宣传报道中，找到了企业拍卖成功的视频和××日报的报道，其中一间铺王面积为 43.05m^2，拍卖价为 15 万元/m^2，另一间铺王面积为 9.77m^2，拍卖价为 18 万元/m^2，两间商铺面积为 52.82m^2，拍卖价合计为 8 216 100 元。掌握了确凿的证据以后，评估人员再约谈企业财务人员，在事实面前，财务人员承认铺王确已销售，之所以未到房管部门备案，是为了调节本次清算的增值额，故未作销售收入。

针对疑点四：通过审核，确认土建、水电、甲供材等基本造价部分发生数为 54 110 405.07元。由于企业无法区分地上、地下部分土建成本，且构成地下建筑造价的基坑、支护、土方工程等不包含在基本造价中，故企业解释不成立，应按实际建筑面积平均计算，地上建筑面积 13 827.69m^2，平均造价为 1 751.79 元/m^2，按基准造价 901 元/m^2 应调减建筑安装费 11 764 465.71 元。经对企业提供的建安合同、招投标书、工程决算书及工程审定单等进行核对，未发现重复列支甲供材的情况，但施工方甲供材尚有 4 358 072.78 元未缴营业税。对评估人员提出的调整意见,企业表示认可。

针对疑点五:评估人员认为一般不会为了提前交付而停止装饰,从装饰工程合同上看,负一楼和地上三层的装饰工程由一家公司负责,二、三层吊项、灯具安装工程却由另一家公司负责,显然不合常理。因此,评估人员认为企业解释的理由并不充分。该项目是典型的售后返租,是否存在常州××商业管理有限公司从业主手里返租回商铺后,为了统一经营自行装饰的情况呢?按照常理:① 一般来说,售后返租的销售方式在交付时如果有装饰也只会对公共部位进行装饰,不可能对业主的铺位进行装修,这可以通过查看装饰合同所附装饰内容和销售合同中的交付标准,或者通过评估常州××商业管理有限公司返租的商铺再招商时的装饰情况找证据;还可以通过约谈业主或常州××商业管理有限公司再招商的单位来确认。② 如果是交付业主后为了统一经营的需要,由开发公司统一装饰,装饰费由常州××商业管理有限公司另行收取的或者以装饰费充抵租金的情况,那么返租协议上应该是对房价加装饰费的总额进行返租,对这个问题可以从返租协议中寻找答案。③ 对于精装修房,根据常州市房地产行业管理规定,其交付标准必须要报房管部门备案,因此也可到房管部门查找证据。

根据上述分析,首先,评估人员查看装饰合同及所附的装饰内容,发现两家公司存在重复装饰内容的情况。抽样审核企业提供的销售合同中的交付标准,交付标准中有装饰内容,如吊顶、地面贴砖、公共部位的造型、空调、电梯、安装灯具等,但没有商铺的装饰内容;然后对返租协议进行抽样审核,不存在对房价加装饰费再返租的情况。其次,评估人员采取约谈核实的方法询问了其中两位业主,业主确认是除吊顶、地面贴砖外商铺毛坯交付,没有约定二、三层吊顶装饰延后交付情况。第三,评估人员约谈常州××商业管理有限公司再招商单位,对方确认进场经营时商铺已装饰好,他们只是按经营分类进行一下布置。第四,从房管部门取得的交付标准备案资料来看,和销售合同上的交付标准一致,商铺并无装饰内容。

至此,评估人员认为该企业存在明显的弄虚作假情况,只是还有一个疑问未清楚:常州××商业管理有限公司为什么要和该开发公司联合作假呢?带着这个疑问,评估人员开始调查常州××商业管理有限公司与常州××置业有限公司的关系,虽然从投资、资金等情况看不出他们有任何关系,但评估人员在某媒体对常州××置业有限公司副总采访的视频中发现,这两个企业同属一个集团。根据上述情况,再次约谈了企业财务人员,财务人员承认常州××商业管理有限公司是由常州××置业有限公司的上级集团公司控股人的家属投资成立的,实际是关联企业。事情已经水落石出,该装饰费用实为常州××商业管理有限公司为统一招商自行进行装饰和结构改造的费用,因此,该项目应调减装修费用7 386 801.65 元。

针对疑点六：通过查询个人所得税全员全额申报明细，发现该公司申报人数为 41 人，全部人员被作为现场管理人员，其费用列入开发间接费。评估人员从其他开发公司了解到，开发项目部一般为 8 ~ 10 人，由项目部经理、项目监理、项目工程师、材料员等人员组成。通过随机抽查记账凭证中的工资单，发现工资单中包含销售部人员、预决算部人员等，而预决算人员属于集团公司总部，不是现场管理人员，存在扩大列支间接费用的现象。于是再次约谈财务人员，财务人员表示认可，核减 29 人，调减工资、奖金等 3 256 079. 2 元。

针对疑点七：通过与测绘部门联系，确认地上建筑局部四层是顶层挑高 5. 8 米，因此测绘报告无此面积。由于业主购买的是商场中的铺位，因此公司在测绘后自行改造成两层，一层交付业主，一层公司自用，并不影响业主利益。评估人员认为，公司自用面积的建造成本应进行调减。通过企业提供的平面图，计算出实际使用面积为 302. 78m^2，按照配比原则，应调减建筑成本费用 1580 901. 02 元。

针对疑点八：评估人员通过调查发现，LED 显示屏主要为商场和其他企业做广告宣传。经再次与企业财务人员约谈，财务人员承认该显示屏是由常州 × × 商业管理有限公司在重新装修时增加的广告宣传费用，费用应列入常州 × × 商业管理有限公司，不应列入该企业的开发成本，应调减 1 136 151 元。

三、评定处理

经过评估分析、询问核实、账面核实和实地调查，疑点均得到确认或排除，经分局集体审理，确认上述评估事实。

（一）土地增值税

1. 收入调整

转让房地产收入调增 10 319 210 元，实际销售收入 531 394 551 元。销售面积调增 52. 82 平方米，实际已售面积 27 794. 05 平方米，销售比例为 27 794. 05 ÷ 29 786. 59 =93. 31% 。

2. 扣除项目金额调整

（1）取得土地使用权所支付的金额本次清算按实际销售比例计算应调增 209 542. 78元。

（2）土地征用及拆迁补偿费本次清算按实际销售比例计算应调增 108. 37 元。

（3）前期工程费本次清算按实际销售比例计算应调增 20 900. 74 元。

（4）建筑安装费用调减 20 732 168. 38 元，可扣除 120 174 839. 17 元，本次清算按实际销售比例计算应调减 19 090 815. 90 元。

（5）基础设施费调减 1 136 151 元，可扣除 12 632 544.17 元，本次清算按实际销售比例计算应调减 1 035 281.29 元。

（6）公共配套设施费本次清算按实际销售比例计算应调增 15 038.19 元。

（7）开发间接费用调减 3 256 079 元，可扣除 1 217 853.66 元，本次清算按实际销售比例计算应调减 3 030 186.95 元。

以上收入调增 10 319 210 元，土地价款及开发成本合计调减 22 910 694.06 元，相应调减其他房地产开发费用及加计扣除项目。该项目增值额 174 384 534.85元，增值额与扣除项目金额之比为 48.85%，应缴土地增值税税额 52 315 360.46 元，已缴土地增值税税额40 275 322.25元，清算后应补土地增值税 12 040 038.21 元，该项目税负率为 9.84%。

（二）营业税

（1）房地产企业的营业税、城建税、教育费附加：调增低于均价的两套房屋售价的转让房地产收入 2 103 110 元，拍卖两套商铺应计收入 8 216 100 元，合计 1 0319 210元，应补征营业税 515 960.5 元、城建税 36 117.24 元、教育费附加 15 478.82元、地方教育费附加10 319.21元。

（2）施工方甲供材尚有 4 358 072.78 元未缴营业税，应补施工方的甲供材营业税130 742.18元、城建税 9 151.95 元、教育费附加 3 922.27 元、地方教育费附加 2 614.84 元（施工方的甲供材税金另行处理）。

该公司合计应补税款 12 592 115.95 元，教育费附加 15 478.82 元、地方教育费附加10 319.21元。

四、管理建议

（1）本案通过运用土地增值税风险管理系统设置的各项预警指标，准确地反映了各项疑点，为评估人员进行审核指明了方向，减轻了工作量。评估人员在系统提醒的基础上，进一步实地查看楼盘的实际情况，从宏观上有了更加深刻的印象，根据系统提示的风险应对要求和处理方法，按照每一项工作要求进行审核，确保审核的准确性和完整性。从中可以看出，一个好的管理系统是开展土地增值税工作必不可少的工具，极大地提高工作效率和减轻工作量。

（2）对在评估过程中发现的新情况、新问题，要及时调整评估方案，注重策略。如本案，评估人员开始只是抽样评估，发现疑点，但由于纳税人的解释不能消除疑点，所以及时调整评估方案，由案头审核与实地查看相结合，并辅以第三方信息，按照土地增值税扣除项目的分类，层层深入，深挖细抠，去伪存真。

（3）商业地产的开发增值率较高，企业往往会通过减少收入，多列扣除项目成本来调节土地增值税。因此，要重点审核企业是否有少列收入，多记成本费用的现象，关注合同文本之间的逻辑关系，特别要关注是否存在通过关联企业进行调节成本费用和虚列费用的情况。

（4）随着商业地产的开发项目越来越多，销售方式也多种多样，要关注企业销售方式，如视同买断方式、包销方式、采取基价（保底价）并实行超基价双方分成方式、售后返租的方式等，加强对企业的销售方式的备案管理。要特别关注企业的宣传信息，从中发现突破口。

（5）目前税务机关要求中介机构鉴证的项目比较多，如亏损的弥补、资产报损、土地增值税清算、二手房交易等，要加强对中介鉴证机构的鉴证质量的评介，建议对中介机构进行评级分类。

（6）要建立土地增值税案例库，通过对典型案例进行分析、点评，从中发现规律性问题，掌握评估方法和约谈技巧。要加强税法学习和宣传，一方面提升税务干部的执法水平和业务能力；另一方面增强纳税人的遵从度，防范纳税风险。

土地增值税清算税款计算表

单位：人民币元

项目		自行申报		评估审核	
		申报数	结转 93.13%	评估审核数	结转 93.31%
一、转让房地产收入总额		521 075 341.00	521 075 341.00	531 394 551.00	531 394 551.00
其中	货币收入	521 075 341.00	521 075 341.00	531 394 551.00	531 394 551.00
	实物收入及其他收入				
二、扣除项目金额合计		412 572 686.29	386 216 068.35	380 488 843.89	357 010 016.15
1. 取得土地使用权所支付的金额		116 016 951.00	108 046 586.47	116 016 951.00	108 256 129.25
2. 房地产开发成本		179 107 840.35	166 803 131.71	153 983 441.77	143 682 894.88
其中	土地征用及拆迁补偿费	60 000.00	55 878.00	60 000.00	55 986.37
	前期工程费	11 572 055.31	10 777 055.11	11 572 055.31	10 797 955.85
	建筑安装工程费	140 907 007.55	131 226 696.13	120 174 839.17	112 135 880.23
	基础设施费	13 768 695.17	12 822 785.81	12 632 544.17	11 787 504.52
	公共配套设施费	8 326 149.46	7 754 142.99	8 326 149.46	7 769 181.18
	开发间接费用	4 473 932.86	4 166 573.67	1 217 853.66	1 136 386.73
3. 房地产开发费用		29 512 479.14	27 484 971.82	27 000 039.28	25 193 902.41
其中	利息支出	14 756 239.57	13 742 485.91	13 500 019.64	1 259 6951.21
	其他房地产开发费用	14 756 239.57	13 742 485.91	13 500 019.64	12 596 951.21
4. 与转让房地产有关的税金		28 924 681.43	28 924 681.43	29 502 557.19	29 502 557.19

续表

项　　目		自行申报		评估审核	
		申报数	结转 93.13%	评估审核数	结转 93.31%
其中	营业税	26 053 767.06	26 053 767.06	26 569 727.56	26 569 727.56
	城市维护建设税	1 823 763.70	1 823 763.70	1 859 880.94	1 859 880.94
	教育费附加	1 047 150.67	1 047 150.67	1 072 948.70	1 072 948.70
5. 财政部规定的其他扣除项目		59 010 734.37	54 956 696.92	53 985 854.65	50 374 532.42
三、增值额		108 502 654.71	134 859 272.65	150 905 707.11	174 384 534.85
四、增值额与扣除项目金额之比		21%	34.92%	39.66%	48.85%
五、适用税率(%)			30.00%	30.00%	30.00%
六、速算扣除系数					
七、应纳税额			40 457 781.80		52 315 360.46
八、已缴税额(含预缴)			10 275 322.25		40 275 322.25
九、缓缴税额					
十、应补退税额			30 182 459.55		12 040 038.21
十一、税负率			7.73%		9.84%

附录

附录一　土地增值税相关政策

中华人民共和国土地增值税暂行条例

国务院令〔1993〕138 号

第一条　为了规范土地、房地产市场交易秩序，合理调节土地增值收益，维护国家权益，制定本条例。

第二条　转让国有土地使用权、地上的建筑物及其附着物（以下简称转让房地产）并取得收入的单位和个人，为土地增值税的纳税义务人（以下简称纳税人），应当依照本条例缴纳土地增值税。

第三条　土地增值税按照纳税人转让房地产所取得的增值额和本条例第七条规定的税率计算征收。

第四条　纳税人转让房地产所取得的收入减除本条例第六条规定扣除项目金额后的余额，为增值额。

第五条　纳税人转让房地产所取得的收入，包括货币收入、实物收入和其他收入。

第六条　计算增值额的扣除项目：

（一）取得土地使用权所支付的金额；

（二）开发土地的成本、费用；

（三）新建房及配套设施的成本、费用，或者旧房及建筑物的评估价格；

（四）与转让房地产有关的税金；

（五）财政部规定的其他扣除项目。

第七条　土地增值税实行四级超率累进税率：

增值额未超过扣除项目金额 50% 的部分，税率为 30%。

增值额超过扣除项目金额 50%、未超过扣除项目金额 100% 的部分，税率为

40%。

增值额超过扣除项目金额100%、未超过扣除项目金额200%的部分,税率为50%。

增值额超过扣除项目金额200%的部分,税率为60%。

第八条　有下列情形之一的,免征土地增值税:

(一)纳税人建造普通标准住宅出售,增值额未超过扣除项目金额20%的;

(二)因国家建设需要依法征用、收回的房地产。

第九条　纳税人有下列情形之一的,按照房地产评估价格计算征收:

(一)隐瞒、虚报房地产成交价格的;

(二)提供扣除项目金额不实的;

(三)转让房地产的成交价格低于房地产评估价格,又无正当理由的。

第十条　纳税人应当自转让房地产合同签订之日起七日内向房地产所在地主管税务机关办理纳税申报,并在税务机关核定的期限内缴纳土地增值税。

第十一条　土地增值税由税务机关征收。土地管理部门、房产管理部门应当向税务机关提供有关资料,并协助税务机关依法征收土地增值税。

第十二条　纳税人未按照本条例缴纳土地增值税的,土地管理部门、房产管理部门不得办理有关的权属变更手续。

第十三条　土地增值税的征收管理,依据《中华人民共和国税收征收管理法》及本条例有关规定执行。

第十四条　本条例由财政部负责解释,实施细则由财政部制定。

第十五条　本条例自一九九四年一月一日起施行。

中华人民共和国土地增值税暂行条例实施细则

财法〔1995〕6号

第一条　根据《中华人民共和国土地增值税暂行条例》(以下简称条例)第十四条规定,制定本细则。

第二条　条例第二条所称的转让国有土地使用权、地上的建筑物及其附着物并取得收入,是指以出售或者其他方式有偿转让房地产的行为。不包括以继承、赠与方式无偿转让房地产的行为。

第三条　条例第二条所称的国有土地,是指按国家法律规定属于国家所有的土地。

第四条　条例第二条所称的地上的建筑物,是指建于土地上的一切建筑物,包括地上地下的各种附属设施。条例第二条所称的附着物,是指附着于土地上的不能移动,一经移动即遭损坏的物品。

第五条 条例第二条所称的收入,包括转让房地产的全部价款及有关的经济收益。

第六条 条例第二条所称的单位,是指各类企业单位、事业单位、国家机关和社会团体及其他组织。条例第二条所称个人,包括个体经营者。

第七条 条例第六条所列的计算增值额的扣除项目,具体为:

(一) 取得土地使用权所支付的金额,是指纳税人为取得土地使用权所支付的地价款和按国家统一规定交纳的有关费用。

(二) 开发土地和新建房及配套设施(以下简称房增开发)的成本,是指纳税人房地产开发项目实际发生的成本(以下简称房增开发成本),包括土地征用及拆迁补偿费、前期工程费、建筑安装工程费、基础设施费、公共配套设施费、开发间接费用。土地征用及拆迁补偿费,包括土地征用费、耕地占用税、劳动力安置费及有关地上、地下附着物拆迁补偿的净支出、安置动迁用房支出等。前期工程费,包括规划、设计、项目可行性研究和水文、地质、勘察、测绘、"三通一平"等支出。建筑安装工程费,是指以出包方式支付给承包单位的建筑安装工程费,以自营方式发生的建筑安装工程费。基础设施费,包括开发小区内道路、供水、供电、供气、排污、排洪、通讯、照明、环卫、绿化等工程发生的支出。公共配套设施费,包括不能有偿转让的开发小区内公共配套设施发生的支出。开发间接费用,是指直接组织、管理开发项目发生的费用,包括工资、职工福利费、折旧费、修理费、办公费、水电费、劳动保护费、周转房摊销等。

(三) 开发土地和新建房及配套设施的费用(以下简称房地产开发费用),是指与房地产开发项目有关的销售费用、管理费用、财务费用。财务费用中的利息支出,凡能够按转让房地产项目计算分摊并提供金融机构证明的,允许据实扣除,但最高不能超过按商业银行同类同期贷款利率计算的金额。其他房地产开发费用,按本条(一)、(二)项规定计算的金额之和的5%以内计算扣除。凡不能按转让房地产项目计算分摊利息支出或不能提供金融机构证明的,房地产开发费用按本条(一)、(二)项规定计算的金额之和的10%以内计算扣除。上述计算扣除的具体比例,由各省、自治区、直辖市人民政府规定。

(四) 旧房及建筑物的评估价格,是指在转让已使用的房屋及建筑物时,由政府批准设立的房地产评估机构评定的重置成本价乘以成新度折扣率后的价格。评估价格须经当地税务机关确认。

(五) 与转让房地产有关的税金,是指在转让房地产时缴纳的营业税、城市维护建设税、印花税。因转让房地产交纳的教育费附加,也可视同税金予以扣除。

（六）根据条例第六条（五）项规定，对从事房地产开发的纳税人可按本条（一）、（二）项规定计算的金额之和，加计 20% 的扣除。

第八条　土地增值税以纳税人房地产成本核算的最基本的核算项目或核算对象为单位计算。

第九条　纳税人成片受让土地使用权后，分期分批开发、转让房地产的，其扣除项目金额的确定，可按转让土地使用权的面积占总面积的比例计算分摊，或按建筑面积计算分摊，也可按税务机关确认的其他方式计算分摊。

第十条　条例第七条所列四级超率累进税率，每级“增值额未超过扣除项目金额”的比例，均包括本比例数。计算土地增值税税额，可按增值额乘以适用的税率减去扣除项目金额乘以速算扣除系数的简便方法计算，具体公式如下：

（一）增值额未超过扣除项目金额 50%

土地增值税税额 = 增值额 ×30%

（二）增值额超过扣除项目金额 50%，未超过 100% 的

土地 增值税税额 = 增值额 ×40% － 扣除项目金额 ×5%

（三）增值额超过扣除项目金额 100%，未超过 200% 的

土地增值税税额 = 增值额 ×50% － 扣除项目金额 ×15%

（四）增值额超过扣除项目金额 200%

土地增值税税额 = 增值额 ×60% － 扣除项目金额 ×35%

公式中的 5%，15%，35% 为速算扣除系数。

第十一条　条例第八条（一）项所称的普通标准住宅，是指按所在地一般民用住宅标准建造的居住用住宅。高级公寓、别墅、度假村等不属于普通标准住宅。普通标准住宅与其他住宅的具体划分界限由各省、自治区、直辖市人民政府规定。

纳税人建造普通标准住宅出售，增值额未超过本细则第七条（一）、（二）、（三）、（五）、（六）项扣除项目金额之和 20% 的，免征土地增值税；增值额超过扣除项目金额之和 20% 的，应就其全部增值额按规定计税。条例第八条（二）项所称的因国家建设需要依法征用、收回的房地产，是指因城市实施规划、国家建设的需要而被政府批准征用的房产或收回的土地使用权。因城市实施规划、国家建设的需要而搬迁，由纳税人自行转让原房地产的，比照本规定免征土地增值税。符合上述免税规定的单位和个人，须向房地产所在地税务机关提出免税申请，经税务机关审核后，免予征收土地增值税。

第十二条　个人因工作调动或改善居住条件而转让原自用住房，经向税务机关申报核准，凡居住满五年或五年以上的，免予征收土地增值税；居住满三年

未满五年的，减半征收土地增值税。居住未满三年的，按规定计征土地增值税。

第十三条 条例第九条所称的房地产评估价格，是指由政府批准设立的房地产评估机构根据相同地段、同类房地产进行综合评定的价格。评估价格须经当地税务机关确认。

第十四条 条例第九条（一）项所称的隐瞒、虚报房地产成交价格，是指纳税人不报或有意低报转让土地使用权、地上建筑物及其附着物价款的行为。条例第九条（二）项所称的提供扣除项目金额不实的，是指纳税人在纳税申报时不据实提供扣除项目金额的行为。条例第九条（三）项所称的转让房地产的成交价格低于房地产评估价格，又无正当理由，是指纳税人申报的转让房地产的实际成交价低于房地产评估机构评定的交易价，纳税人又不能提供凭据或无正当理由的行为。隐瞒、虚报房地产成交价格，应由评估机构参照同类房地产的市场交易价格进行评估。税务机关根据评估价格确定转让房地产的收入。提供扣除项目金额不实的，应由评估机构按照房屋重置成本价乘以成新度折扣率计算的房屋成本价和取得土地使用权时的基准地价进行评估。税务机关根据评估价格确定扣除项目金额。转让房地产的成交价格低于房地产评估价格，又无正当理由的，由税务机关参照房地产评估价格确定转让房地产的收入。

第十五条 根据条例第十条的规定，纳税人应按照下列程序办理纳税手续：

（一）纳税人应在转让房地产合同签订后的七日内，到房地产所在地主管税务机关办理纳税申报，并向税务机关提交房屋及建筑物产权、土地使用权证书，土地转让、房产买卖合同，房地产评估报告及其他与转让房地产有关的资料。纳税人因经常发生房地产转让而难以在每次转让后申报的，经税务机关审核同意后，可以定期进行纳税申报，具体期限由税务机关根据情况确定。

（二）纳税人按照税务机关核定的税额及规定的期限缴纳土地增值税。

第十六条 纳税人在项目全部竣工结算前转让房地产取得的收入，由于涉及成本确定或其他原因，而无法据以计算土地增值税的，可以预征土地增值税，待该项目全部竣工、办理结算后再进行清算，多退少补。具体办法由各省、自治区、直辖市地方税务局根据当地情况制定。

第十七条 条例第十条所称的房地产所在地，是指房地产的坐落地。纳税人转让房地产坐落在两个或两个以上地区的，应按房地产所在地分别申报纳税。

第十八条 条例第十一条所称的土地管理部门、房产管理部门应当向税务机关提供有关资料，是指向房地产所在地主管税务机关提供有关房屋及建筑物产权、土地使用权、土地出让金数额、土地基准地价、房地产市场交易价格及权属变更等方面的资料。

第十九条　纳税人未按规定提供房屋及建筑物产权、土地使用权证书，土地转让、房产买卖合同，房地产评估报告及其他与转让房地产有关资料的，按照《中华人民共和国税收征收管理法》（以下简称《征管法》）第三十九条的规定进行处理。纳税人不如实申报房地产交易额及规定扣除项目金额造成少缴或未缴税款的，按照《征管法》第四十条的规定进行处理。

第二十条　土地增值税以人民币为计算单位。转让房地产所取得的收入为外国货币的，以取得收入当天或当月 1 日国家公布的市场汇价折合成人民币，据以计算应纳土地增值税税额。

第二十一条　条例第十五条所称的各地区的土地增值费征收办法是指与本条例规定的计征对象相同的土地增值费、土地收益金等征收办法。

第二十二条　本细则由财政部解释，或者由国家税务总局解释。

第二十三条　本细则自发布之日起施行。

第二十四条　1994 年 1 月 1 日至本细则发布之日期间的土地增值税参照本细则的规定计算征收。

财政部

一九九五年一月二十七号

财政部　国家税务总局关于土地增值税一些具体问题规定的通知

财税字〔1995〕48 号

按照《中华人民共和国土地增值税暂行条例》（以下简称条例）和《中华人民共和国土地增值税暂行条例实施细则》（以下简称细则）的规定，现对土地增值税一些具体问题规定如下：

一、关于以房地产进行投资、联营的征免税问题

对于以房地产进行投资、联营的，投资、联营的一方以土地（房地产）作价入股进行投资或作为联营条件，将房地产转让到所投资、联营的企业中时，暂免征收土地增值税。对投资、联营企业将上述房地产再转让的，应征收土地增值税。

二、关于合作建房的征免税问题

对于一方出地，一方出资金，双方合作建房，建成后按比例分房自用的，暂免征收土地增值税；建成后转让的，应征收土地增值税。

三、关于企业兼并转让房地产的征免税问题

在企业兼并中，对被兼并企业将房地产转让到兼并企业中的，暂免征收土地增值税。

四、关于细则中“赠与”所包括的范围问题

细则所称的“赠与”是指如下情况：

（一）房产所有人、土地使用权所有人将房屋产权、土地使用权赠与直系亲属或承担直接赡养义务人的。

（二）房产所有人、土地使用权所有人通过中国境内非营利的社会团体、国家机关将房屋产权、土地使用权赠与教育、民政和其他社会福利、公益事业的。上述社会团体是指中国青少年发展基金会、希望工程基金会、宋庆龄基金会、减灾委员会、中国红十字会、中国残疾人联合会、全国老年基金会、老区促进会以及经民政部门批准成立的其他非营利的公益性组织。

五、关于个人互换住房的征免税问题

对个人之间互换自有居住用房地产的，经当地税务机关核实，可以免征土地增值税。

六、关于地方政府要求房地产开发企业代收的费用如何计征土地增值税的问题

对于县级及县级以上人民政府要求房地产开发企业在售房时代收的各项费用，如果代收费用是计入房价中向购买方一并收取的，可作为转让房地产所取得的收入计税；如果代收费用未计入房价中，而是在房价之外单独收取的，可以不作为转让房地产的收入。对于代收费用作为转让收入计税的，在计算扣除项目金额时，可予以扣除，但不允许作为加计20%扣除的基数；对于代收费用未作为转让房地产的收入计税的，在计算增值额时不允许扣除代收费用。

七、关于新建房与旧房的界定问题

新建房是指建成后未使用的房产。凡是已使用一定时间或达到一定磨损程度的房产均属旧房。使用时间和磨损程度标准可由各省、自治区、直辖市财政厅（局）和地方税务局具体规定。

八、关于扣除项目金额中的利息支出如何计算问题

（一）利息的上浮幅度按国家的有关规定执行，超过上浮幅度的部分不允许扣除；

（二）对于超过贷款期限的利息部分和加罚的利息不允许扣除。

九、关于计算增值额时扣除已缴纳印花税的问题

细则中规定允许扣除的印花税，是指在转让房地产时缴纳的印花税。房地产开发企业按照《施工、房地产开发企业财务制度》的有关规定，其缴纳的印花税列入管理费用,已相应予以扣除。其他的土地增值税纳税义务人在计算土地增值税时允许扣除在转让时缴纳的印花税。

十、关于转让旧房如何确定扣除项目金额的问题

转让旧房的,应按房屋及建筑物的评估价格、取得土地使用权所支付的地价款和按国家统一规定交纳的有关费用以及在转让环节缴纳的税金作为扣除项目金额计征土地增值税。对取得土地使用权时未支付地价款或不能提供已支付的地价款凭据的,不允许扣除取得土地使用权所支付的金额。

十一、关于已缴纳的契税可否在计税时扣除的问题

对于个人购入房地产再转让的,其在购入时已缴纳的契税,在旧房及建筑物的评估价中已包括了此项因素,在计征土地增值税时,不另作为"与转让房地产有关的税金"予以扣除。

十二、关于评估费用可否在计算增值额时扣除的问题

纳税人转让旧房及建筑物时因计算纳税的需要而对房地产进行评估,其支付的评估费用允许在计算增值额时予以扣除。对条例第九条规定的纳税人隐瞒、虚报房地产成交价格等情形而按房地产评估价格计算征收土地增值税所发生的评估费用,不允许在计算土地增值税时予以扣除。

十三、关于既建普通标准住宅又搞其他类型房地产开发的如何计税的问题

对纳税人既建普通标准住宅又搞其他房地产开发的,应分别核算增值额。不分别核算增值额或不能准确核算增值额的,其建造的普通标准住宅不能适用条例第八条(一)项的免税规定。

十四、关于预售房地产所取得的收入是否申报纳税的问题

根据细则的规定,对纳税人在项目全部竣工结算前转让房地产取得的收入可以预征土地增值税。具体办法由各省、自治区、直辖市地方税务局根据当地情况制定。因此,对纳税人预售房地产所取得的收入,当地税务机关规定预征土地增值税的,纳税人应当到主管税务机关办理纳税申报,并按规定比例预交,待办理决算后,多退少补;当地税务机关规定不预征土地增值税的,也应在取得收入时先到税务机关登记或备案。

十五、关于分期收款的外币收入如何折合人民币的问题

对于取得的收入为外国货币的,依照细则规定,以取得收入当天或当月1日国家公布的市场汇价折合人民币,据以计算土地增值税税额。对于以分期收款形式取得的外币收入,也应按实际收款日或收款当月1日国家公布的市场汇价折合人民币。

十六、关于纳税期限的问题

根据条例第十条、第十二条和细则第十五条的规定,税务机关核定的纳税期限,应在纳税人签订房地产转让合同之后、办理房地产权属转让(即过户及登记)手续之前。

十七、关于财政部、国家税务总局《关于对1994年1月1日前签订开发及转让合同的房地产征免土地增值税的通知》(财法字〔1995〕7号)适用范围的问题

该通知规定的适用范围,限于房地产开发企业转让新建房地产的行为,非房地产开发企业或房地产开发企业转让存量房地产的,不适用此规定。

国家税务总局关于广西土地增值税计算问题请示的批复

国税函〔1999〕112号

广西壮族自治区地方税务局:

你局《关于转让土地计算土地增值税问题的请示》(桂地税报〔1999〕17号)文收悉。对来文请示的《土地增值税暂行条例实施细则》(以下简称《细则》)第九条"纳税人成片受让土地使用权后……可转让土地使用权的面积占总面积的比例分摊"中"总面积"的含义,现答复如下:

根据土地增值税立法精神,《细则》第九条的"总面积"是指可转让土地使用权的土地总面积。在土地开发中,因道路、绿化等公共设施用地是不能转让的,按《细则》第七条规定,这些不能有偿转让的公共配套设施的费用是计算增值额的扣除项目。因此,在计算转让土地的增值额时,按实际转让土地的面积占可转让土地总面积来计算分摊,即:可转让土地面积为开发土地总面积减除不能转让的公共设施用地面积后的剩余面积。

国家税务总局

一九九九年三月五日

国家税务总局关于以转让股权名义转让房地产行为征收土地增值税问题的批复

国税函〔2000〕687号

广西壮族自治区地方税务局:

你局《关于以转让股权名义转让房地产行为征收土地增值税问题的请示》

（桂地税报〔2000〕32 号）收悉。鉴于深圳市能源集团有限公司和深圳能源投资股份有限公司一次性共同转让深圳能源（钦州）实业有限公司 100% 的股权，且这些以股权形式表现的资产主要是土地使用权、地上建筑物及附着物，经研究，对此应按土地增值税的规定征税。

国家税务总局
二〇〇〇年九月五日

财政部　国家税务总局关于土地增值税若干问题的通知

财税〔2006〕21 号

各省、自治区、直辖市、计划单列市财政厅（局）、地方税务局，新疆生产建设兵团财务局：

根据《中华人民共和国土地增值税暂行条例》（以下简称《条例》）及其实施细则和有关规定精神，现将土地增值税有关问题明确如下：

一、关于纳税人建造普通标准住宅出售和居民个人转让普通住宅的征免税问题

《条例》第八条中“普通标准住宅”和《财政部、国家税务总局关于调整房地产市场若干税收政策的通知》（财税字〔1999〕210 号）第三条中“普通住宅”的认定，一律按各省、自治区、直辖市人民政府根据《国务院办公厅转发建设部等部门关于做好稳定住房价格工作意见的通知》（国办发〔2005〕26 号）制定并对社会公布的“中小套型、中低价位普通住房”的标准执行。纳税人既建造普通住宅，又建造其他商品房的，应分别核算土地增值额。在本文件发布之日前已向房地产所在地地方税务机关提出免税申请，并经税务机关按各省、自治区、直辖市人民政府原来确定的普通标准住宅的标准审核确定，免征土地增值税的普通标准住宅，不做追溯调整。

二、关于转让旧房准予扣除项目的计算问题

纳税人转让旧房及建筑物，凡不能取得评估价格，但能提供购房发票的，经当地税务部门确认，《条例》第六条第（一）、（三）项规定的扣除项目的金额，可按发票所载金额并从购买年度起至转让年度止每年加计 5% 计算。对纳税人购房时缴纳的契税，凡能提供契税完税凭证的，准予作为“与转让房地产有关的税金”予以扣除，但不作为加计 5% 的基数。对于转让旧房及建筑物，既没有评估价格，又不能提供购房发票的，地方税务机关可以根据《中华人民共和国税收征收管理法》(以下简称《税收征管法》)第35条的规定,实行核定征收。

三、关于土地增值税的预征和清算问题

各地要进一步完善土地增值税预征办法,根据本地区房地产业增值水平和市场发展情况,区别普通住房、非普通住房和商用房等不同类型,科学合理地确定预征率,并适时调整。工程项目竣工结算后,应及时进行清算,多退少补。对未按预征规定期限预缴税款的,应根据《税收征管法》及其实施细则的有关规定,从限定的缴纳税款期限届满的次日起,加收滞纳金。对已竣工验收的房地产项目,凡转让的房地产的建筑面积占整个项目可售建筑面积的比例在85%以上的,税务机关可以要求纳税人按照转让房地产的收入与扣除项目金额配比的原则,对已转让的房地产进行土地增值税的清算。具体清算办法由各省、自治区、直辖市和计划单列市地方税务局规定。

四、关于因城市实施规划、国家建设需要而搬迁,纳税人自行转让房地产的征免税问题

《中华人民共和国土地增值税暂行条例实施细则》第十一条第四款所称:因"城市实施规划"而搬迁,是指因旧城改造或因企业污染、扰民(指产生过量废气、废水、废渣和噪音,使城市居民生活受到一定危害),而由政府或政府有关主管部门根据已审批通过的城市规划确定进行搬迁的情况;因"国家建设的需要"而搬迁,是指因实施国务院、省级人民政府、国务院有关部委批准的建设项目而进行搬迁的情况。

五、关于以房地产进行投资或联营的征免税问题

对于以土地(房地产)作价入股进行投资或联营的,凡所投资、联营的企业从事房地产开发的,或者房地产开发企业以其建造的商品房进行投资和联营的,均不适用《财政部、国家税务总局关于土地增值税一些具体问题规定的通知》(财税字〔1995〕048号)第一条暂免征收土地增值税的规定。

六、本文自2006年3月2日起执行。

财政部　国家税务总局关于土地增值税普通标准住宅有关政策的通知

财税〔2006〕141号

各省、自治区、直辖市、计划单列市财政厅(局)、地方税务局,新疆生产建设兵团财务局:

为贯彻落实《国务院办公厅转发建设部等部门关于调整住房供应结构稳定

住房价格意见的通知》(国办发〔2006〕37 号)精神,进一步促进调整住房供应结构,增加中套型、中低价位普通商品住房供应,现将《中华人民共和国土地增值税暂行条例》第八条中“普通标准住宅”的认定问题通知如下:

“普通标准住宅”的认定,可在各省、自治区、直辖市人民政府根据《国务院办公厅转发建设部等部门关于做好稳定住房价格工作意见的通知》(国办发〔2005〕26 号)制定的“普通标准住宅”的范围内从严掌握。请遵照执行。

国家税务总局关于房地产开发企业土地增值税清算管理有关问题的通知

国税发〔2006〕187 号

各省、自治区、直辖市和计划单列市地方税务局,西藏、宁夏自治区国家税务局:

为进一步加强房地产开发企业土地增值税清算管理工作,根据《中华人民共和国税收征收管理法》、《中华人民共和国土地增值税暂行条例》及有关规定,现就有关问题通知如下:

一、土地增值税的清算单位

土地增值税以国家有关部门审批的房地产开发项目为单位进行清算,对于分期开发的项目,以分期项目为单位清算。开发项目中同时包含普通住宅和非普通住宅的,应分别计算增值额。

二、土地增值税的清算条件

(一)符合下列情形之一的,纳税人应进行土地增值税的清算:

1. 房地产开发项目全部竣工、完成销售的;

2. 整体转让未竣工决算房地产开发项目的;

3. 直接转让土地使用权的。

(二)符合下列情形之一的,主管税务机关可要求纳税人进行土地增值税清算:

1. 已竣工验收的房地产开发项目,已转让的房地产建筑面积占整个项目可售建筑面积的比例在 85% 以上,或该比例虽未超过 85%,但剩余的可售建筑面积已经出租或自用的;

2. 取得销售(预售)许可证满三年仍未销售完毕的;

3. 纳税人申请注销税务登记但未办理土地增值税清算手续的;

4. 省税务机关规定的其他情况。

三、非直接销售和自用房地产的收入确定

（一）房地产开发企业将开发产品用于职工福利、奖励、对外投资、分配给股东或投资人、抵偿债务、换取其他单位和个人的非货币性资产等，发生所有权转移时应视同销售房地产，其收入按下列方法和顺序确认：

1. 按本企业在同一地区、同一年度销售的同类房地产的平均价格确定；

2. 由主管税务机关参照当地当年、同类房地产的市场价格或评估价值确定。

（二）房地产开发企业将开发的部分房地产转为企业自用或用于出租等商业用途时，如果产权未发生转移，不征收土地增值税，在税款清算时不列收入，不扣除相应的成本和费用。

四、土地增值税的扣除项目

（一）房地产开发企业办理土地增值税清算时计算与清算项目有关的扣除项目金额，应根据土地增值税暂行条例第六条及其实施细则第七条的规定执行。除另有规定外，扣除取得土地使用权所支付的金额、房地产开发成本、费用及与转让房地产有关税金，须提供合法有效凭证；不能提供合法有效凭证的，不予扣除。

（二）房地产开发企业办理土地增值税清算所附送的前期工程费、建筑安装工程费、基础设施费、开发间接费用的凭证或资料不符合清算要求或不实的，地方税务机关可参照当地建设工程造价管理部门公布的建安造价定额资料，结合房屋结构、用途、区位等因素，核定上述四项开发成本的单位面积金额标准，并据以计算扣除。具体核定方法由省税务机关确定。

（三）房地产开发企业开发建造的与清算项目配套的居委会和派出所用房、会所、停车场（库）、物业管理场所、变电站、热力站、水厂、文体场馆、学校、幼儿园、托儿所、医院、邮电通讯等公共设施，按以下原则处理：

1. 建成后产权属于全体业主所有的，其成本、费用可以扣除；

2. 建成后无偿移交给政府、公用事业单位用于非营利性社会公共事业的，其成本、费用可以扣除；

3. 建成后有偿转让的，应计算收入，并准予扣除成本、费用。

（四）房地产开发企业销售已装修的房屋，其装修费用可以计入房地产开发成本。房地产开发企业的预提费用，除另有规定外，不得扣除。

（五）属于多个房地产项目共同的成本费用，应按清算项目可售建筑面积占多个项目可售总建筑面积的比例或其他合理的方法，计算确定清算项目的扣除金额。

五、土地增值税清算应报送的资料

符合本通知第二条第(一)项规定的纳税人,须在满足清算条件之日起90日内到主管税务机关办理清算手续;符合本通知第二条第(二)项规定的纳税人,须在主管税务机关限定的期限内办理清算手续。纳税人办理土地增值税清算应报送以下资料:

(一)房地产开发企业清算土地增值税书面申请、土地增值税纳税申报表;

(二)项目竣工决算报表、取得土地使用权所支付的地价款凭证、国有土地使用权出让合同、银行贷款利息结算通知单、项目工程合同结算单、商品房购销合同统计表等与转让房地产的收入、成本和费用有关的证明资料;

(三)主管税务机关要求报送的其他与土地增值税清算有关的证明资料等。

纳税人委托税务中介机构审核鉴证的清算项目,还应报送中介机构出具的《土地增值税清算税款鉴证报告》。

六、土地增值税清算项目的审核鉴证

税务中介机构受托对清算项目审核鉴证时,应按税务机关规定的格式对审核鉴证情况出具鉴证报告。对符合要求的鉴证报告,税务机关可以采信。税务机关要对从事土地增值税清算鉴证工作的税务中介机构在准入条件、工作程序、鉴证内容、法律责任等方面提出明确要求,并做好必要的指导和管理工作。

七、土地增值税的核定征收

房地产开发企业有下列情形之一的,税务机关可以参照与其开发规模和收入水平相近的当地企业的土地增值税税负情况,按不低于预征率的征收率核定征收土地增值税:

(一)依照法律、行政法规的规定应当设置但未设置账簿的;

(二)擅自销毁账簿或者拒不提供纳税资料的;

(三)虽设置账簿,但账目混乱或者成本资料、收入凭证、费用凭证残缺不全,难以确定转让收入或扣除项目金额的;

(四)符合土地增值税清算条件,未按照规定的期限办理清算手续,经税务机关责令限期清算,逾期仍不清算的;

(五)申报的计税依据明显偏低,又无正当理由的。

八、清算后再转让房地产的处理

在土地增值税清算时未转让的房地产,清算后销售或有偿转让的,纳税人应按规定进行土地增值税的纳税申报,扣除项目金额按清算时的单位建筑面积成本费用乘以销售或转让面积计算。单位建筑面积成本费用 = 清算时的扣除项目总金额 ÷ 清算的总建筑面积。

本通知自 2007 年 2 月 1 日起执行。各省税务机关可依据本通知的规定并结合当地实际情况制定具体清算管理办法。

国家税务总局关于未办理土地使用权证转让土地有关税收问题的批复

国税函〔2007〕645 号

四川省地方税务局：

你局《关于未办理土地使用权证而转让土地有关税收问题的请示》（川地税发〔2007〕7 号）收悉，批复如下：

土地使用者转让、抵押或置换土地，无论其是否取得了该土地的使用权属证书，无论其在转让、抵押或置换土地过程中是否与对方当事人办理了土地使用权属证书变更登记手续，只要土地使用者享有占有、使用、收益或处分该土地的权利，且有合同等证据表明其实质转让、抵押或置换了土地并取得了相应的经济利益，土地使用者及其对方当事人应当依照税法规定缴纳营业税、土地增值税和契税等相关税收。

关于调整房地产交易环节税收政策的通知

财税〔2008〕137 号

各省、自治区、直辖市、计划单列市财政厅（局）、地方税务局，新疆生产建设兵团财务局：

为适当减轻个人住房交易的税收负担，支持居民首次购买普通住房，经国务院批准，现就房地产交易环节有关税收政策问题通知如下：

一、对个人首次购买 90 平方米及以下普通住房的，契税税率暂统一下调到 1%，首次购房证明由住房所在地县（区）住房建设主管部门出具。

二、对个人销售或购买住房暂免征收印花税。

三、对个人销售住房暂免征收土地增值税。

国家税务总局关于印发《土地增值税清算管理规程》的通知

国税发〔2009〕91号

各省、自治区、直辖市和计划单列市地方税务局：

为了加强房地产开发企业的土地增值税征收管理，规范土地增值税清算工作，根据《中华人民共和国土地增值税暂行条例》及其实施细则、《中华人民共和国税收征收管理法》及其实施细则等有关税收法律、行政法规的规定，结合房地产开发经营业务的特点，国家税务总局制定了《土地增值税清算管理规程》，现印发给你们，请遵照执行。

国家税务总局

二〇〇九年五月十二日

土地增值税清算管理规程

第一章 总则

第一条 为了加强土地增值税征收管理，规范土地增值税清算工作，根据《中华人民共和国税收征收管理法》及其实施细则、《中华人民共和国土地增值税暂行条例》及其实施细则等规定，制定本规程（以下简称《规程》）。

第二条 《规程》适用于房地产开发项目土地增值税清算工作。

第三条 《规程》所称土地增值税清算，是指纳税人在符合土地增值税清算条件后，依照税收法律、法规及土地增值税有关政策规定，计算房地产开发项目应缴纳的土地增值税税额，并填写《土地增值税清算申报表》，向主管税务机关提供有关资料，办理土地增值税清算手续，结清该房地产项目应缴纳土地增值税税款的行为。

第四条 纳税人应当如实申报应缴纳的土地增值税税额，保证清算申报的真实性、准确性和完整性。

第五条 税务机关应当为纳税人提供优质纳税服务，加强土地增值税政策宣传辅导。主管税务机关应及时对纳税人清算申报的收入、扣除项目金额、增值额、增值率以及税款计算等情况进行审核，依法征收土地增值税。

第二章　前期管理

第六条　主管税务机关应加强房地产开发项目的日常税收管理，实施项目管理。主管税务机关应从纳税人取得土地使用权开始，按项目分别建立档案、设置台账，对纳税人项目立项、规划设计、施工、预售、竣工验收、工程结算、项目清盘等房地产开发全过程情况实行跟踪监控，做到税务管理与纳税人项目开发同步。

第七条　主管税务机关对纳税人项目开发期间的会计核算工作应当积极关注，对纳税人分期开发项目或者同时开发多个项目的，应督促纳税人根据清算要求按不同期间和不同项目合理归集有关收入、成本、费用。

第八条　对纳税人分期开发项目或者同时开发多个项目的，有条件的地区，主管税务机关可结合发票管理规定，对纳税人实施项目专用票据管理措施。

第三章　清算受理

第九条　纳税人符合下列条件之一的，应进行土地增值税的清算。

（一）房地产开发项目全部竣工、完成销售的；

（二）整体转让未竣工决算房地产开发项目的；

（三）直接转让土地使用权的。

第十条　对符合以下条件之一的，主管税务机关可要求纳税人进行土地增值税清算。

（一）已竣工验收的房地产开发项目，已转让的房地产建筑面积占整个项目可售建筑面积的比例在85%以上，或该比例虽未超过85%，但剩余的可售建筑面积已经出租或自用的；

（二）取得销售（预售）许可证满三年仍未销售完毕的；

（三）纳税人申请注销税务登记但未办理土地增值税清算手续的；

（四）省（自治区、直辖市、计划单列市）税务机关规定的其他情况。

对前款所列第（三）项情形，应在办理注销登记前进行土地增值税清算。

第十一条　对于符合本规程第九条规定，应进行土地增值税清算的项目，纳税人应当在满足条件之日起90日内到主管税务机关办理清算手续。对于符合本规程第十条规定税务机关可要求纳税人进行土地增值税清算的项目，由主管税务机关确定是否进行清算；对于确定需要进行清算的项目，由主管税务机关下达清算通知，纳税人应当在收到清算通知之日起90日内办理清算手续。应进行土地增值税清算的纳税人或经主管税务机关确定需要进行清算的纳税人，在上述规定的期限内拒不清算或不提供清算资料的，主管税务机关可依据《中华人民共和国税收征收管理法》有关规定处理。

第十二条　纳税人清算土地增值税时应提供的清算资料

（一）土地增值税清算表及其附表（参考表样见附件，各地可根据本地实际情况制定）。

（二）房地产开发项目清算说明，主要内容应包括房地产开发项目立项、用地、开发、销售、关联方交易、融资、税款缴纳等基本情况及主管税务机关需要了解的其他情况。

（三）项目竣工决算报表、取得土地使用权所支付的地价款凭证、国有土地使用权出让合同、银行贷款利息结算通知单、项目工程合同结算单、商品房购销合同统计表、销售明细表、预售许可证等与转让房地产的收入、成本和费用有关的证明资料。主管税务机关需要相应项目记账凭证的，纳税人还应提供记账凭证复印件。

（四）纳税人委托税务中介机构审核鉴证的清算项目，还应报送中介机构出具的《土地增值税清算税款鉴证报告》。

第十三条　主管税务机关收到纳税人清算资料后，对符合清算条件的项目，且报送的清算资料完备的，予以受理；对纳税人符合清算条件、但报送的清算资料不全的，应要求纳税人在规定限期内补报，纳税人在规定的期限内补齐清算资料后，予以受理；对不符合清算条件的项目，不予受理。上述具体期限由各省、自治区、直辖市、计划单列市税务机关确定。主管税务机关已受理的清算申请，纳税人无正当理由不得撤消。

第十四条　主管税务机关按照本规程第六条进行项目管理时，对符合税务机关可要求纳税人进行清算情形的，应当作出评估，并经分管领导批准，确定何时要求纳税人进行清算的时间。对确定暂不通知清算的，应继续做好项目管理，每年作出评估，及时确定清算时间并通知纳税人办理清算。

第十五条　主管税务机关受理纳税人清算资料后，应在一定期限内及时组织清算审核。具体期限由各省、自治区、直辖市、计划单列市税务机关确定。

第四章　清算审核

第十六条　清算审核包括案头审核、实地审核。案头审核是指对纳税人报送的清算资料进行数据、逻辑审核，重点审核项目归集的一致性、数据计算准确性等。实地审核是指在案头审核的基础上，通过对房地产开发项目实地查验等方式，对纳税人申报情况的客观性、真实性、合理性进行审核。

第十七条　清算审核时，应审核房地产开发项目是否以国家有关部门审批、备案的项目为单位进行清算；对于分期开发的项目，是否以分期项目为单位清算；对不同类型房地产是否分别计算增值额、增值率，缴纳土地增值税。

第十八条　审核收入情况时，应结合销售发票、销售合同（含房管部门网上备案登记资料）、商品房销售（预售）许可证、房产销售分户明细表及其他有关资料，重点审核销售明细表、房地产销售面积与项目可售面积的数据关联性，以核实计税收入；对销售合同所载商品房面积与有关部门实际测量面积不一致，而发生补、退房款的收入调整情况进行审核；对销售价格进行评估，审核有无价格明显偏低情况。必要时，主管税务机关可通过实地查验，确认有无少计、漏计事项，确认有无将开发产品用于职工福利、奖励、对外投资、分配给股东或投资人、抵偿债务、换取其他单位和个人的非货币性资产等情况。

第十九条 非直接销售和自用房地产的收入确定

（一）房地产开发企业将开发产品用于职工福利、奖励、对外投资、分配给股东或投资人、抵偿债务、换取其他单位和个人的非货币性资产等，发生所有权转移时应视同销售房地产，其收入按下列方法和顺序确认：

1. 按本企业在同一地区、同一年度销售的同类房地产的平均价格确定；

2. 由主管税务机关参照当地当年、同类房地产的市场价格或评估价值确定。

（二）房地产开发企业将开发的部分房地产转为企业自用或用于出租等商业用途时，如果产权未发生转移，不征收土地增值税，在税款清算时不列收入，不扣除相应的成本和费用。

第二十条 土地增值税扣除项目审核的内容包括：

（一）取得土地使用权所支付的金额。

（二）房地产开发成本，包括：土地征用及拆迁补偿费、前期工程费、建筑安装工程费、基础设施费、公共配套设施费、开发间接费用。

（三）房地产开发费用。

（四）与转让房地产有关的税金。

（五）国家规定的其他扣除项目。

第二十一条 审核扣除项目是否符合下列要求：

（一）在土地增值税清算中，计算扣除项目金额时，其实际发生的支出应当取得但未取得合法凭据的不得扣除。

（二）扣除项目金额中所归集的各项成本和费用，必须是实际发生的。

（三）扣除项目金额应当准确地在各扣除项目中分别归集，不得混淆。

（四）扣除项目金额中所归集的各项成本和费用必须是在清算项目开发中直接发生的或应当分摊的。

（五）纳税人分期开发项目或者同时开发多个项目的，或者同一项目中建造不同类型房地产的，应按照受益对象，采用合理的分配方法，分摊共同的成本费用。

（六）对同一类事项，应当采取相同的会计政策或处理方法。会计核算与税务处理规定不一致的,以税务处理规定为准。

第二十二条 审核取得土地使用权支付金额和土地征用及拆迁补偿费时应当重点关注:

(一)同一宗土地有多个开发项目,是否予以分摊,分摊办法是否合理、合规,具体金额的计算是否正确。

(二)是否存在将房地产开发费用记入取得土地使用权支付金额以及土地征用及拆迁补偿费的情形。

(三)拆迁补偿费是否实际发生,尤其是支付给个人的拆迁补偿款、拆迁(回迁)合同和签收花名册或签收凭证是否一一对应。

第二十三条 审核前期工程费、基础设施费时应当重点关注:

(一)前期工程费、基础设施费是否真实发生,是否存在虚列情形。

(二)是否将房地产开发费用记入前期工程费、基础设施费。

(三)多个(或分期)项目共同发生的前期工程费、基础设施费,是否按项目合理分摊。

第二十四条 审核公共配套设施费时应当重点关注:

(一)公共配套设施的界定是否准确,公共配套设施费是否真实发生,有无预提的公共配套设施费情况。

(二)是否将房地产开发费用记入公共配套设施费。

(三)多个(或分期)项目共同发生的公共配套设施费,是否按项目合理分摊。

第二十五条 审核建筑安装工程费时应当重点关注:

(一)发生的费用是否与决算报告、审计报告、工程结算报告、工程施工合同记载的内容相符。

(二)房地产开发企业自购建筑材料时,自购建材费用是否重复计算扣除项目。

(三)参照当地当期同类开发项目单位平均建安成本或当地建设部门公布的单位定额成本,验证建筑安装工程费支出是否存在异常。

(四)房地产开发企业采用自营方式自行施工建设的,还应当关注有无虚列、多列施工人工费、材料费、机械使用费等情况。

(五)建筑安装发票是否在项目所在地税务机关开具。

第二十六条 审核开发间接费用时应当重点关注:

(一)是否存在将企业行政管理部门(总部)为组织和管理生产经营活动而发生的管理费用记入开发间接费用的情形。

(二)开发间接费用是否真实发生,有无预提开发间接费用的情况,取得的凭证是否合法有效。

第二十七条 审核利息支出时应当重点关注：

（一）是否将利息支出从房地产开发成本中调整至开发费用。

（二）分期开发项目或者同时开发多个项目的，其取得的一般性贷款的利息支出，是否按照项目合理分摊。

（三）利用闲置专项借款对外投资取得收益，其收益是否冲减利息支出。

第二十八条 代收费用的审核。

对于县级以上人民政府要求房地产开发企业在售房时代收的各项费用，审核其代收费用是否计入房价并向购买方一并收取；当代收费用计入房价时，审核有无将代收费用计入加计扣除以及房地产开发费用计算基数的情形。

第二十九条 关联方交易行为的审核。

在审核收入和扣除项目时，应重点关注关联企业交易是否按照公允价值和营业常规进行业务往来。应当关注企业大额应付款余额，审核交易行为是否真实。

第三十条 纳税人委托中介机构审核鉴证的清算项目，主管税务机关应当采取适当方法对有关鉴证报告的合法性、真实性进行审核。

第三十一条 对纳税人委托中介机构审核鉴证的清算项目，主管税务机关未采信或部分未采信鉴证报告的，应当告知其理由。

第三十二条 土地增值税清算审核结束，主管税务机关应当将审核结果书面通知纳税人，并确定办理补、退税期限。

第五章　核定征收

第三十三条 在土地增值税清算过程中，发现纳税人符合核定征收条件的，应按核定征收方式对房地产项目进行清算。

第三十四条 在土地增值税清算中符合以下条件之一的，可实行核定征收。

（一）依照法律、行政法规的规定应当设置但未设置账簿的；

（二）擅自销毁账簿或者拒不提供纳税资料的；

（三）虽设置账簿，但账目混乱或者成本资料、收入凭证、费用凭证残缺不全，难以确定转让收入或扣除项目金额的；

（四）符合土地增值税清算条件，企业未按照规定的期限办理清算手续，经税务机关责令限期清算，逾期仍不清算的；

（五）申报的计税依据明显偏低，又无正当理由的。

第三十五条 符合上述核定征收条件的，由主管税务机关发出核定征收的税务事项告知书后，税务人员对房地产项目开展土地增值税核定征收核查，经主管税务机关审核合议,通知纳税人申报缴纳应补缴税款或办理退税。

第三十六条 对于分期开发的房地产项目,各期清算的方式应保持一致。

第六章 其他

第三十七条 土地增值税清算资料应按照档案化管理的要求,妥善保存。

第三十八条 本规程自2009年6月1日起施行,各省(自治区、直辖市、计划单列市)税务机关可结合本地实际,对本规程进行进一步细化。

附件:1. 土地增值税纳税申报表(从事房地产开发的纳税人适用)

2. 各类附表

国家税务总局关于加强土地增值税征管工作的通知

国税发〔2010〕53号

各省、自治区、直辖市和计划单列市地方税务局,西藏、宁夏、青海省(自治区)国家税务局:

为深入贯彻《国务院关于坚决遏制部分城市房价过快上涨的通知》(国发〔2010〕10号)精神,促进房地产行业健康发展,合理调节房地产开发收益,充分发挥土地增值税调控作用,现就加强土地增值税征收管理工作通知如下:

一、统一思想认识,全面加强土地增值税征管工作

土地增值税是保障收入公平分配、促进房地产市场健康发展的有力工具。各级税务机关要认真贯彻落实国务院通知精神,高度重视土地增值税征管工作,进一步加强土地增值税清算,强化税收调节作用。

各级税务机关要在当地政府支持下,与国土资源、住房建设等有关部门协调配合,进一步加强对土地增值税征收管理工作的组织领导,强化征管手段,配备业务骨干,集中精力加强管理。要组织开展督导检查,推进本地区土地增值税清算工作开展;摸清本地区土地增值税税源状况,健全和完善房地产项目管理制度;完善土地增值税预征和清算制度,科学实施预征,全面组织清算,充分发挥土地增值税的调节作用。

还没有全面组织清算、管理比较松懈的地区,要转变观念、提高认识,将思想统一到国发〔2010〕10号文件精神上来,坚决、全面、深入地推进本地区土地增值税清算工作,不折不扣地将国发〔2010〕10号文件精神落到实处。

二、科学合理制定预征率,加强土地增值税预征工作

预征是土地增值税征收管理工作的基础,是实现土地增值税调节功能、保障税收收入均衡入库的重要手段。各级税务机关要全面加强土地增值税的预征工作，把土地增值税预征和房地产项目管理工作结合起来，把土地增值税预征和销售不动产营业税结合起来；把预征率的调整和土地增值税清算的实际税负结合起来；把预征率的调整与房价上涨的情况结合起来，使预征率更加接近实际税负水平，改变目前部分地区存在的预征率偏低，与房价快速上涨不匹配的情况。通过科学、精细的测算，研究预征率调整与房价上涨的挂钩机制。

为了发挥土地增值税在预征阶段的调节作用，各地须对目前的预征率进行调整。除保障性住房外，东部地区省份预征率不得低于2%，中部和东北地区省份不得低于1.5%，西部地区省份不得低于1%，各地要根据不同类型房地产确定适当的预征率（地区的划分按照国务院有关文件的规定执行）。对尚未预征或暂缓预征的地区，应切实按照税收法律法规开展预征，确保土地增值税在预征阶段及时、充分发挥调节作用。

三、深入贯彻《土地增值税清算管理规程》，提高清算工作水平

土地增值税清算是纳税人应尽的法定义务。组织土地增值税清算工作是实现土地增值税调控功能的关键环节。各级税务机关要克服畏难情绪，切实加强土地增值税清算工作。要按照《土地增值税清算管理规程》的要求，结合本地实际，进一步细化操作办法，完善清算流程，严格审核房地产开发项目的收入和扣除项目，提升清算水平。有条件的地区，要充分发挥中介机构作用，提高清算效率。各地税务师管理中心要配合当地税务机关加强对中介机构的管理，对清算中弄虚作假的中介机构进行严肃惩治。

各级税务机关要全面开展土地增值税清算审核工作。要对已经达到清算条件的项目，全面进行梳理、统计，制定切实可行的工作计划，提出清算进度的具体指标；要加强土地增值税税收法规和政策的宣传辅导，加强纳税服务，要求企业及时依法进行清算，按照《土地增值税清算管理规程》的规定和时限进行申报；对未按照税收法律法规要求及时进行清算的纳税人，要依法进行处罚；对审核中发现重大疑点的，要及时移交税务稽查部门进行稽查；对涉及偷逃土地增值税税款的重大稽查案件要及时向社会公布案件处理情况。

各级税务机关要将全面推进工作和重点清算审核结合起来，按照国发〔2010〕10号文件精神，有针对性地选择3～5个定价过高、涨幅过快的项目，作为重点清算审核对象，以点带面推动本地区清算工作。

各地要在6月底前将本地区的清算工作计划（包括本地区组织企业进行清算的具体措施和年内完成的目标等内容，具体数据见附表）和重点清算项目名单上报税务总局，税务总局将就各地对重点项目的清算情况进行抽查。

四、规范核定征收，堵塞税收征管漏洞

核定征收必须严格依照税收法律法规规定的条件进行，任何单位和个人不得擅自扩大核定征收范围，严禁在清算中出现“以核定为主、一核了之”、“求快图省”的做法。凡擅自将核定征收作为本地区土地增值税清算主要方式的，必须立即纠正。对确需核定征收的，要严格按照税收法律法规的要求，从严、从高确定核定征收率。为了规范核定工作，核定征收率原则上不得低于5%，各省级税务机关要结合本地实际，区分不同房地产类型制定核定征收率。

五、加强督导检查，建立问责机制

各级税务机关要按照国发〔2010〕10号文件关于建立考核问责机制的要求，把土地增值税清算工作列入年度考核内容，对清算工作开展情况和清算质量提出具体要求。要根据《国家税务总局关于进一步开展土地增值税清算工作的通知》（国税函〔2008〕318号）的要求，对清算工作开展情况进行有力的督导检查，积极推动土地增值税清算工作，提高土地增值税征管水平。国家税务总局将继续组织督导检查组，对各地土地增值税贯彻执行情况和清算工作开展情况进行系统深入的督导检查。国家税务总局已经督导检查过的地区，要针对检查中发现的问题，进行认真整改，督导检查组将对整改情况择时择地进行复查。

各省、自治区、直辖市和计划单列市地方税务局要在6月底前将本通知的贯彻落实情况向税务总局上报。

附件：土地增值税清算计划统计表

二〇一〇年五月二十五日

国家税务总局关于土地增值税清算有关问题的通知

国税函〔2010〕220号

各省、自治区、直辖市地方税务局，宁夏、西藏、青海省（自治区）国家税务局：

为了进一步做好土地增值税清算工作，根据《中华人民共和国土地增值税暂行条例》及实施细则的规定，现将土地增值税清算工作中有关问题通知如下：

一、关于土地增值税清算时收入确认的问题

土地增值税清算时，已全额开具商品房销售发票的，按照发票所载金额确认收入；未开具发票或未全额开具发票的，以交易双方签订的销售合同所载的售房金额及其他收益确认收入。销售合同所载商品房面积与有关部门实际测量面积不一致，在清算前已发生补、退房款的，应在计算土地增值税时予以调整。

二、房地产开发企业未支付的质量保证金，其扣除项目金额的确定问题

房地产开发企业在工程竣工验收后，根据合同约定，扣留建筑安装施工企业一定比例的工程款，作为开发项目的质量保证金，在计算土地增值税时，建筑安装施工企业就质量保证金对房地产开发企业开具发票的，按发票所载金额予以扣除；未开具发票的，扣留的质保金不得计算扣除。

三、房地产开发费用的扣除问题

（一）财务费用中的利息支出，凡能够按转让房地产项目计算分摊并提供金融机构证明的，允许据实扣除，但最高不能超过按商业银行同类同期贷款利率计算的金额。其他房地产开发费用，在按照“取得土地使用权所支付的金额”与“房地产开发成本”金额之和的5%以内计算扣除。

（二）凡不能按转让房地产项目计算分摊利息支出或不能提供金融机构证明的，房地产开发费用在按“取得土地使用权所支付的金额”与“房地产开发成本”金额之和的10%以内计算扣除。

全部使用自有资金，没有利息支出的，按照以上方法扣除。

上述具体适用的比例按省级人民政府此前规定的比例执行。

（三）房地产开发企业既向金融机构借款，又有其他借款的，其房地产开发费用计算扣除时不能同时适用本条（一）、（二）项所述两种办法。

（四）土地增值税清算时，已经计入房地产开发成本的利息支出，应调整至财务费用中计算扣除。

四、房地产企业逾期开发缴纳的土地闲置费的扣除问题

房地产开发企业逾期开发缴纳的土地闲置费不得扣除。

五、房地产开发企业取得土地使用权时支付的契税的扣除问题

房地产开发企业为取得土地使用权所支付的契税，应视同“按国家统一规定交纳的有关费用”，计入“取得土地使用权所支付的金额”中扣除。

六、关于拆迁安置土地增值税计算问题

（一）房地产企业用建造的本项目房地产安置回迁户的，安置用房视同销售处理，按《国家税务总局关于房地产开发企业土地增值税清算管理有关问题的通知》（国税发〔2006〕187号）第三条第（一）款规定确认收入，同时将此确认为房地产开发项目的拆迁补偿费。房地产开发企业支付给回迁户的补差价款，计入拆迁补偿费；回迁户支付给房地产开发企业的补差价款，应抵减本项目拆迁补偿费。

（二）开发企业采取异地安置，异地安置的房屋属于自行开发建造的，房屋价值按国税发〔2006〕187号第三条第（一）款的规定计算，计入本项目的拆迁补偿费；异地安置的房屋属于购入的，以实际支付的购房支出计入拆迁补偿费。

（三）货币安置拆迁的，房地产开发企业凭合法有效凭据计入拆迁补偿费。

七、关于转让旧房准予扣除项目的加计问题

《财政部国家税务总局关于土地增值税若干问题的通知》(财税〔2006〕21号)第二条第一款规定“纳税人转让旧房及建筑物,凡不能取得评估价格,但能提供购房发票的,经当地税务部门确认,《条例》第六条第(一)、(三)项规定的扣除项目的金额,可按发票所载金额并从购买年度起至转让年度止每年加计5%计算”。计算扣除项目时“每年”按购房发票所载日期起至售房发票开具之日止,每满12个月计一年;超过一年,未满12个月但超过6个月的,可以视同为一年。

八、土地增值税清算后应补缴的土地增值税加收滞纳金问题

纳税人按规定预缴土地增值税后,清算补缴的土地增值税,在主管税务机关规定的期限内补缴的,不加收滞纳金。

国家税务总局

二〇一〇年五月十九日

附录二　常州市房地产开发成本构成指标参考

一、土地征用及拆迁补偿费

1. 土地出让金
2. 土地出让契税(收取 3%)
3. 土地评估费(收取 0.4% ~0.01%)
4. 土地测绘费(0.37 元/m^2)
5. 地块登记费(最高 4 万元)

二、前期工程费

1. 白蚁防治费：2.3 元/m^2
2. 基础设施配套费：130 元/m^2
3. 人防异地建设费：56 元/m^2
4. 新墙体基金：3 元/m^2
5. 散装水泥基金：2 元/m^2
6. 城建档案费：1 元/m^2
7. 环境/交通/日照评价/消防评价：3 元/m^2
8. 规划服务费：1.2 元/m^2
9. 污水处理费：8 元/m^2
10. 防雷减灾费：1.6 元/m^2
11. 教育配套费：40 元/m^2
12. 设计费：40 元/m^2

(1) 规划设计
(2) 建筑设计
(3) 管线/雨污水/道路设计
(4) 水、电、气专业设计
(5) 人防设计
(6) 装饰装潢设计
(7) 景观设计

13. 地质勘察、测绘费：5 元/m^2
14. 质监、安监费：2 元/m^2
15. 招标、编标费：5 元/m^2
16. 卫生防疫费：1 元/m^2
17. 价格认证费：1.5 元/m^2
18. 测量费：1.3 元/m^2

19. 施工合同签证费：0.2 元/m^2
20. 施工许可证费
21. 建筑合同印花税
22. 施工图审查费：1 元/m^2
23. 沉降观测等各项监测费用：1.2 元/m^2
24. 三通一平费用
（1）临时用电：3 元/m^2
（2）临时用水：1.5 元/m^2
（3）临时道路：3 元/m^2
（4）场地平整：15 元/m^2
25. 临时设施费用
（1）临时围墙
（2）临时用房（工地办公室）
（3）临时场地占地费

三、建筑安装工程费

1. 土建工程
（1）多层造价（估）：850 元/m^2
（2）小高层造价（估）：950 元/m^2
（3）高层造价（估）：1 150 元/m^2
（4）别墅造价（估）：1 600 元/m^2
（5）人防地下室造价（估）：1 900 元/m^2
（6）专业分包市场价格行情（估）：
① 土方开挖：28 ~ 32 元/m^3
② 土方回填：18 ~ 20 元/m^3
③ 离心管桩：
Φ500：175 ~ 195 元/m
Φ400：130 ~ 145 元/m
④ 钻孔灌注桩：1 050 ~ 1 250 元/m^3
⑤ 防水工程：23 ~ 32 元/m^2
⑥ 外保温（聚苯颗粒）：55 ~ 65 元/m^2
2. 水电工程
（1）多层造价（估）：80 元/m^2
（2）小高层造价（估）：110 元/m^2
（3）高层造价（估）：130 元/m^2

(4) 别墅造价(估):90 元/m^2

(5) 人防地下室造价(估):150 元/m^2

3. 门窗工程(含量 0.25 ~ 0.5m^2)

中空玻璃铝合金门窗市场价格:320 ~ 380 元/m^2,按门窗面积计算

4. 电梯工程:80 元/m^2

高层 45 万元/台、小高层 30 万元/台

5. 公共部位装修

(1) 单元门厅/大堂/电梯厅等精装修(中高档:1 500 元/m^2,按装修部分建筑面积计算)

(2) 幕墙(外装)工程(石材、铝合金:400 ~ 1 000 元/m^2,按幕墙面积计算)

6. 住宅室内精装修

① 中档公寓:1 000 元/m^2

② 高档别墅:3 000 元/m^2

按装修部分建筑面积计算

四、基础设施费

1. 小区道路(含雨污水,300 元/m^2,按路面面积计算)

2. 自来水(含二次供水,40 元/m^2)

3. 供电:230 元/m^2

(1) 室外管线(电缆)工程

(2) 基础设施(小区变/开闭/配电间等)

(3) 电表/电柜/配电箱等设备

4. 供气:8 元/m^2

5. 照明(路灯):7 元/m^2

6. 消防:8 元/m^2

7. 智能化/弱电/可视对讲/背景音乐:25 元/m^2

8. 电讯、有线电视:3 元/m^2

9. 绿化/景观工程

(1) 硬质景观:100 元/m^2,按景观面积计算

(2) 软质景观:200 元/m^2,按景观面积计算

10. 环卫设施(垃圾中转站/垃圾箱):2 元/m^2

11. 大门/小区围墙:3 元/m^2

五、公共配套设备费

1. 会所

2. 居委会

3. 物管
4. 公共厕所
5. 教育配套设施
5. 体育配套设施
6. 邮局
7. 自行车棚

六、后期费用

1. 工程监理费(按工程造价的1.2%计算)
2. 房产测绘费：3元/m^2
3. 环卫交接：10元/m^2
4. 街道交接：1元/m^2
5. 物业交接(含物业前期配置费)：2元/m^2
6. 公共设施维修基金：12元/m^2
7. 产权登记费：5元/m^2
8. 交易服务费：3元/m^2
9. 土地分割费
10. 工程审计费
11. 零星维护费
12. 其他

附录三　常州市历年基本工程造价标准

单位：元

月　份	多层砖混		多层框架		高层框架(14层以下)		高层框剪	
	基准价	造价标准	基准价	造价标准	基准价	造价标准	基准价	造价标准
2000年1月	530	557	612	643	760	798	1 090	
2001年1月	536	563	618	650	767	805	1 101	
2002年1月	541	568	624	655	775	814	1 112	
2003年6月	546	573	623	654	777	816	1 112	
2003年12月	620	651	690	725	868	911	1 227	
2004年6月	601	631	683	717	865	908	1 223	
2004年12月	597	627	691	726	867	910	1 214	
2005年6月	599	629	692	727	857	900	1 209	
2005年12月	600	630	700	735	850	893	1 200	
2006年6月	601	631	697	732	869	912	1 225	
2006年12月	666	699	770	809	922	968	1 309	
2007年6月	663	696	771	810	934	981	1 318	
2007年12月	727	763	841	883	1 024	1 075	1 441	
2008年6月	822	863	957	1005	1 159	1 217	1 618	
2008年12月	751	789	860	903	1 022	1 073	1 451	
2009年6月	739	776	850	893	1 004	1 054	1 426	
2009年12月	743	780	858	901	1 011	1 062	1 437	
2010年6月	752	790	869	912	1 027	1 078	1 455	
2010年12月	890	935	1 039	1091	1 207	1 267	1 710	
2011年6月	865	908	1 011	1062	1 177	1 236	1 665	
2011年12月	845	887	982	1 031	1 136	1 193	1 614	

注：1. 本表中列“造价标准”为“基准价”乘以1.05，为基本工程造价上限标准。
2. 本表中所列基本造价包含土建、水电、初装饰等内容。
3. 本表中所列造价标准适用于上一行次月份的次月起至本行次月份止的时间段内的工程项目。
4. 对于工程跨期的，主管税务机关可根据实际情况确定适用的造价标准。

附录四　不同类型工程分部分项工程量清单费指标(2011 版)

单位：元/m^2

	项目名称	多层住宅（元/m^2）	小高层住宅（元/m^2）	高层住宅（元/m^2）	别墅（元/m^2）	人防地下室（元/m^2）
1	土方工程	7.67	14.25	（不含地下室基础）	40.07	105.14
2	砌筑工程	91.15	48.44	33.28	96.74	3.11
3	混凝土及钢筋混凝土工程	276.58	465.78	546.24	687.32	1 596.53
4	屋面及防水工程	13.88	13.93	4.83	79.48	32.3
5	防腐、隔热、保温工程	56.6	58.9	71.27	129.95	
6	楼地面工程	52.34	35.78	29.6	77.86	35.17
7	墙、柱面工程	68.96	189.68	191.71	250.3	47.24
8	天棚工程	11.5	25.66	9.41	0.56	30.59
9	门窗工程	126.65	81.09	80.02		
10	油漆、涂料工程	43.57	23.26	15.5	74.5	52.86
	土建小计	748.9	956.77	981.86	1 436.78	1 902.94
11	给、排水工程	43.25	49.68	60.12	51.13	20.12
12	电气工程	65.24	70.34	74.98	70.43	75.65
13	消防工程		15.11	25.12		54.44
14	通风工程			15.02		35.01
	水电安装小计	108.49	135.13	175.24	121.56	185.22
15	临时设施	12.47	8.65	10.83	23.23	19.06
16	砼模板及支架	85.87	104.14	134.01	139.3	111.3
17	脚手架费	14.92	34.13	37.31	35.08	4.53
18	垂直运输机械费	22.06	28.91	30.09	107.37	16.58
19	文明施工费	33.69	34.55	37.36	53.71	38.14
	措施费小计	169.01	210.38	249.6	358.69	189.61
20	规费	18.98	20.97	20.74	67.53	37.69
21	税金	37.7	41.9	40.56	65.37	75.06
	规费、税金小计	56.68	62.87	61.3	132.9	112.75
22	合计	1 083.08	13 65.15	1 468	2 049.93	2 390.52

注：1. 别墅项目带有一层地下停车库。

2. 高层住宅的价格不含地下室及基础内容，仅为 ±0.00 以上部分内容。

3. 上述造价没有考虑优惠让利，仅代表个案，不存在普遍性，仅作评估参考。

附录五　不同类型工程主要人、材、机消耗指标（2011 版）

	项目名称	单位	多层住宅	小高层住宅	高层住宅	别墅	人防地下室
1	人工	工日	3.25	4.01	4.72	6.12	5.91
2	机械费	元	25.56	50.68	58.39	30.79	114.35
3	水泥	kg	87.18	55.89	26.44	74.77	49.4
4	木材	m^3	0.001	0.001	0.001	0.001	0.001
5	中砂	t	0.27	0.21	0.13	0.26	0.17
6	碎石	t	0.035	0.018	0.01	0.08	0.025
7	商品砼	m^3	0.35	0.41	0.38	0.55	1.31
8	KP1 砖	块	98				
9	砼空心砌块	m^3		0.11	0.033		0.033
10	砼实心砖	块	4.4	1.47	0.85	2.01	1.49
11	加气砼砌块	m^3			0.07	0.26	0.019
12	钢筋	kg	27	52.6	57.15	94	163.7
13	防水涂料	m^2	0.1	0.1	0.047	0.9	1.76
14	外保温	m^2	0.86	0.72	0.62	0.47	

注：1. 别墅项目带有一层地下停车库。

2. 高层住宅的指标不含地下室及基础内容，仅为 ±0.00 以上部分内容。

3. 上述指标仅代表个案，不存在普遍性，仅作评估参考。

参考文献

李小平，朱珊.税收执法风险防范与控制[M].江苏人民出版社,2009.

李小平.税收风险管理与模型应用[M].经济科学出版社,2012.

刘星,卢东宁.税收风险的生成机理及防范研究[J].企业经济,2004(10).

江丹萍,温皓亮.房地产企业税收征管中存在的问题与对策[J].合作经济与科技,2009(09).

杨培淑.房地产土地增值税税收征管研究[J].现代商贸工业,2011(22).

谢金荣.土地增值税征收管理中的问题与建议[J].税收经济研究,2011(02).

汪昊.房地产市场税收调控研究——基于我国现状的分析[M].中国税务出版社,2009.

后　记

土地增值税是以纳税人转让国有土地使用权、地上的建筑物及其附着物所取得的增值额为征税对象,依照规定税率征收的一种税。征收土地增值税是政府对土地收益的分配关系进行合理调整以及对土地资源进行调控的一项重要措施。2010 年以来,随着国家对房地产市场宏观调控的不断深入,土地增值税的征管力度逐步加强,土地增值税征管实践中的种种风险也渐渐凸显。如何针对房地产行业特征,建立一整套完善的土地增值税风险管理系统,提高土地增值税的征管效率,成为基层税务机关迫切需要解决的问题。

近年来,江苏省常州地方税务局积极开展土地增值税"模板式"管理的实践尝试,着力强化关键数据审核,实现了清算申报电子化管理;切块审核清算模式,采用流水线作业式清算,在提高清算效率和保证清算公平方面进行了有益探索。建立的土地增值税综合评价分析系统,通过对已清算项目数据的分析利用,实证清算规律,得出清算指标合理区间,全面评价拟清算项目中的清算数据。这些措施,对规范土地增值税清算、防范执法风险发挥了重要作用,得到了各级领导的充分肯定。当然,土地增值税管理中仍存在许多固有的风险未得到解决,如房地产项目建设周期长、牵涉环节多、涉及事项杂且具有专业性、事后管理掌握情况难、清算申报数据质量低、缺乏既有娴熟的税务知识又掌握一定的房地产专业知识的专业清算人员等,使税务清算执法风险仍然较大。

2011 年,江苏省实施税源专业化管理试点后,"以风险管理为导向,以信息管税为依托,以分级分类为基础"的税源管理新理念为解决土地增值税管理风险带来了契机。常州地税局结合自身实践,开发出一套较为完备的"土地增值税风险管理系统",以风险管理为导向,以信息管税为依托,以分级分类为基础,构建土地增值税风险管理模型指标体系,实施风险监控,全力打造过程全控制的风险管理平台。这一系统的实践运行,为防范、控制和化解税务机关在土地增值税税收管理中的风险,规范土地增值税管理行为,进一步提升土地增值税税种管理的质量提供了强有力的保障。

土地增值税风险管理系统的构建不是一朝一夕就能完成的，需要更多的基层税务人员积极投身其中，不断进行实践和探索，并结合国家宏观调控的需要以及房地产行业特征逐步加以完善。本书的编写是一个尝试，希望能抛砖引玉，让更多的同仁参与到土地增值税风险管理系统构建和完善的过程中来，更好地防范、控制土地增值税管理风险，提高土地增值税的征管效率。

本书在编写过程中得到了国家税务总局财产行为税司、江苏省地方税务局相关领导的大力支持，并提出了很多宝贵意见；常州地税局孙虹、裴川法、陆良华、查雷彬、甘翠兰、秦杰、胡俊华、王劲松、吴俊、蒋瑶等为本书的编写出谋划策，提供了详尽的资料，在此一并表示感谢。

编著者

2012 年 9 月